Claire Jaquier

L'Erreur des désirs

Romans sensibles au XVIIIe siècle

Etudes et documents littéraires

Editions Payot Lausanne

L'éditeur et l'auteur remercient de son soutien la Commission des publications de la Faculté des lettres de l'Université de Neuchâtel.

Couverture:
Conception: Pierre Neumann, Vevey
Illustration: Vignette, eau-forte de Jean-Jacques Pasquier, d'après Hubert François Gravelot, datée 1760. *In* Giovanni Boccaccio, *Décaméron*, trad. d'Antoine Le Maçon, Londres, 1757-1761, 5 vol. Collection particulière.
Photo: Séminaire d'histoire de l'art, Université de Neuchâtel (Photo Philippe Hély).

JACQUES SCHERRER EDITEUR

ISBN 2-601-03237-5
Imprimé en France

Pour leurs suggestions, leurs recherches, leur habileté
à trouver des textes peu connus et des éditions originales,
je remercie Joël Aguet, Valérie Cossy, Anne-Lise Delacrétaz,
Maud Dubois, Pascal Griener, Daniel Maggetti,
Claire de Ribaupierre, Laura Saggiorato:
leur générosité m'a été d'un grand secours.

Pour saluer l'énergie qu'elles mettent à croire à leurs désirs,
je dédie cet essai à Pauline, Sophie,
Constance, Sarah, Lucie, Aline.

Avant-propos

L'Erreur des désirs: tel est le titre d'un roman de Mme Benoist, paru en 1770. « Ce mot, écrit-elle dans la préface, est l'emblème de la condition humaine ». Inspirés par une folle jalousie, les désirs du Comte de Volment conduisent aux pires erreurs : sa femme Léonice et sa fille Pauline en font les frais, d'autant qu'elles se trompent elles-mêmes dans leurs choix sentimentaux. Si le roman finit bien, *in extremis,* c'est un pur hasard : car il a démontré, par la peinture des excès de la passion, que les désirs, toujours aveugles, s'ignorent, se croisent, se leurrent inévitablement. Dans un autre roman au titre lui aussi programmatique, *Célianne ou les amants séduits par leurs vertus* (1766), Mme Benoist illustre les bienfaits du renoncement aux désirs : dans une relation à tendance platonique, où les sublimes enthousiasmes de la vertu finissent par tenir lieu de vie érotique, Célianne – femme mariée – et Mozime offrent une leçon de sagesse. Le désir, chez eux aussi, se trompe d'adresse, mais se trouve accompli par des voies indirectes : son énergie est détournée au profit de la grande amitié. C'est sous le signe de ces deux romans de Mme Benoist – et de leurs titres –, que nous placerons cet essai.

Entre libertinage et sensibilité

Les *Liaisons dangereuses* de Laclos ont connu au XXe siècle les interprétations les plus diverses : des essais, des études critiques, des préfaces célèbres et quelques films ont révélé à chaque fois l'esprit d'une époque, ou d'une génération. La lecture de Malraux, en 1939, exaltait le mythe de la volonté érotisée, incarné par Valmont et la marquise de Merteuil. Plus de cinquante ans plus tard, René Pomeau et Pierre Bayard insistent, dans deux livres parus en 1993[1], sur le « paradoxe » de Laclos, sur l'impossibilité de dégager de son roman une leçon univoque : éloge du libertinage ou condamnation du vice. A l'inverse de Malraux, Pierre Bayard lit le roman de Laclos comme une fable illustrant la faillite de la volonté de maîtrise. Il montre les libertins dépossédés de leur pouvoir, pris à leur propre piège, trompés dans leur prétention à demeurer extérieurs aux passions qu'ils excitent chez les autres.

La critique actuelle marque de la défiance à l'égard des fantasmes de toute-puissance des libertins, ou de leur volonté d'affranchissement[2]. Notre temps ne partage plus l'enthousiasme des surréalistes – et des quelques générations qui les suivirent – pour le défi libertaire que relevaient les héros de romans du XVIIIe siècle. Le bonheur fugitif des libertins est dénoncé comme un leurre, comme le produit d'un appareil complexe d'artifices et d'illusions. On se rallie volontiers à l'idée de Denis de Rougemont, pour qui le libertin se livre à une quête sans fin de « la femme unique, jamais rejointe par l'erreur inlassable du désir »[3]. La notion d'erreur du désir a

[1] René Pomeau, *Laclos ou le paradoxe,* Paris, Hachette, 1993 ; Pierre Bayard, *Les Liaisons dangereuses ou le paradoxe du menteur,* Paris, Minuit, 1993.

[2] Voir notamment Claude Reichler, *L'Age libertin,* Paris, Minuit, 1987, pp. 7-9. On citera aussi l'ouvrage de Michel Ludovic, destiné à un large public, *La Mort du libertin. Agonie d'une identité romanesque,* Paris, Larousse, 1993.

[3] Denis de Rougemont, *L'Amour et l'Occident,* Paris, Plon, 10/18, 1972 (édition définitive), p. 229.

trouvé d'autres défenseurs, auxquels notre époque accorde encore du crédit : elle a été en effet conceptualisée par Stendhal, théorisée par Freud, illustrée par Proust, redéfinie par Roland Barthes.

Loin de faire tarir la mode du roman libertin[4], ce regard critique a favorisé l'émergence de nouvelles perspectives : les catégories génériques qui ont longtemps organisé la distinction entre roman libertin et roman sentimental, sont en effet repensées. Si, comme on l'a montré, les libertins sont victimes de leurs passions, s'ils sont soumis à la loi des sentiments qu'ils croient diriger chez les autres, c'est que le partage entre libertins dupeurs et âmes vertueuses dupées n'est pas aussi net que la marquise de Merteuil le souhaitait. Dès lors, d'autres dichotomies perdent de leur pertinence : entre libertins et âmes sensibles, entre pervers et sincères, entre esprits forts et cœurs tendres, les frontières s'estompent. L'idée que le libertinage « constitue la négation »[5] du sentimentalisme devient sujette à caution.

Il importe aujourd'hui d'interroger à nouveaux frais un système d'oppositions que l'histoire littéraire a longuement conservé, en distinguant le roman sensible, ou sentimental, de toute la production des fictions libertines. Cette distinction a été renforcée par la socio-critique, qui assignait le libertinage à l'aristocratie et les valeurs sentimentales à la bourgeoisie. Elle est reprise aujourd'hui par une critique féministe radi-

[4] Les rééditions de romans libertins du XVIIIe siècle sont aujourd'hui nombreuses, dans les collections les plus diverses. On citera aussi l'anthologie *Romans libertins du XVIIIe siècle* de Raymond Trousson dans la collection « Bouquins », Paris, Laffont, 1993.

[5] *Romans libertins du XVIIIe siècle, op. cit.*, p. X. Raymond Trousson mentionne en note la position de Michel Delon, qui s'oppose à l'antagonisme libertin-sentimental. Michel Delon, en effet, met en évidence les croisements qui s'opèrent entre romans libertins et romans sentimentaux dans « L'épanouissement du roman », chap. 10 de *Littérature française du XVIIIe siècle,* Paris, PUF, Collection Premier cycle, 1996. Voir notamment « Hybridations et contaminations », pp. 359-363 et « Bienséances et crudités », pp. 370-383.

cale[6], qui montre comment la sentimentalité fut imposée aux femmes pour mieux les inféoder au modèle patriarcal bourgeois. D'autres approches féministes contribuent à valoriser le roman sentimental, y voyant le lieu d'une invention spécifiquement féminine[7].

D'autres études réexaminent, depuis quelques années, les notions de libertinage et de sensibilité[8], et font apercevoir les difficultés d'une répartition générique stricte. Révélant la coexistence paradoxale du plaisir libertin et du sentiment, les lectures actuelles des *Liaisons dangereuses* ouvrent la voie à de nouvelles études[9] sur le roman sentimental. Prononçant un refus explicite de la liberté érotique, au nom de la vertu, le

[6] Voir par exemple le livre de Pascale Noizet, *L'Idée moderne d'amour. Entre sexe et genre : vers une théorie du sexologème,* Paris, Kimé, 1996.

[7] On doit à cette critique la réédition de plusieurs romans sentimentaux féminins, notamment ceux de Mme Riccoboni, de Mme de Charrière, de Mme de Grafigny. De nombreuses études et thèses américaines, de tendance féministe, sont consacrées à ces romancières du XVIIIe siècle, depuis les années 80. Parmi les plus intéressantes, on citera Nancy K. Miller, *The Heroine's Text. Readings in the French and English Novel, 1722-1782,* New York, Columbia University Press, 1980 ; Joan DeJean, *Tender Geographies : Women and the Origins of the Novel in France,* New York, Columbia University Press, 1991 ; Joan H. Stewart, *Gynographs. French Novels by Women of the Late Eighteenth Century,* University of Nebraska Press, 1993 ; Katharine Ann Jensen, *Writing Love : Letters, Women, and the Novel in France, 1605-1776,* Carbondale and Edwardsville, Southern Illinois University Press, 1995.

[8] On citera l'article de Philippe Roger, au titre significatif : « Sensibles libertins : réflexions sur un oxymoron », *Continuum,* vol. 4, New York, AMS Press, 1992, pp. 93-100.

[9] Voir notamment *Le Roman sentimental,* Actes du colloque des 14-15-16 mars 1989, *Trames,* Limoges, Faculté des Lettres et des Sciences humaines, 1990 ; David J. Denby, *Sentimental Narrative and the Social Order in France : 1760-1820,* Cambridge, Cambridge University Press, 1994 ; Frank Baasner, *Der Begriff « sensibilité » im 18. Jahrhundert. Aufstieg und Niedergang eines Ideals,* Heidelberg, Carl Winter Universitätsverlag, 1988 ; John Mullan, *Sentiment and Sociability : the Language of Feeling in the Eighteenth Century,* Oxford, Clarendon Press, 1988. Plusieurs études sont consacrées au roman sentimental dans *L'Epreuve du lecteur. Livres et lectures dans le roman d'Ancien Régime,* Actes du colloque de Louvain-Anvers, 19-21 mai 1994, éd. J. Herman et P. Pelckmans, Louvain-Paris, Editions Peeters, 1995.

roman sensible ne se prive pas d'offrir à « l'erreur du désir » une représentation complaisante : cette double postulation – qui fut longtemps qualifiée d'hypocrite –, mérite d'être observée sans préjugés.

C'est en effet à un concert de critiques négatives que le roman sentimental du XVIIIe siècle doit aujourd'hui tenter d'échapper. Jusqu'en 1960 au moins, la critique et l'histoire littéraire ont voué un profond mépris aux romans sentimentaux, les disant hypocrites, traîtres, imposteurs. On les soupçonnait en effet de vendre une marchandise honnête (la vertu et les bienfaits du mariage), grâce aux séductions louches de quelques scènes érotiques maladroitement camouflées sous les condamnations d'un narrateur ou d'un éditeur peu scrupuleux. Les voix sont unanimes, pour dénoncer les mauvaises mœurs du roman sentimental. Ecoutons-en quelques-unes.

Dans son édition de *Julie ou la Nouvelle Héloïse,* Daniel Mornet décrit et commente, en particulier, la production romanesque qui suit la parution du roman de Rousseau. C'est un « temps, dit-il, où l'on n'a renié le libertinage qu'en avouant les droits de la nature, entendons ceux des sens » ; les romanciers « côtoient avec la même aisance les émotions du cœur et celles des sens »[10]. Cette ambiguïté ne choquait pas les lecteurs du temps, mais elle dérange le critique du XXe siècle :

> Les romans s'éloignent de la corruption sensuelle, à leur départ, avec horreur, fracas et imprécations. Il y reviennent, chemin faisant, par un détour. [...] Ainsi toute cette vertu nous mène trop aisément non à la passion qui tient en elle, avec ses joies, des douleurs et des sacrifices, mais à la volupté qui n'est pas elle assurément. « La vertu seule, dit l'un d'entre eux, est une source pure d'inépuisables voluptés. » Il n'y a trop souvent dans leurs voluptés qu'un mot de trop, celui de « pur ».
>
> Il était déjà de trop, à l'occasion, dans l'*Héloïse.* Je n'ai pas l'intention austère de regretter, et le premier baiser de l'amour, et la nuit dans la chambre de Julie et certaines discussions aven-

10 Jean-Jacques Rousseau, *Julie ou la Nouvelle Héloïse,* éd. Daniel Mornet, t. 1, Paris, Hachette, 1925, pp. 50-51.

tureuses où la chaste Julie dit son mot. On peut regretter seulement que Rousseau, en s'y complaisant, n'ait pas toujours quitté son style de sermonneur et qu'il ait évoqué ces ardeurs d'amour du ton dont il enseignait les dignités de la conscience et les sublimités de l'Etre Suprême. Il faut les regretter surtout lorsqu'on suit ses disciples dans les alcôves, même conjugales, de leurs romans.[11]

L'argument est moral : on ne saurait mêler dans un même roman l'apologie de la vertu et l'évocation de l'amour charnel. Pire : on ne saurait en parler sur le même ton. A l'argument moral succède un argument esthétique, qui s'autorise du classicisme et de son refus du mélange des styles.

Comme Daniel Mornet à propos de *La Nouvelle Héloïse,* Erich Auerbach constate qu'« au XVIIIe siècle, intimité érotique et sentimentale se confondent »[12]. Cette confusion dérange le critique, lorsqu'elle se manifeste, par exemple, dans *Manon Lescaut :*

> bien que le chevalier [des Grieux] se mue en tricheur, en menteur et presque en proxénète, il ne perd jamais l'habitude d'exprimer de nobles sentiments et de se complaire dans des considérations moralisantes qui, à vrai dire, sont extrêmement triviales et quelquefois bien douteuses.[13]

Le roman de Prévost trompe son lecteur : en effet, l'émoi érotique qu'il éveille

> est censé engendrer, abusivement, des sentiments moraux. Un tel mélange se rencontre très fréquemment au XVIIIe siècle ; [...] même l'œuvre de Rousseau présente quelques traces de cet amalgame.[14]

Cette « sentimentalité semi-érotique, et par là quelque peu trouble », ce « pathos nébuleux »[15] déplaisent par eux-mêmes à

[11] *Ibid.,* pp. 281-282.

[12] Erich Auerbach, *Mimésis, la représentation de la réalité dans la littérature occidentale,* Paris, Gallimard, Tel, 1977, p. 398.

[13] *Ibid.,* p. 399.

[14] *Ibid.,* p. 400.

[15] *Ibid.,* p. 405.

Auerbach, mais surtout ils font obstacle, selon lui, à l'élaboration d'une véritable problématique dans le roman.

Mikhaïl Bakhtine décrit et dénonce, quant à lui, le caractère non dialogique du «roman psychologique sentimental». Le discours pathétique

> y devient intime et, perdant la vaste échelle politique et historique propre au roman baroque, s'allie à un didactisme moral commun, à l'échelle de la sphère étroite de la vie privée familiale. C'est un pathétique «en chambre». Du même coup, se modifient les relations du langage romanesque avec le plurilinguisme : elles se resserrent, deviennent plus directes et au premier plan apparaissent les genres purement familiers : lettres, journaux intimes, conversations quotidiennes.[16]

Dès les années 60, on décrit le roman de la seconde moitié du XVIIIe siècle pour s'être égaré «dans une voie sans issue»[17]. Georges May condamne en effet le paradoxe du roman moral :

> le goût universel pour le roman chargé d'illustrer les valeurs morales ne tardera pas à donner naissance à un type de roman, encombré de prédication et de réflexions sur la morale, mais parfaitement capable, comme chez Restif ou Sade, de justifier moralement ce qui, jusque-là, avait légitimement passé pour immoral.[18]

Le critique met en évidence l'échec d'un roman qui *confond* les valeurs, et ne permet plus au lecteur de distinguer la représentation du bien de celle du mal. Entre l'exigence morale et la représentation de l'amour, le roman compose et, selon Georges May, se condamne lui-même.

Considéré par Jacques Rustin comme un genre infralittéraire, le roman sensible délivre une leçon morale perver-

[16] Mikhaïl Bakhtine, *Esthétique et théorie du roman*, Paris, Gallimard, 1978, p. 209.

[17] Georges May, *Le Dilemme du roman au XVIIIe siècle. Etude sur les rapports du roman et de la critique (1715-1761)*, Paris, PUF, 1963, p. 253.

[18] *Ibid.*, pp. 252-253.

tie par un souci dominant : le maintien de l'ordre établi. A l'exemple d'un roman anonyme, les *Lettres de Milord Rodex pour servir à l'histoire des mœurs du XVIIIe siècle* (1768), Rustin montre que le triomphe du sentiment et de la vertu sur les conventions sociales – qui représente la doxa du roman sensible – est en fait une imposture : Thérèse, l'héroïne vertueuse, amoureuse et sensible, mais de naissance basse, tombe brusquement dans le vice, à la fin du roman, comme pour éviter à son amant, Milord Rodex, le déshonneur de se mésallier. Le critique dénonce les « intentions pseudo-moralisatrices » du romancier, et le caractère « atroce », « insoutenable »[19] de ce roman faux qui décrit avec cynisme les infortunes de la vertu alors qu'il prétend l'illustrer.

Henri Coulet est sévère lui aussi pour la vague du roman sensible qui déferle après *La Nouvelle Héloïse*. Il la fustige et la définit en des termes proches de ceux de Jacques Rustin : « mystification », ou « fausseté »[20]. Pourtant, Henri Coulet fait l'éloge, dans *La Nouvelle Héloïse,* de la double postulation du désir et de la vertu :

> La dialectique de la vertu et de l'amour est sans issue, sans synthèse, ou plutôt la synthèse est, sur le plan du vécu, confusion inextricable, équilibre recherché de crise en crise et jamais trouvé, elle n'existe que sur le plan du désir et du rêve.

C'est dans la « rêveuse et mélancolique harmonie »[21] du roman que s'exprime cette dialectique. Les grandes œuvres, dans cette perspective, savent inventer une forme esthétique singulière, qui prend en charge les forces contradictoires de l'action. Les œuvres mineures, au contraire, ne posent pas les termes de la contradiction – morale et érotisme, vertu et passion –, mais font valoir leurs pouvoirs respectifs, en un dosage parfaitement conforme aux tolérances de l'époque.

[19] Jacques Rustin, « L'imposture de la vertu dans le roman sensible ou les *Lettres de Milord Rodex pour servir à l'histoire des mœurs du XVIIIe siècle* (1768) », *Roman et Lumières,* Paris, Editions sociales, 1970, pp. 162, 163, 165.

[20] Henri Coulet, *Le Roman jusqu'à la Révolution,* Paris, A. Colin, 1967, pp. 422 et 428.

[21] *Ibid.*, pp. 412-413.

Les reproches adressés au roman sentimental tournent autour d'une même notion : celle de mélange, d'ambiguïté, de paradoxe, de confusion, de mystification. Le roman du XVIIIe siècle semble dire deux choses à la fois : l'énergie du désir et les bienfaits de la vertu ; ou l'énergie de la sensibilité et les méfaits du vice. Certains romans avouent que le partage, entre ces forces contradictoires du corps et de l'âme, est impossible. D'autres mentent, trichent, en camouflant l'un sous l'autre le message vertueux et la peinture du désir.

Le dilemme de la passion et de la vertu, de l'amour et du devoir, constitue le thème central du roman sentimental, comme aussi, souvent, du roman libertin : n'y aurait-il pas, dans les représentations de l'amour au XVIIIe siècle, une nécessité qui contraint en quelque sorte le récit à se dédoubler ? Une erreur du cœur ou de l'instinct, qui engage le sujet amoureux sur des voies de traverse ?

Le XVIIIe siècle semble pourtant disposer des meilleurs atouts pour affirmer la simplicité de l'amour, dégagé de ses implications morales ou métaphysiques. De fait, si le désir trouve dans l'accomplissement amoureux sa finalité propre, on ne peut plus affirmer qu'il se trompe. « Dans le plaisir », écrit Jean Starobinski, « la créature revendique la primauté et se prend elle-même pour fin »[22]. La jouissance suffit donc à assurer l'autonomie de l'être humain. Pourtant, le roman du XVIIIe siècle, même libertin, ne se fait pas l'écho de si simples doctrines. Au contraire, il constitue le désir en expérience polysémique, qui ne se joue que dans le malentendu, le leurre, la fraude, la dissimulation, le travestissement.

Le sensualisme des Lumières n'a pas réduit l'amour à l'exercice d'une *libido* libérée de toute contrainte. L'avènement du modèle sentimental bourgeois, qui se réalise dans la sphère privée du mariage, n'a pas aboli, non plus, la complexité et l'irrationalité du désir. Rendu à son origine sexuelle par les thèses sensualites, mais reporté dans la sphère métaphysique par les exigences sociales, l'amour vit de ces ten-

[22] Jean Starobinski, *L'Invention de la liberté*, Genève, Skira, 1964, p. 54.

sions, que nul n'a révélées mieux que Rousseau dans *La Nouvelle Héloïse*: animée par la passion et le désir pour Saint-Preux dans la première partie du roman, Julie se convertit à l'amour pur lors de son mariage avec M. de Wolmar. Le partage, entre les deux parties du roman, est apparemment radical; pourtant, les deux visages de l'amour de Julie ne cessent d'interférer entre eux, de se masquer l'un derrière l'autre.

Inquiétés par ce double jeu du corps et de l'âme, de l'énergie individuelle et de la contrainte sociale, les romanciers et les romancières du XVIIIe siècle représentent l'amour comme le lieu d'une expérience à double sens, où l'erreur est un guide aveugle vers une vérité indiscernable. Privilégiant les récits inachevés, les voix multiples et concurrentes, les formes doubles, ils inscrivent dans la narration même le jeu des forces qui traversent le sujet amoureux.

Un espace privilégié pour le sentiment

Ces ouvertures narratives, ces formes doubles, ces récits parallèles, on les chercherait en vain dans les romans écrits en Suisse romande au cours des dernières décennies du XVIIIe siècle et des premières du XIXe. Du coup, on n'y trouve guère non plus ces erreurs du désir qui font hésiter le roman français entre le genre libertin et le genre sentimental. Ou plutôt, on les y trouve parfois, mais efficacement et entièrement résolues par un dénouement qui verse au compte de la bonne sensibilité les errances passionnelles.

La production romanesque de Suisse romande est abondante, dans la seconde moitié du XVIIIe siècle, mais complètement oubliée. Les bibliothèques publiques de Genève, de Lausanne ou de Neuchâtel sont les derniers lieux où l'on peut lire encore les petits volumes de Jean-Louis Bridel, ou de Mmes de Cazenove d'Arlens, Polier de Bottens, de Pont-Wullyamoz. Les romans de Samuel de Constant, de Mme de Montolieu ont leur place dans certaines bibliothèques européennes: mais nul éditeur, au XXe siècle, n'a été tenté de les faire sortir de l'ombre. Si leur qualité littéraire laisse à désirer, ces romans sentimentaux sont intéressants à un autre titre:

c'est qu'ils proposent un *espace* aux petites communautés où aiment à se retrouver les personnages sensibles. La sentimentalité française – voire européenne – s'est dotée, certes, d'un espace symbolique parfaitement adéquat : le jardin, ou l'île[23]. Les romans suisses lui offrent un espace réel, ou plutôt pseudo-réel : le paysage alpestre helvétique[24]. Malgré les références constantes à la géographie suisse – le Righi, le Valais, Clarens, le lac Léman, etc. –, les paysages évoqués par les romanciers appartiennent à une réalité entièrement reconstruite selon l'imaginaire, propre au XVIIIe siècle européen[25], d'une Suisse rustique, alpestre et pacifique. L'amour sentimental, logiquement, se transforme en idylle sensible dans ces paysages agrestes.

L'utopie sentimentale offre un espace psychologique expérimental, où les personnages font, à l'abri du roman, l'épreuve de la mobilité sociale : des amants de rang inégal donnent à voir la supériorité du sentiment sur les exigences sociales. Si l'amour peut, quelquefois, franchir les préjugés nobiliaires qui s'élèvent comme des montagnes entre les amants, il triomphera d'autant mieux de ces obstacles qu'il trouvera un accueil généreux au cœur de l'alpe suisse. Ainsi, le paysage helvétique fonctionne comme une seconde clôture, à l'intérieur de la clôture du roman sentimental. Doublement à l'abri du réel et de l'Histoire, l'amour sensible s'épanouit et se purifie dans cet espace préservé. Le roman de

23 Voir Troisième partie, chapitre 3 : Le jardin sentimental.

24 Les paysages et la nature helvétiques sont un élément essentiel dans la constitution d'une idéologie nationale, qui se développe en Suisse au XVIIIe siècle sous le nom d'helvétisme. Voir à ce sujet Roger Francillon : « L'helvétisme au XVIIIe siècle : de Béat de Muralt au Doyen Bridel », *Histoire de la littérature en Suisse romande,* dir. Roger Francillon, t. 1, *Du Moyen Age à 1815,* Lausanne, Payot, 1996, pp. 225-241.

25 Claude Reichler fait apparaître la construction de cet imaginaire par les voyageurs européens du XVIIIe siècle : leurs récits de voyage en Suisse fournissent en effet une riche matière pour l'élaboration de ce qu'on appellera le mythe suisse. Voir son introduction au Livre I de l'anthologie *Voyages en Suisse,* textes recueillis et présentés par Claude Reichler et Roland Ruffieux, Paris, Robert Laffont, Bouquins, 1998.

Jeanne Françoise Polier de Bottens, *Mémoires d'une famille émigrée* (1798) est particulièrement éloquent à cet égard : c'est en Suisse en effet que se retrouvent deux jeunes Français émigrés – un noble et une roturière –, et qu'ils réussissent à vaincre la résistance d'une mère hostile à leur mariage.

Cette exploitation sentimentale d'un espace imaginaire ne constitue pas une pratique unanime chez les romanciers suisses. Tout en situant l'intrigue de ses romans dans un cadre suisse (Neuchâtel, Lausanne, notamment), Mme de Charrière choisit des villes plutôt que des lieux rustiques, et ne prête aucune vertu particulière au paysage helvétique. Ses romans, par ailleurs, ne construisent pas une barrière derrière laquelle les personnages s'abritent du réel ; au contraire, on le verra, ils ménagent des ouvertures qui assurent des échanges entre la fiction et la réalité.

Le mythe d'un paysage idyllique, d'un jardin sentimental propre à la Suisse, s'est propagé jusqu'au XXe siècle, malgré les critiques, souvent farouches, d'Alexandre Vinet, d'Edmond Gilliard, de Jacques Mercanton. A la fin du XVIIIe siècle, ce jardin mythique eut son rôle à jouer : il permettait de projeter sur un référent géographique et national précis les rêves d'harmonie sociale et les aspirations sensibles que l'histoire européenne bafouait.

Le roman sentimental, le roman libertin, certains contes moraux, contribuent à la vaste enquête que conduit le siècle des Lumières sur l'identité et le mérite individuels, sur les rôles sociaux et biologiques de l'homme et de la femme, sur les structures politiques favorables à l'épanouissement de l'être naturel et sensible. Le roman met en scène l'espace ouvert des identités possibles, et représente l'expérience amoureuse comme la chance d'un accès – fugitif, presque toujours – à l'altérité. C'est ce pli entre deux rôles, ce lieu secret et transitoire où le sujet amoureux change de place sociale, d'identité, voire de sexe, que nous aimerions observer dans quelques romans du XVIIIe siècle. Nous montrerons aussi que les romanciers – et parmi eux, notamment, quelques romancières suisses – prennent peur parfois devant cette ouverture de la subjectivité, et s'empressent de refermer le pli en un cercle rassurant.

La première partie de cet essai fait apparaître la récurrence significative d'un thème, ou d'une métaphore privilégiés : les nœuds, les plis, les coutures, les poches que cousent et manipulent les héroïnes de romans, cachent des secrets qui touchent aux jointures du corps et de l'âme. La deuxième partie porte sur les formes romanesques et les voix narratives : on y montre l'inventivité des romanciers, dans leur quête d'un genre qui devrait rendre justice aux ambiguïtés du sujet amoureux. « L'erreur des désirs », telle qu'elle est représentée dans les romans, propose de curieux paradoxes anthropologiques, qui sont analysées dans la troisième partie.

PREMIÈRE PARTIE

Plis, poches et nœuds

Les Serments du berger, gravure de Lempereur d'après J. B. M. Pierre. Cabinet cantonal des estampes, Vevey. Photo : Studio Edouard Curchod, Vevey.

Chapitre premier

Paméla et la séduction épistolaire

Aux côtés de Clarisse, Julie, Marianne ou Théophé[1], héroïnes troubles ou ambivalentes, Paméla fut jugée, dès le XVIIIe siècle, comme un parangon de duplicité. *Paméla ou la vertu récompensée*[2] de Richardson fut l'objet de railleries et de critiques fort vives, dans les années qui suivirent sa parution. De nombreuses imitations parodiques, en Angleterre comme en France, dénoncèrent l'hypocrisie du roman : elles mettaient en doute ses intentions moralisatrices, contredites par la vivacité des évocations érotiques qui peuplent les lettres de l'héroïne. Elles donnaient à lire *Paméla* comme une sorte de manuel à l'intention des jolies servantes désireuses de se faire épouser par leur maître : tel était le but de la plus célèbre parodie du roman, *Apology for the life of Mrs Shamela Andrews*

[1] Héroïnes, respectivement, de l'*Histoire de Miss Clarisse Harlowe* de Richardson, traduit par Prévost (1751), de *Julie ou la Nouvelle Héloïse* de Rousseau (1761), de *La Vie de Marianne* de Marivaux (1728-1742), de l'*Histoire d'une Grecque moderne* de Prévost (1740).

[2] Samuel Richardson, *Pamela or virtue rewarded,* 1741-1742 ; la traduction française date de 1742-1743.

(1741), du romancier Henry Fielding. *Paméla* n'en demeura pas moins, jusqu'à nos jours, l'un des romans les plus représentatifs du genre sentimental au XVIIIe siècle. L'étiquette peut surprendre, nous allons le voir.

Fille de paysans pauvres, Paméla Andrews est la servante d'une dame riche et bien née, qui lui fait donner de l'éducation et, peu avant de mourir, la recommande à son fils. Celui-ci – nommé par une seule initiale : Monsieur B. – devient le nouveau maître de la jolie Paméla : de mœurs libertines, il tente de la séduire. Paméla prend alors la plume, pour écrire à ses parents des lettres très circonstanciées, qui vont former le roman de sa résistance farouche aux tentatives de séduction de M. B. Au terme de nombreux assauts, d'un enlèvement et d'une longue séquestration – toujours vains –, M. B. consent enfin à laisser Paméla rejoindre son père et sa mère. C'est alors qu'elle prend conscience, trop tard, de l'amour qu'elle porte à son maître : le premier volume se clôt sur cette amère victoire de Paméla. Mais M. B. se ravise : vaincu par l'amour, renonçant à son orgueil nobiliaire, qui lui interdisait d'épouser une femme pauvre et de basse naissance, il épousera Paméla. Le second volume raconte par le menu la vie conjugale des époux : par sa grâce et sa vertu, Paméla parvient à se faire accepter dans un milieu qui lui était hostile.

Paméla semble illustrer parfaitement, à première vue, la thèse sentimentale : c'est par la vertu, par l'amour du cœur – ennemi de toute séduction – que Paméla parvient à vaincre les préjugés sociaux de son maître, et à devenir Mme B. C'est sans doute ce qu'a voulu montrer Richardson, mais ce n'est pas ce que montre son roman. Sur l'auteur, tous les témoignages concordent : on ne peut le soupçonner de perversité ou d'intentions troubles. Et de fait, jurant sa bonne foi de romancier moraliste, publiant une suite à Paméla, défendant son héroïne contre toutes les accusations, Richardson déjoua les soupçons d'hypocrisie, et vit le succès de son œuvre grandir et s'étendre à toute l'Europe. Son roman n'en demeure pas moins équivoque, et il y eut dès le XVIIIe siècle toutes sortes de lecteurs avisés pour dire qu'on ne pouvait s'y tromper.

Quelles sont donc les ruses de *Paméla ?* La plus retorse s'inscrit dans la forme même du roman : la monodie épistolaire produit une ambiguïté structurale. Ne disposant que des lettres de l'héroïne, le lecteur ignore si elle est amoureuse de son maître sans oser se l'avouer, ou si au contraire elle le hait de toute la force de son âme vertueuse. Les deux lectures demeurent absolument légitimes, jusqu'à l'aveu de Paméla, à la fin du premier volume. Si la seconde se fonde sur les paroles mêmes de l'héroïne, la première recourt à une interprétation des signes du désir. Mais comment le désir se signifie-t-il, dans les lettres d'une jeune fille prude et innocente? La question même suppose au désir une existence préalable : or, dans *Paméla,* il est consubstantiel à l'écriture épistolaire. La toute première lettre de Paméla se présente comme un texte double : la jeune fille raconte d'abord à ses parents la mort de sa maîtresse, et les attentions particulières que son nouveau maître a eues à son égard. Une seconde partie, tel un post-scriptum, fait le récit de la première indiscrétion du maître : surprenant Paméla en train d'écrire, il lui demande de pouvoir lire la lettre. Effrayée, tremblante, honteuse, elle ne s'oppose pas au désir du gentilhonne, qui lit et commente le message, avant de conclure : « ce que je viens de voir fait que tu n'en es que plus à mon gré. »[3]

Cette première lettre double connaît une double destination : l'une officielle (les parents), l'autre officieuse (le maître). La première partie est sobre : Paméla raconte, avec une certaine distance, des événements récents. La seconde, au contraire, est écrite sur le vif, elle porte les traces de l'émotion que Paméla vient d'éprouver : « Je viens d'avoir la plus grande frayeur du monde : justement comme je pliais cette lettre dans la chambre de ma défunte Maîtresse, mon jeune Maître est entré. Mon Dieu ! qu'il m'a effrayée ! » Malgré l'effroi, les

[3] Samuel Richardson, *Paméla ou la vertu récompensée,* Paris, Nizet, 1977, p. 33. L'orthographe est modernisée. Dans la suite de ce chapitre, les références à cette édition incomplète de *Paméla* seront données immédiatement après la citation. Nous adopterons ce système pour tous les chapitres de cet essai : la référence des citations est donnée la première fois en note, puis immédiatement après la citation, entre parenthèses (le chiffre arabe indiquant le numéro de la page dans l'édition choisie).

compliments du maître sur l'écriture de Paméla (« tu peins joliment, et ton orthographe est passablement bonne ») ont produit leur effet : « En vérité, c'est, je crois, le meilleur Gentilhomme qu'il y ait au monde. Mais je m'aperçois que ceci devient une autre longue lettre » (33).

La surprise, la frayeur, l'indiscrétion, la flatterie, tout concourt, dans ce bref récit très affecté par l'événement qu'il narre, à révéler la naissance du désir : la première partie de la lettre de Paméla sert de mobile et d'amorce à une autre écriture, à cette « autre longue lettre » que l'héroïne va commencer d'écrire, et qui sera le roman de son amour. Car le vol de la lettre – prise sans le consentement explicite de Paméla, trop troublée –, sa lecture indiscrète, en changent la nature : elle n'est plus seulement un message, destiné à informer les parents de la situation de leur fille, mais elle devient un bien – propriété, et même partie de Paméla –, que le maître considère pour sa valeur esthétique (« tu peins joliment »). Métaphore du viol que le maître va tenter à plusieurs reprises sur la personne de Paméla, cette première attaque est lourde de sens : le désir du maître, d'emblée, apparaît comme le désir d'une écriture, d'un récit. Le maître encourage d'ailleurs Paméla à parfaire son éducation en lui ouvrant les portes de sa bibliothèque. Quant à Paméla, son désir balbutiant s'adresse à celui qui reconnaît son talent épistolaire.

A l'origine du roman, à l'origine du désir des deux personnages, il y a une lettre dérobée. Parfaitements concomitants, l'écriture épistolaire et le désir naissant n'en sont pas moins rivaux : en effet, Paméla écrit à ses parents – garants de sa vertu – les progrès d'un amour qu'ils réprouvent. Cette rivalité s'inscrit dans la première lettre déjà, dont la duplicité est manifeste : double (elle est constituée d'une partie innocente et d'une partie troublée), elle a une double adresse (les parents et le maître), et s'offre à une double lecture (référentielle et esthétique). La séduction, le désir naissent dans un espace polysémique : livrés à l'écriture épistolaire, ils seront manœuvrés par des signes toujours incertains.

Si l'ambivalence est l'effet de la monodie propre à ce roman, elle se trouve redoublée par le jeu et le pouvoir des lettres, qui deviennent bien vite l'instrument même du désir de M. B. Adressées aux parents de Paméla, elles sont presque toutes interceptées, en effet, et lues par M. B. Paméla n'ignore pas ces détournements : ainsi, elle écrit *à* ses parents, mais aussi *pour* l'homme qui la désire. La lecture par M. B. des terreurs et des tortures morales qu'il inflige à Paméla constitue un ferment érotique très efficace. A tel point que M. B. finit par désirer plus avidement les lettres de Paméla, que Paméla elle-même. Les lettres de Paméla à ses parents sont perçues par M. B., qui les lit par effraction, comme le *roman* de son désir. Aussi les images du désir et celles du roman finissent-elles par se confondre : la scène finale, juste avant le renvoi de la jeune fille chez ses parents, figure l'apologue de cette réflexivité.

Les papiers cousus

Séquestrée, Paméla ne peut plus envoyer ses lettres, mais elle rédige une sorte de journal – destiné à ses parents –, qu'elle tente de soustraire à la vigilance de sa geôlière. Mais en vain : M. B. parvient à lire la plus grande part des papiers de Paméla. Il se doute bien qu'elle lui en cache encore quelques-uns, aussi insiste-t-il :

> Car vous avez une manière de vous exprimer si aimable, que c'est en partie cela, et en partie mon amour pour vous, qui m'a rendu avide de lire tout ce que vous écrivez, quoique la plus grande partie en soit contre moi : aussi devez-vous vous attendre à souffrir un peu pour cela. Comme j'ai fourni de l'exercice à votre plume, j'ai quelque droit sur vos productions. D'ailleurs, ajouta-t-il, vous donnez un si joli tour de Roman aux descriptions que vous faites de vos batteries et des miennes, qu'en achevant de les lire je ne saurai que mieux comment il me faudra amener le dénouement de la jolie petite historiette. (352)

On ne saurait reconnaître plus clairement le pouvoir rhétorique des lettres de Paméla : elles ont toujours précédé et préfiguré le désir, puis l'amour que M. B. eut pour elle. Mais ces évidences peu sentimentales ne font qu'accroître la défiance de Paméla. M. B. s'adonne alors à une véritable inquisition pour obtenir les derniers papiers de Paméla, qu'elle a cousus dans son jupon. Enfin, il devine la ruse : « j'ai dans l'esprit, dit-il, qu'ils [vos papiers] sont sur vous : jamais je ne déshabillai fille ; mais je vais commencer à dépouiller ma jolie Paméla, et j'espère que je n'irai pas loin sans les trouver » (357).

Une lecture même peu suspicieuse de l'épisode ne manquera pas de déceler une intention érotique dans la cachette choisie par Paméla : en cousant ses papiers dans son jupon, elle désigne à son maître le lieu et le mode de sa perte. La menace de déshabillage souligne l'extrême proximité entre le désir et la lecture indiscrète des lettres, entre le désir d'un corps et le désir d'un texte, entre l'effeuillage d'une femme et celui d'une liasse de papiers. Le désir de M. B. apparaît ainsi comme la lecture d'un texte préécrit : si je vous veux, c'est pour vous lire ; si je veux vous lire, c'est pour mieux vous désirer. La ruse de Paméla propose elle aussi un message crypté : venez lire « jusqu'au moindre ïota » (356) sur mon corps déshabillé « pièce par pièce » (362), dans mes papiers déchiffrés signe après signe, la vérité de mon désir pour vous.

Mais ces paroles, Paméla ne saurait les prononcer ; elle ne cesse de redire, au contraire, sa crainte que M. B. ne découvre son journal, après que diverses cachettes, dans le jardin, se furent révélées peu sûres. Les vêtements sont sa dernière chance : « j'ai encore cousu autour de mes hanches, dans ma jupe de dessous, où j'espère qu'ils sont en sûreté, les papiers qui contiennent le détail de mon peu de réussite [lors d'une tentative d'évasion], et de ce qu'il s'en ensuivit » (346). Formant à la fois doublure et ceinture, les papiers de Paméla échouent dans un lieu richement symbolique : cousus dans ses jupes, confondus aux plis de l'étoffe, ils occupent un espace secret, entre le corps nu et le corps vêtu, entre la nudité interdite et l'apparence pudique. Lieu obscur, frontière souple, doublure légère où s'inscrit, de fait, un enjeu double : disant sa peur que ses plus intimes « secrets » (344) lui soient dérobés, Paméla signifie aussi son désir de les livrer. Si Paméla cherche sans cesse de nouvelles cachettes, dans le jardin, c'est qu'elle craint en effet d'être fouillée, « visitée » (362), en conservant ses papiers sur elle. Mais sa crainte est si insistante qu'on la soupçonne d'être un désir.

Plus sûr, le jardin n'offre pas les qualités d'une cachette intime : cousus dans les jupes, les papiers sont proches du corps, ils appartiennent à l'espace du dedans ; pourtant, devenus « chiffons » (357), ils se confondent avec le vêtement, cette vitrine d'elle-même à quoi Paméla accorde tant d'importance. Les feuillets dissimulés ont doublement à faire au vêtement : ils y trouvent refuge, et ils en parlent. L'évasion manquée qu'ils racontent repose en effet sur une ruse vestimentaire. S'échappant un soir par une fenêtre, Paméla invente un stratagème pour ne pas être suivie : elle jette dans l'étang du jardin une jupe, un mouchoir de cou et une coiffure avec un ruban. La croyant noyée, ses geôliers n'iront pas plus loin, pense-t-elle. Mais elle ne parvient pas à escalader le mur du jardin, se blesse et, prise de désespoir, songe un instant à se jeter dans l'étang. Une longue réflexion l'en dissuade, et elle passe la fin de la nuit près d'une remise. Au matin, ses gardiennes la cherchent, et voyant ses habits flotter sur l'étang, la croient morte.

Cette tentation de suicide, qui sera évoquée à plusieurs reprises dans la suite du roman, apparaît comme une épreuve symbolique de la mort. Jouant sur les apparences, l'héroïne se dédouble : elle se voit elle-même vivante et libre, elle tend aux autres l'image trompeuse d'une Paméla noyée. Mais cette fausse mort, que donnent à voir les habits flottant sur l'étang, s'offre soudain comme une tentation réelle : la fiction rattrape Paméla, qui doit lutter longuement pour lui résister. La fiction est jouée tout de même, mais par les autres. Ce sont les gardiennes qui, au matin, croiront à la mort de Paméla :

> Enfin, Nanon s'avisa d'aller du côté du vivier, et voyant mon mouchoir, ma coiffure et ma jupe dans l'eau, que le mouvement des ondes avait jetés presque sur le bord, elle crut que c'était moi ; jetant un grand cri, elle courut à madame Jewkes, en disant : ah ! Madame, voici quelque chose de bien affreux ! La pauvre mademoiselle Paméla est noyée dans le vivier. Il y accoururent tous, et voyant mes hardes, ils ne doutèrent point que je ne fusse au fond de l'eau. (271)

L'épreuve symbolique a été vécue à la faveur de cette doublure de l'être que sont les vêtements : leur pouvoir de représenter l'individu est tel que Paméla s'est trouvée prise à son propre piège. Entre Paméla morte et Paméla vivante, les habits abandonnés ont symbolisé une limite absolue, tout en proposant l'expérience imaginaire de son franchissement.

Déguisements

Pour dire à la fois son zèle à dissimuler ses papiers et le désir secret de les donner à lire, Paméla a trouvé ce lieu symbolique – la doublure de sa jupe –, où le texte devient tissu, où la lecture peut se changer en exploration sexuelle. De même, entre la tentation d'une mort vengeresse et l'interdit du suicide, ce sont quelques pièces de vêtement qui assurent le passage, après avoir figuré la dissociation de l'identité de Paméla. Le roman compte de nombreuses scènes de métamorphose et de déguisement : à chaque fois, le vêtement joue ce rôle de limite, où viennent se brouiller les cartes de l'être et du paraître, du désir et de la peur. Ainsi, après la première attaque de M. B., au début du roman, Paméla décide d'échapper aux entreprises de son maître, qu'elle juge criminelles, et de retourner chez ses parents ; mais elle temporise. Son changement de statut social va nécessiter un changement d'apparence ; elle ne pourra, dans son village, porter les vêtements dont sa maîtresse, puis son maître, lui ont fait cadeau. Aussi confectionne-t-elle, à l'insu de tous, un costume adéquat à sa future condition : elle y met un grand soin, puis le décrit, pièce par pièce, dans une lettre à ses parents.

Alors que le terme de son départ n'est pas fixé, elle avoue son impatience à porter son nouveau costume. Elle décide alors de l'essayer, pour en mesurer l'effet sur les autres domestiques. Le récit de l'habillage – alors qu'elle est seule devant son miroir – révèle le double sens de ce nouvel ajustement : Paméla insiste sur la simplicité de sa tenue – symbole de sa condition –, tout en soulignant le raffinement qu'elle y a mis. Puis elle se contemple : « je me suis regardée dans le miroir avec plus de vanité que vous ne pouvez penser ; et, pour vous dire la vérité, jamais je ne me suis trouvée si fort à mon gré » (99). La coquetterie, ici, n'est pas hostile à la vertu, au contraire, elle la fait mieux aimer. Paméla exhibe sa vertu, sous le costume le mieux fait pour séduire. La métamorphose est si parfaite que les domestiques ne reconnaissent pas la jeune fille ; mais ils sont fort loin de la prendre pour une paysanne : en effet, l'une d'entre eux fait à Paméla « une profonde révérence » (100). M. B., ayant vu de dos « cette aimable fille si proprette » (101) n'a pas non plus reconnu sa servante. Mais lorsqu'elle s'approche, et se trouve face à lui, il feint de la prendre pour une sœur de Paméla : se prévalant de la fausse identité de sa victime, il lui arrache quelques baisers. Paméla s'enfuit, le maître la rappelle et s'enflamme : elle l'a séduit une fois de plus, il devient fou de désir :

> Là-dessus mon Maître me prit entre ses bras, et me repoussa dans le même moment. Madame Jervis, dit-il, éloignez de moi cette petite sorcière. Je ne puis ni soutenir ni fuir sa présence (que ces paroles sont étranges !). Mais non, restez, ajouta-t-il ; je ne veux point que vous vous retiriez... Oui, allez-vous-en... Non, revenez... Je croyais pour moi qu'il était devenu fou, car il ne savait ce qu'il voulait. (103)

Le nouveau costume de Paméla produit, on le voit, des effets ambigus : il désigne une position sociale, et met en valeur l'individu ; son pouvoir de métamorphose dédouble l'identité de la jeune fille : je suis une autre, plus simple et plus jolie, et pourtant je suis la même, semble-t-elle dire. Cette vraie-fausse Paméla provoque un véritable choc érotique chez son maître. Le trouble des signes de l'identité est un puissant agent du désir : Casanova, par exemple, en a besoin plus que de tout autre stimulation. L'espèce de folie qui saisit M. B. à l'issue de la scène révèle une perte des repères : entre la vraie et la fausse Paméla, la paysanne et la coquette, la farouche et la séductrice, la distinction s'avère impossible. C'est par la vertu de son habit neuf que Paméla peut ainsi distribuer les cartes de son identité, faire glisser l'un devant l'autre, imperceptiblement, les deux visages qu'elle offre à la curiosité de son maître.

Parfaite couturière, habile manipulatrice des apparences, Paméla fait jouer au vêtement un rôle qu'elle ne maîtrise pourtant pas : les papiers cousus dans ses jupes, ses habits jetés dans l'étang, son costume neuf sont destinés d'abord à la sauver des agressions de son maître. Mais ils dépassent ses intentions avouées et, plutôt que de la protéger, l'exposent à un redoublement du désir de la part de M. B. Pure guenille ou parure vivante du corps, matière inerte ou substance animée, le vêtement représente la couture, la frontière entre le dedans et le dehors, entre la peur qui cache et le désir qui exhibe.

Or, cette frontière-là, Paméla doit la passer de multiples fois avant de reconnaître l'amour qu'elle porte à son maître. Elle accomplit ces passages, ces transgressions, dans une sorte de conscience hallucinée, où tout peut signifier plusieurs choses à la fois.

La multiplication des images

Paméla éprouve dans la peur ses premiers émois érotiques. Lorsque son maître tente de la surprendre par ruse, elle se défend avec des expressions de frayeur, des cris, des sueurs, puis une perte de connaissance :

> Dès que la frayeur me permit de songer à moi, je trouvai qu'il avait sa main sur mon sein ; je soupirai, je jetai un cri affreux et je tombai en faiblesse. Il avait cependant toujours ses bras autour de mon cou, et madame Jervis se tenait sur mes pieds et sur mon jupon. J'étais dans une sueur froide. *Paméla, Paméla,* dit madame Jervis, comme elle me l'a rapporté depuis ; et, voyant que je ne répondais rien, elle jeta un cri. Oh ! dit-elle, ma pauvre Paméla est morte. Aussi l'étais-je pour quelque temps ; car je ne savais rien de ce qui se passait, tant les faiblesses qui me prenaient se succédaient de près. Au bout de trois heures je revins un peu à moi-même, et je me trouvai dans le lit. (112)

Paméla s'interroge ensuite sur ce qui a pu lui arriver pendant sa (petite) mort : « qu'en puis-je savoir, moi qui étais en faiblesse, et qui ne sais rien de ce qui s'est passé » (113). La perte de conscience est interprétée par Paméla, dans une scène semblable, comme une traversée de la folie : « Oh ! dis-je, ne m'apprenez point ce que j'ai souffert pendant mon évanouissement ; je tins des discours égarés, sans savoir ce que je disais ; car j'avais presque perdu l'esprit » (314). Ainsi, sous les symptômes de la peur ou de la folie, et sans le savoir, Paméla a vécu l'acte amoureux, de manière cryptée.

A plusieurs reprises dans le roman, Paméla voit se multiplier devant elle les images de son maître, effrayantes ou bienveillantes, sans pouvoir les débrouiller. Une première scène d'évasion – avant celle qui s'achève par la tentation du suicide – est particulièrement démonstrative à ce sujet. Ce soir-là, Paméla s'y reprend à trois fois, et enfin renonce à s'échapper. Pour fuir, elle doit traverser un pacage : après un premier essai fort timide, elle est arrêtée, la deuxième fois, par un « horrible animal qui [la] regardait avec de grands yeux étincelants, à ce qu'il [lui] semblait ». Elle croit voir Lucifer, qui « a pris la forme de cet affreux taureau » (235). Or, ce taureau, qui l'oblige à la retraite, elle le connaît : il a blessé gravement la cuisinière, peu de temps auparavant. Elle est même allée le voir un jour dans son pré, au cours d'une promenade avec Mme Jewkes : « ce taureau est un terrible animal, qui a un air farouche et épouvantable » (230). A la troisième tentative d'évasion, Paméla voit – ou plutôt hallucine – deux taureaux qui la menacent :

> Ah ! dis-je en moi-même, voici sans doute un double sortilège. Voilà l'esprit de mon Maître dans un de ces taureaux, et dans l'autre celui de madame Jewkes : maintenant ma perte est inévitable. (237)

Mais une fois le pré quitté, elle s'aperçoit qu'elle s'est effrayée devant « deux pauvres vaches qui paissaient fort tranquillement à quelque distance l'une de l'autre » (237). Elle n'en renonce pas moins à son projet. L'image du taureau se dissémine dans la suite du roman et fait subir au maître les métamorphoses imaginaires qui préparent sa transformation finale dans la conscience de l'héroïne. Paméla est confrontée à un gardien choisi par son maître, M. Colbrand, qui lui rappelle le taureau : elle brosse un long portrait de ce monstre qui tient à la fois du géant, de la bête et du gentilhomme. Terrorisée par ce nouveau gardien, elle en rêve la nuit même : « quand je fus endormie, je crus les voir venir tous deux [Colbrand et le maître] au chevet de mon lit, avec le plus terrible dessein qui se puisse imaginer» (259). Ce rêve apparaît comme la concrétisation érotique de la vision des deux taureaux.

Le roman de Richardson montre que la conscience de l'amour se forme au terme d'une lente construction imaginaire du corps érotique. Le désir de Paméla n'arrive à maturité qu'en traversant tout un réseau d'images contradictoires : maître humain et bovin, taureau luciférien et inoffensif, amant simple et double, mâle et femelle, viril et efféminé, monstrueux et magnifique.

Le désir multiplie les représentations de son objet : le maître prend successivement, pour Paméla, les figures de Lucifer, d'un fou, d'un libertin, d'un ange, du plus séduisant gentilhomme et de quelques animaux – taureau, lion, ours, tigre, loup. Les scènes imaginaires de sexualité brutale, de bestialité, de cruauté et de viol côtoient des images de séduction raffinée : le désir assure, dans tout le roman, une circulation d'images qui conteste radicalement la distinction reçue à laquelle Paméla s'accroche, entre amour vertueux et amour criminel. La frontière qui séparait l'amour et le crime a cédé ; une cohérence symbolique nouvelle, qui associe désir et cruauté, s'est établie progressivement – pour le lecteur du moins. Mais Richardson ne pouvait l'admettre : il a préféré convertir le maître à l'amour conjugal le plus tempéré. Dans le deuxième volume du roman, Paméla loue en effet, après sa nuit de noces, la décence et la délicatesse de son mari. M. B. quant à lui méprise les désirs effrénés qu'il avait conçus pour celle qui est devenue sa femme.

Le roman de Richardson constitue le désir en épreuve symbolique : sorte de traversée des signes qui permet de déplacer, de bousculer les frontières admises entre le bien et le mal, l'âme et le corps, l'humain et l'animal, l'être et le paraître, la nature et la magie. Tout l'art de Richardson consiste à rendre sensible cette polysémie qui entraîne soudain les personnages – Paméla aussi bien que le maître – dans le vertige des significations contradictoires.

Paméla pourtant n'est pas un texte séducteur, fondé, comme la parole de Don Juan, sur une perversion revendiquée des signes, qui consiste à séparer les mots des choses qu'ils désignent. Jamais Paméla n'admet que ses lettres soient destinées à séduire ; seul M. B. le sait, qui tente en vain, à la fin du roman, de prouver à Paméla la « diabolie »[4] qui régnait dans le « roman » qu'elle lui adressait sans le vouloir. Mais Paméla n'est pas punie d'avoir écrit des lettres séductrices, ni M. B. d'avoir cédé à leur charme. Au contraire, le libertin sans foi ni loi qu'est M. B. au début du roman subit une véritable conversion : il croit désirer Paméla, il comprend qu'il désire le roman de son désir, et finit par aimer Paméla d'un tout autre amour. Processus lent, difficile et violent : M.B. passe par de terribles crises avant d'admettre que l'amour – le sien, celui de Paméla – n'est pas un besoin à traiter comme tel, mais une expérience de bouleversement de l'identité.

Faut-il parler d'imposture et d'hypocrisie – comme de nombreux contemporains de Richardson – pour désigner ce roman qui prêche l'amour vertueux tout en montrant qu'on y accède par les charmes de la séduction ? Il serait préférable de lire dans ce double jeu l'emblème d'une pensée qui périme, au XVIIIe siècle, le dualisme auquel recourt le système de Don Juan : en opposant le Ciel aux plaisirs terrestres, la vérité du symbole à la diabolie, le libertin conforte la théologie chrétienne. Avec M. B. et Paméla – comme avec Valmont et Mme de Tourvel –, c'est tout le XVIIIe siècle qui passe et repasse, métaphoriquement, la frontière entre les besoins du corps et les aspirations de l'âme.

4 Le terme est emprunté à Claude Reichler, dans son livre : *La Diabolie (la séduction, la renardie, l'écriture)*, Paris, Minuit, 1979.

Chapitre 2

Le pli, thème romanesque et modèle herméneutique

Comment penser la continuité, dès lors qu'on renonce au modèle dualiste de la pensée chrétienne, ou qu'on le met en doute? Telle est la question métaphysique que le XVIIIe siècle n'a cessé de se poser. Comment passe-t-on de la matière à l'âme, du besoin au désir, du désir au sentiment, si l'on refuse le saut qualitatif qui sépare notre nature finie de notre nature immortelle? Diderot conçoit, dans *Le Rêve de d'Alembert*, une chaîne infinie des êtres, qui permet d'imaginer, de la matière inerte à l'âme, une continuité sans faille. Les romanciers, quant à eux, explorent, illustrent par la fiction tous les passages d'un ordre à l'autre de l'expérience humaine, comme s'il s'agissait de mettre en cause, ou d'interroger, les frontières qui balisent nos comportements, qui constituent notre identité.

Richardson nous offre un exemple de cette interrogation: que se passe-t-il dans l'imagination de Paméla, lorsqu'une paisible vache devient pour elle un taureau furieux? Prise entre le désir de fuir et la peur de perdre l'amour de son maître, Paméla ne sait à quelle passion sacrifier. Attirée par la liberté, retenue par la dépendance amoureuse, elle se trouve partagée entre deux mouvements qu'elle ne contrôle plus. La perception de la réalité explose en de multiples significations contradictoires : les vaches broutant dans le pacage prennent les figures du taureau, de M. B., de Mme Jewkes, de Lucifer, etc.

Qu'elle perde connaissance, qu'elle soit tentée par le suicide, qu'elle se métamorphose en paysanne, Paméla à chaque fois répète la même épreuve : entre deux formes d'identité, entre deux passions contraires, elle passe par un état de crise, de confusion, de perte du sens, voire de folie. On ne sait ce qui se joue dans cette scène : Paméla est entraînée dans un tourbillon d'images, où sa volonté n'a plus prise. Une limite est franchie, mais le moment transgressif demeure obscur. Inconsciemment, dirions-nous, Paméla recherche ces expériences : elle va jusqu'à en figurer les vertus de manière emblématique, lorsqu'elle choisit de cacher son journal dans les plis de son jupon. Entre le désir d'exhiber son corps, et la peur de le dévoiler, entre la tentation de donner à lire sa prose et le refus de livrer les secrets de son âme, elle dessine, elle coud elle-même une frontière mobile – pli d'étoffe, ceinture de papier, multiplement symboliques.

La peur et le désir, la vertu et le vice, la prudence et l'audace n'ont jamais été aussi étroitement solidaires, sans pourtant se confondre : c'est ce que n'ont pas voulu voir les contemporains de Richardson, en jetant le soupçon sur la bonne foi de Paméla, en lisant ses protestations d'innocence comme un pur camouflage de son vice. Le romancier ménage cependant le double sens : aux deux figures de Paméla, la chaste et l'impudique, correspondent deux textes, le véridique – les lettres authentiques – et le romanesque – le récit lu par M. B. Les aveux et les plaintes de Paméla sont aussi crédibles que les interprétations de M. B. Les deux textes n'en font qu'un, mais à double face : d'un côté se déploie l'écriture sincère et fidèle aux faits de l'héroïne, de l'autre se déchiffre le roman d'un imaginaire érotique puissant.

L'impensé est désigné par cette transaction que le texte ne saurait décrire : comment Paméla passe-t-elle de l'innocence au vice ? Par cette question sans réponse, le roman de Richardson dramatise une interrogation qui inquiète toute la pensée des Lumières : si la matière n'est pas distincte de l'âme, si les déterminismes excluent la liberté, si la nature régit la pensée aussi bien que les sens, comment l'homme peut-il décider du bien et du mal, choisir l'action vertueuse alors que son tempérament le prédestine au vice ? De nature morale et philosophique, le problème se pose, chez les romanciers, en termes psychologiques : les héroïnes sont nombreuses en effet – Manon, Théophé, Marianne, Julie, Clarisse ou Paméla – qui s'offrent au regard du narrateur ou du lecteur sous des traits ambigus, dans des attitudes contradictoires, animées de passions labiles. La continuité de leur être, leur identité même semblent mises en doute par des comportements qui relèvent de mouvements incompatibles.

Il y a éclatement des significations, dans l'épreuve du discontinu : Paméla s'évanouit, elle devient folle, on ne la reconnaît plus. De la terreur au désir, un chemin s'ouvre, que Paméla traverse en aveugle. Richardson, et avec lui de nombreux romanciers du XVIIIe siècle, dramatisent, métaphorisent la même expérience : passage du vice à la vertu, de l'amour au désamour, du désir à la cruauté, de la sexualité au sentiment, elle figure un brusque défaut de sens, ou une réserve de sens caché, enfoui dans un pli. Rappelons le récit de Paméla dans sa première lettre :

> Justement comme je *pliais* cette lettre dans la chambre de ma défunte Maîtresse, mon jeune Maître est entré. [...] J'allais cacher la lettre dans mon sein, lorsque me voyant toute tremblante, il m'a dit en souriant : à qui viens-tu d'écrire, Paméla ? (33, je souligne)

De cette lettre pliée, dépliée, lue et commentée par M. B., sortira tout le roman. Toutes les lettres qui suivront seront de manière ou d'autre arrachées du « sein » de Paméla. Son journal en retrouvera la chaleur, à la fin du roman, lorsque Paméla le coudra dans ses jupes. De ce pli, de cette poche improvisée, surgira le texte ardemment désiré, trésor indiscret qui parle à M. B. du corps et du sexe de Paméla.

Le pli, ou l'espace de la catastrophe

Du pli de la lettre au pli du jupon, le roman de Richardson tente de cerner cet événement obscur de l'âme, qui fait tomber Paméla de la chasteté à l'impudeur, de l'impudeur à la chasteté. Véritable catastrophe, au sens où l'entend une théorie contemporaine : passage imprévisible d'un état à un autre, figuré par un pli, une fronce – sorte de couture dont le dedans, constitué d'une multiplicité de possibles, demeure insaisissable. Tel est le modèle que propose en effet la théorie des catastrophes, née dans les années 60, à l'initiative des mathématiciens E. C. Zeeman et René Thom.

On ne cherchera pas ici à expliquer Richardson par la théorie des catastrophes, mais simplement à faire remarquer l'analogie entre deux représentations, historiquement très éloignées, d'un fait psychologique : la discontinuité entre deux comportements apparaît au romancier du XVIIIe siècle ainsi qu'aux théoriciens du XXe comme un phénomène inexplicable, qu'ils illustrent par la même figure : celle du pli. Motif romanesque chez Richardson – et, on le verra, chez d'autres romanciers du XVIIIe siècle –, le pli est l'image de l'une des sept catastrophes de René Thom[1]. La théorie des catastrophes prétend en effet proposer un langage – sorte de modélisation géométrique – capable de rendre compte des discontinuités qui affectent les données expérimentales, et en particulier celles de la vie psychique.

L'exemple par lequel s'est vulgarisée la théorie des catastrophes est celui de la colère du chien, proposé par E. C. Zeeman dans *Catastrophe Theory*[2]. Le comportement agressif du

[1] Les autres ont pour noms : fronce, queue d'aronde, ombilic hyperbolique, ombilic elliptique, papillon, ombilic parabolique. Nous renvoyons à deux ouvrages de René Thom : *Paraboles et catastrophes,* entretiens sur les mathématiques, la science et la philosophie réalisés par Giulio Giorello et Simona Morini, Paris, Flammarion, 1983 ; et *Apologie du logos,* Paris, Hachette, 1990.

[2] E. C. Zeeman, *Catastrophe Theory : Selected Papers, 1972-1977,* London, Addison-Wesley Publ., 1977.

chien est déterminé par deux facteurs conflictuels, la colère et la peur, qui peuvent inciter l'animal à l'attaque ou à la fuite. Dans certaines situations, le comportement de l'animal devient bimodal : la peur et la colère interviennent en même temps. Ce cas est illustré par une courbe de pli, assortie d'une multiplicité de points – figuration géométrique qui contraste avec la situation habituelle, où l'attitude du chien est représentée par un axe (l'attaque, ou le retrait). Dans la situation bimodale, le comportement est indéterminé : le chien peut passer de l'attaque à la fuite, « sauter » d'un mode à l'autre, en traversant une zone complexe d'attitudes possibles (les points multiples).

C'est traiter un peu cavalièrement Paméla, certes, que de passer de l'éthologie à la psychologie des personnages : mais on se rappellera que l'analogie ne porte que sur un langage – ou une formalisation –, qui permet de penser le discontinu. Or, ce langage, du roman à la théorie des catastrophes, présente une ressemblance frappante : c'est par une figure de pli que Richardson illustre en effet les comportements bimodaux de Paméla, où se rejoue sans cesse le conflit de la peur et du désir.

Plis, doublures, coutures, ou les migrations d'une métaphore

Si les plis du roman de Richardson nous paraissent significatifs, c'est sans doute que notre attention a été éveillée par ce motif dont l'exploitation métaphorique, au XXe siècle, s'est largement étendue. Qu'il soit objet concret, symbole romanesque ou modèle géométrique, le pli prend la valeur d'une métaphore commode lorsqu'il s'agit de penser la succession de moments discrets dans une expérience perçue comme continue. Les thèses philosophiques, les théories psychologiques, les œuvres littéraires sont nombreux au XXe siècle, qui ont recours au pli – ou plus largement aux figures de l'entrelacs, du chiasme, de la doublure, du tissage.

L'occurrence la plus célèbre, dans la littérature du XXe siècle, est celle de la madeleine – « petit coquillage de pâtisserie, si grassement sensuel, sous son *plissage* sévère et dévot »[3]. De ce gâteau moulé « dans la *valve rainurée* d'une coquille de Saint-Jacques »[4], sortira, on le sait, le passé du narrateur proustien, et toute la *Recherche du temps perdu.* C'est la saveur de la madeleine et non sa forme, certes, qui éveille la mémoire et suscite le déploiement des souvenirs. Mais l'événement qui rompt la continuité du présent est représenté par la figure du pli qui recèle un secret : le « plissage sévère et dévot » cache en effet une sensualité qui va s'épanouir dans la saveur de l'infusion.

La rupture temporelle s'éprouve comme une expérience où le sujet se dédouble : précipité dans un « état inconnu », le narrateur subit à la fois « l'attraction »[5] de cet autre bord du temps où il va retrouver son passé, et celle du présent coutumier. Une fois la résistance vaincue, le seuil franchi, le déploiement s'accomplit. Au « plissage » de la madeleine succède l'image des papiers pliés, à la mode japonaise :

> Et comme dans ce jeu où les Japonais s'amusent à tremper dans un bol de porcelaine rempli d'eau, de petits morceaux de papier jusque-là indistincts qui, à peine y sont-ils plongés s'étirent, se contournent, se colorent, se différencient, deviennent des fleurs, des maisons, des personnages consistants et reconnaissables, de même maintenant toutes les fleurs de notre jardin et celles du parc de M. Swann, et les nymphéas de la Vivonne, et les bonnes gens du village et leurs petits logis et l'église et tout Combray et ses environs, tout cela qui prend forme et solidité, est sorti, ville et jardins, de ma tasse de thé.[6]

La madeleine – sévère et sensuelle –, les papiers pliés, tout comme les papiers cousus dans les jupes de Paméla, évoquent un dedans et un dehors, une apparence protectrice et

[3] Proust, *Du côté de chez Swann, A la recherche du temps perdu,* t. 1, Paris, Gallimard, Bibliothèque de la Pléiade, 1987, p. 46. Je souligne.

[4] *Ibid.*, p. 44. Je souligne.

[5] *Ibid.*, pp. 45-46.

[6] *Ibid.*, p. 47.

un trésor enfoui. Le pli, chez Proust et chez Richardson, figure la jointure entre les deux bords d'une expérience à la fois sensuelle et spirituelle. Proust assigne la même fonction aux plis d'une serviette empesée, dans *Le Temps retrouvé :*

> la serviette que j'avais prise pour m'essuyer la bouche avait précisément le genre de raideur et d'empesé de celle avec laquelle j'avais eu tant de peine à me sécher devant la fenêtre, le premier jour de mon arrivée à Balbec, et, maintenant devant cette bibliothèque de l'hôtel de Guermantes, elle déployait, *réparti dans ses pans et dans ses cassures,* le plumage d'un océan vert et bleu comme la queue d'un paon. Et je ne jouissais pas que de ces couleurs, mais de tout un instant de ma vie qui les soulevait.[7]

La madeleine plissée, les papiers pliés et la serviette ouvrent la voie d'une réalité spirituelle : l'énigme de cette incarnation se joue tout entière dans la scène du pli, dont les deux faces peuvent se joindre et se séparer.

Cousus dans ses jupes, les papiers de Paméla représentent pour M. B. un objet de désir : il le sait, leur lecture l'enflamme. Mais elle le convertit en même temps : décousus, dépliés, les derniers écrits de Paméla vont faire reconnaître à M. B. la dimension sentimentale et spirituelle de l'amour qu'il porte à la jeune femme.

On retrouve une modélisation analogue du pli chez Gilles Deleuze, qui en propose l'image pour illustrer, dans la pensée de Leibniz, la proximité et l'appartenance de l'âme à la matière, de la matière à l'âme :

> Chez Leibniz, les deux étages [l'âme et la matière] sont et restent inséparables : réellement distincts, et pourtant inséparables, en vertu d'une présence du haut dans le bas. L'étage du haut se plie sur celui du bas. Il n'y a pas action de l'un à l'autre, mais appartenance, double appartenance.[8]

[7] Proust, *Le Temps retrouvé, A la recherche du temps perdu,* t. 4, Paris, Gallimard, Bibliothèque de la Pléiade, 1989, p. 447. Je souligne.

[8] Gilles Deleuze, *Le Pli. Leibniz et le baroque,* Paris, Minuit, 1988, p. 162.

On reconnaît là une structure, et l'image qui la donne à voir. On retrouve aussi la qualité matérielle du pli, objet tissé :

> N'est-ce pas dans cette zone, cette épaisseur ou ce tissu entre les deux étages, que le haut se plie sur le bas, si bien qu'on ne peut plus savoir où finit l'un et où commence l'autre, où finit le sensible et où commence l'intelligible ?[9]

S'il est une métaphore dans la pensée de Leibniz, le pli apparaît à Deleuze comme la « fonction opératoire, le trait »[10] du Baroque. « Informel par excellence »[11], l'art baroque – compris dans son extension transhistorique – est une recherche de cette « zone d'inséparabilité »[12], d'« indescernabilité »[13], où l'âme et le corps, le matériel et l'immatériel se touchent : « est-ce une texture, ou un pli de l'âme, de la pensée ? » Telle est la question que suscitent les œuvres baroques, créant des formes qui n'existent que comme « paysage du mental »[14].

Merleau-Ponty, pour sa part, tente de cerner par l'image du chiasme, ou de l'entrelacs, les rapports du visible et de l'invisible, de la chair et de l'idée. Il explore cet « étrange domaine »[15] où l'idée « n'est pas le contraire du sensible », mais « la doublure et la profondeur »[16]. Le chiasme est cette structure double – ce pli – où la pensée et l'étendue sont « l'une pour l'autre l'envers et l'endroit »[17].

Merleau-Ponty et Deleuze, Foucault[18] et Heidegger, dans la philosophie du XXe siècle, ont recours à la figure du pli. La

[9] *Ibid.*

[10] *Ibid.*, p. 5.

[11] *Ibid.*, p. 49.

[12] *Ibid.*, p. 163.

[13] *Ibid.*, p. 50.

[14] *Ibid.*

[15] Maurice Merleau-Ponty, *Le Visible et l'invisible,* Paris, Gallimard, Tel, 1964, p. 199.

[16] *Ibid.*, p. 195.

[17] *Ibid.*, p. 200.

[18] Voir Gilles Deleuze, *Foucault,* Paris, Minuit, 1986, pp. 118-119. Dans son livre sur *Le Pli,* Deleuze cite par ailleurs de nombreux artistes et

psychologie n'est pas en reste, lorsqu'elle veut penser à son tour la zone incertaine où se rencontrent et se distinguent l'expérience du monde offerte par les sens, et celle que propose l'imagination.

D. W. Winnicott a théorisé le premier le concept d'objet transitionnel, devenu banal. Il tente de cerner dans leur ensemble les « phénomènes transitionnels » chez le petit enfant, qui se situent dans une « aire intermédiaire d'expérience », notamment « entre l'érotisme oral et la véritable relation d'objet »[19]. L'objet transitionnel fait partie du « voyage qu'accomplit le petit enfant et qui le mène de la subjectivité pure à l'objectivité »[20], ou du principe de plaisir au principe de réalité. Incarné le plus souvent dans une poupée moelleuse, ou dans un morceau de tissu, l'objet transitionnel fait le lien entre réalité intérieure et réalité extérieure, assurant à l'enfant un « espace potentiel », un espace de jeu où il peut expérimenter la vie « dans l'entrelacs excitant de la subjectivité et de l'observation objective »[21]. Cet « espace potentiel », selon Winnicott, continue d'être investi par l'adulte, lorsqu'il s'adonne à des activités où s'entrelacent, se plient l'une sur l'autre, réalité psychique interne et réalité objective : le jeu, la création artistique, le sentiment religieux, le rêve, notamment.

L'objet transitionnel de Winnicott n'est pas totalement étranger au fétiche tel que Freud l'a défini. « Substitut du phallus de la mère auquel a cru le petit enfant et auquel [...] il ne veut pas renoncer »[22], le fétiche assure à l'homme une vie sexuelle satisfaisante, malgré l'horreur de la castration que lui a inspiré, enfant, le sexe de sa mère, et partant de toute femme. Le fétichiste conserve sa croyance dans le phallus de la mère, tout en l'ayant abandonnée. Un courant de sa vie psychique

écrivains, au XIXe et au XXe siècle, qui exploitent la figure, la matière ou la forme du pli, notamment Mallarmé et Michaux.

[19] D. W. Winnicott, *Jeu et réalité. L'espace potentiel,* trad. Claude Monod et J.-B. Pontalis, Paris, Gallimard, 1975, p. 8.

[20] *Ibid.,* p. 14.

[21] *Ibid.,* p. 90.

[22] Sigmund Freud, *La Vie sexuelle,* Paris, PUF, 1969, p. 134.

nie la réalité du sexe féminin, un autre la reconnaît : « les deux positions, celle fondée sur le désir et celle fondée sur la réalité, coexistaient », dit Freud à propos d'un cas précis. Le fétiche désigne un « clivage » entre désir et réalité, mais il assure le joint entre le déni et l'affirmation de la castration féminine. Commentant un fétiche en forme de gaine pubienne – capable de cacher toute différence sexuelle –, Freud propose une image proche de celle du pli : « un tel fétiche doublement *noué* à des contraires est particulièrement solide. »[23]

La théorie du fétichisme repose entièrement sur l'idée fixe de Freud, qui fonde la sexualité féminine dans l'angoisse du pénis manquant. Angoisse qui explique à elle seule l'un des mythes les plus réjouissants de la psychologie freudienne. On ne saurait résister au plaisir d'en faire le récit : penchée sur son sexe, la femme ne se remet jamais de la « défectuosité »[24] de ses organes génitaux. Le pénis manque, désespérément, mais la nature a offert à la femme une sorte de consolation en lui procurant des poils pour cacher l'infamie. La pudeur, typiquement féminine, joue le même rôle : la dissimulation du défaut d'origine. Les poils ont l'avantage de masquer naturellement, concrètement la terrible béance – mais non pas totalement. Livrant les femmes à l'angoisse du sexe vide, la nature ne leur a fourni que le matériau susceptible de l'apaiser : il fallait encore une technique pour que, de simples poils plantés dans la peau, advienne un véritable tissu capable de masquer la honte. Or, cette technique – le tissage –, c'est les femmes qui l'ont inventée, et c'est même la seule découverte qu'elles aient faite dans l'histoire de la civilisation. Freud, lui, a découvert autre chose : « le motif inconscient de cette invention »[25] !

L'hypothèse freudienne est particulièrement habile à nier la réalité : celle, par exemple, de l'existence de poils pubiens masculins. Elle s'offre en outre comme une réinvention fan-

[23] *Ibid.*, p. 137.

[24] Sigmund Freud, *Nouvelles Conférences sur la psychanalyse*, Paris, Gallimard, 1936, p. 174.

[25] *Ibid.* Cet amusant mythe freudien a été commenté par Sarah Kofman dans *L'Enigme de la femme*, Paris, Galilée, 1980, et par Paul-Laurent Assoun dans *Freud et la femme*, Paris, Calmann-Levy, 1983.

tasmatique – sous la caution scientifique – d'une idée propre à la culture occidentale, qui attribue depuis toujours à la féminité les activités de filage, de tissage, de couture, les arts textiles, ou encore le génie du vêtement qui pare et voile à la fois.

Le tressage, le tissage ne sont pas sans rappeler par ailleurs les deux faces du pli, ou le nœud du désir et de la réalité dans le fétiche : le tissu – entrelacs de fils – cache, nie le sexe honteux, mais ne cesse de le désigner, de l'exhiber en le couvrant avec art. Entre la vérité de l'être et le mensonge de l'apparence, le tissu, le voile jouent un jeu double, auquel la femme est passée maîtresse.

On ne fera pas ici l'histoire des symboles du tissage, ni celle des représentations qui ont forgé l'image traditionnelle de la femme associée au filage, au tissage, à la couture. Métaphore du texte, de la conjugalité, ou encore de la cité dans son organisation politique, le tissage figure souvent comme l'emblème même de la femme. Ainsi la quenouille, attribut de la fileuse, désigne au Moyen Age la femme elle-même. Lent travail où s'entrecroisent les fils de chaîne et les fils de trame, le tissage assigne la femme à la patience, à la persévérance, à la passivité, à la passion de l'attente, tout en l'incitant à la tromperie, à la dissimulation, au mensonge, à la duplicité. Le personnage de Pénélope est exemplaire à cet égard, par son ambiguïté : tissant le jour et détissant la nuit le linceul de Laërte, elle affiche une fidélité conjugale que ne cessent de mettre en doute ses manœuvres séductrices auprès de ses prétendants. Au XXe siècle, la femme au rouet est évoquée encore par Roland Barthes, comme symbole de l'attente amoureuse – privilège féminin :

> C'est la Femme qui donne forme à l'absence, en élabore la fiction, car elle en a le temps ; elle tisse et elle chante ; les Fileuses, les Chansons de toile disent à la fois l'immobilité (par le ronron du Rouet) et l'absence (au loin, des rythmes de voyage, houles marines, chevauchées).[26]

[26] Roland Barthes, *Fragments d'un discours amoureux,* Paris, Seuil, 1977, p. 20.

Les divers symbolismes du tissage articulent le plus souvent deux représentations logiquement interdépendantes : l'activité reliante, ordonnatrice, créatrice, se trouve soumise à la menace de la coupure, de la déliaison, de la séparation. L'unité, le lien, la conciliation, l'ordre vivant que figure le tissage sont conquis sur la tentation et le risque de la rupture, de la dispersion.

Dans le christianisme, l'unité de l'Eglise est souvent symbolisée par la tunique sans couture du Christ. L'image n'apparaît qu'une fois dans la Bible, dans l'Evangile de Jean. Après la crucifixion de Jésus, les soldats se partagent ses habits :

> ils prirent ses vêtements dont ils firent quatre parts, une pour chaque soldat, et la tunique. Mais la tunique était sans couture, tisée d'une pièce depuis le haut.
>
> Ils se dirent entre eux : Ne la déchirons pas, mais tirons-la au sort.[27]

Contrairement aux vêtements communs, la tunique du Christ n'est pas faite de plusieurs pans de tissu cousus ensemble, mais elle est tissée d'une seule pièce du haut en bas : aucune couture, aucune coupure ne l'affectent. Ce symbole si parfait de la religion chrétienne connaîtra de multiples illustrations, par exemple dans la peinture, où l'on voit Marie tissant ou tricotant la robe du Christ[28]. Les penseurs religieux s'empareront également de ce symbole, ainsi le protestant Alexandre Vinet, qui en élargit la compréhension : « De tous les lambeaux de vérité qui pendent à toutes les erreurs, on ne fait pas la vérité. La vérité est comme la tunique de Notre Seigneur, elle n'a point de couture »[29]. Par ailleurs, le protestant Guy de Pourtalès intitula *La Vérité n'a point de cou-*

[27] Evangile de Jean, XIX, 23-24, *La Bible, Nouveau Testament,* Paris, Gallimard, Bibliothèque de la Pléiade, 1971, p. 334.

[28] Voir *Histoire des femmes en Occident,* t. 2, *Le Moyen Age,* dir. Christiane Klapisch-Zuber, Paris, Plon, 1991, p. 348.

[29] Alexandre Vinet, *La Vérité n'a point de couture. Réflexions et aphorismes tirés des agendas,* éd. B. Reymond, Lausanne, L'Age d'Homme, 1983, p. 34.

ture[30] des textes consacrés aux relations entre l'Eglise catholique et l'Eglise protestante.

Le christianisme reprend le vieux symbole du tissage, mais il en exclut les valeurs négatives – les fils coupés ou détissés, la coupure et les lambeaux. L'Eglise, comme la vérité chrétienne, sont unes : elles ne tolèrent ni la dispersion, ni les fragments épars ou mal assemblés. La culture occidentale n'en va pas moins conserver la double signification du tissage : le lien et la coupure. Marie tisse la tunique du Christ d'une seule pièce, sans couture. En contraste, les fileuses, tisseuses, brodeuses ou couturières de l'ère chrétienne apparaîtront souvent, à l'image des Parques, dans le rôle agressif de celles qui coupent le fil ou le tissu : on les voit en effet munies d'instruments pointus et coupants (fuseau, quenouille, aiguilles, épingles, ciseaux). La signification phallique de ces objets est évidente : ainsi le tissage et la couture – activités reliantes associées à la féminité – ne cessent de rappeler qu'ils ont une autre face, dangereuse, évoquée par le fil coupé[31], ou la piqûre. La coupure – la menace de castration – fait partie du symbolisme sexuel propre au tissage. Le nœud d'un fil peut avoir la même signification : ainsi, la peur de l'impuissance s'est traduite longtemps par le rite magique du nœud d'aiguillette : « le fait symbolique de nouer un fil au moment du mariage [...] était considéré, unanimement, comme une pratique magique de castration. »[32]

Les objets pointus ou coupants utilisés en couture figurent aussi le destin sexuel des femmes. Ainsi, la Belle au bois dormant se pique le doigt avec un fuseau et saigne, le jour de ses quinze ans : la puberté est signifiée par la piqûre, qui symbolise l'entrée dans la sexualité. Entre l'enfance et l'adolescence, la jeune fille préfigure son avenir physiologique et social, ou

[30] Guy de Pourtalès, *La Vérité n'a point de couture : entretiens avec moi-même et quelques hommes de bonne volonté,* Fribourg, Editions universitaires, 1982.

[31] On rappellera que le mot sexe vient du latin *secare,* couper.

[32] Emmanuel Le Roy Ladurie, « L'aiguillette », *Europe,* nº 539, 1974, p. 142.

le joue, en s'adonnant aux travaux d'aiguille. C'est ce que montre Yvonne Verdier[33] en analysant les pratiques et les rites liés aux travaux d'aiguilles imposés aux jeunes filles, dans les sociétés rurales françaises, jusqu'au début du XXe siècle. La signification des objets et instruments du métier n'est jamais univoque : ainsi la quenouille et le fuseau[34], tous deux de forme phallique, mais maniés par des femmes, peuvent évoquer une sexualité féminine agressive ; mais aussi le sexe féminin lui-même.

L'ambivalence symbolique qui affecte les mythes et les représentations du tissage nous permet de retrouver les fonctions du pli, de la couture, de la poche. Reliant le Ciel et la Terre – dans le chamanisme –, Dieu et les hommes – dans le christianisme –, l'époux et l'épouse – dans la culture antique –, le fil ou le tissu sont menacés de coupure, de déchirure. Ils signifient le lien, et suggèrent la séparation. Ils symbolisent le passage d'une réalité à l'autre – de la dispersion à l'unité, de l'imaginaire au réel, de l'enfance à l'âge adulte –, tout en désignant la faille, la rupture possibles.

Le privilège des objets et des images associés au tissage et aux activités couturières est considérable, lorsqu'il s'agit de représenter les épreuves, les états existentiels au cours desquels des limites sont franchies, qu'elles soient physiologiques, psychologiques ou spirituelles. La figure du pli appartient à ce réseau symbolique chargé de stéréotypes féminins. Elle en représente une occurrence particulière, désignant le lieu d'une jointure complexe entre deux réalités hétérogènes, qui pourtant présentent entre elles une zone d'intersection. Zone indiscernable, indéchiffrable, polysémique, le pli apparaît comme un lieu d'incertitude, féminin parce qu'énigmatique. Le sexe de la femme, par ailleurs, dans la description qu'en offrent de très nombreux blasons, a la forme d'un pli.

[33] Yvonne Verdier, *Façons de dire, façons de faire, la laveuse, la couturière, la cuisinière*, Paris, Gallimard, 1979.

[34] Voir à ce sujet Anne Paupert, *Les Fileuses et le clerc. Une étude des Evangiles des Quenouilles*, Paris-Genève, Champion-Slatkine, 1990.

Pour n'en donner qu'un exemple, lisons la description du sexe de Corinne dans *La Route des Flandres* de Claude Simon :

> dans cette posture elle était à peine ouverte, on voyait un peu de mauve pâle comme *un ourlet une doublure* dépassant légèrement, la couleur bistre allant encore s'accentuant plus prononcée fauve à mesure que le regard descendait vers les *replis* on aurait dit *une étoffe une soie légèrement teintée pincée du dedans* par deux doigts le haut dessinant *une boucle* ou plutôt *une fronce une boutonnière de chair*.[35]

Et ce pli dissimule, dans le roman, un savoir, une origine introuvables.

Figure de prédilection au XXe siècle, métaphore dont on a usé et abusé[36], le pli nous servira ici de clé pour ouvrir une porte sur l'art romanesque au XVIIIe siècle. Quelques plis, nœuds, poches et fronces, épars dans les romans des Lumières, nous guideront vers une tentative d'interprétation de la dualité qui préside au genre. Le roman du XVIIIe siècle a longtemps été traité d'imposteur, avant d'être loué – aujourd'hui – pour sa stimulante ambiguïté ou ses paradoxes féconds. On aimerait montrer l'intelligence d'un genre qui tente de mettre en œuvre les intuitions, les convictions majeures du siècle : le sensualisme, et, dans une version plus radicale, le monisme matérialiste. Eclairée par l'idée de l'unité sensible et naturelle de l'homme, la thématique sentimentale ou libertine, dans le roman, offre un espace d'expérimentation aux théories du siècle, sans leur tendre pour autant une vitrine où s'illustrer et se défendre. A l'exception de Sade, peut-être, dont les romans donnent tout crédit à la thèse maté-

[35] Claude Simon, *La Route des Flandres*, Paris, Minuit, Double, 1960, p. 260. Je souligne.

[36] Très prisée en mathématiques et en philosophie, on l'a vu, la métaphore du pli a essaimé en critique littéraire (les plis et replis du texte), en astronomie (les rides du temps), dans la littérature psychanalytique issue de Lacan. Le terme est utilisé au sens propre en géologie (les plis tectoniques).

rialiste, les romanciers et les romancières révèlent les zones obscures où l'implacable logique déterministe se fissure.

Cherchant sa voie entre vérité et mensonge, entre authenticité et fiction, comme l'ont montré Georges May ou Jan Herman, le roman du XVIIIe siècle privilégie les formes ouvertes – récits doubles ou enchâssés, récits-cadres, histoires inachevées, dialogues épistolaires –, qui laissent cohabiter, et se confronter, des messages parfois contradictoires. Cette ouverture formelle n'a rien d'arbitraire : elle est la scène d'histoires elles aussi doubles, de sentiments incertains, de virages inexpliqués dans la vie sentimentale des héros ou des héroïnes. Attentif aux seuils qu'abordent ou franchissent les personnages, le roman du XVIIIe siècle investit le domaine incertain où se touchent, sans se confondre, le matériel et le spirituel, la sensation et l'imagination. Espace double, polysémique, que les romanciers et les romancières explorent avec curiosité : dans les plis où se touchent l'âme et le corps, dans ces zones d'ombre où le sens se multiplie et s'indétermine, la prude devient perverse, le libertin amoureux, le désir confond l'humain et l'animal, le masculin et le féminin, les déguisements brouillent les rôles sexuels et les identités.

Chapitre 3

Robes et lettres pliées

La cornette oubliée

Commentant *Aziyadé* de Pierre Loti, Roland Barthes met en évidence la logique du déguisement, ou du transvestisme :

> Le lieutenant Loti [personnage du roman] est un fanatique du transvestisme ; il se costume d'abord pour des raisons tactiques (en Turc, en matelot, en Albanais, en derviche), puis pour des raisons éthiques : il veut se convertir, devenir Turc en essence, c'est-à-dire en costume ; c'est un problème d'identité ; et comme ce qui est abandonné – ou adopté – est une personne totale, il ne faut aucune contagion entre les deux costumes, la dépouille occidentale et le vêtement nouveau ; d'où ces lieux de transformation, ces cases de travestissement (chez les Juives de Salonique, chez la Madame de Galata), sortes de chambres étanches, d'écluses où s'opère scrupuleusement l'échange des identités, la mort de l'une (Loti), la naissance de l'autre (Arif).[1]

[1] Roland Barthes, « Pierre Loti : *Aziyadé* », *Le Degré zéro de l'écriture suivi de Nouveaux essais critiques,* Paris, Seuil, 1972, p. 180.

Cette scène de « l'échange des identités », Paméla la joue, on l'a vu, lorsqu'elle abandonne le costume raffiné qu'elle portait chez M. B., pour endosser celui de paysanne. Elle a lieu devant le miroir, où Paméla découvre le plaisir d'une métamorphose quasi totale, qui trompera les domestiques de la maison et, pendant un temps, M. B. lui-même. Le changement de costume s'opère en grand secret, dans la chambre de Paméla.

On retrouve cet « espace potentiel », entre deux identités que le vêtement, à chaque fois, révèle et constitue, dans un épisode de *La Vie de Marianne* (1731-1742) de Marivaux. A la suite d'une scène violente avec son protecteur, M. de Climal, Marianne décide de se passer de ses secours, et de lui rendre l'argent, les habits et le linge qu'il lui a offerts. Cette décision qui la laisse sans ressources est motivée par le souci de « désabuser Valville »[2]. Marianne vient en effet de rencontrer le jeune Valville, dont elle est tombée amoureuse. Or, Valville l'a vue en compagnie de M. de Climal, et a pu croire à une liaison entre eux : pour le détromper, Marianne est donc prête à tout.

Elle se retire dans sa chambre pour faire son paquet, qu'elle adressera finalement à Valville – le neveu de Climal –, avec une lettre explicative. La confection du paquet *devrait* correspondre à une scène d'« échange des identités » : rendant la belle robe offerte par M. de Climal, Marianne remettra l'ancienne, qui est beaucoup plus simple. Ce faisant, elle change d'identité : elle redevient une jeune fille pauvre, à la vertu intacte. Mais comme Paméla, Marianne voudrait endosser l'identité vertueuse tout en conservant le costume séduisant. Contrairement au lieutenant Loti, qui passe par des « lieux de transformation » pour changer d'essence en changeant de costume, les deux jeunes femmes font de leur chambre une cabine d'essayage : elles essaient leurs robes pour éprouver en secret leur effet probable sur les hommes, pour franchir dans les deux sens, et en toute impunité, la limite entre la décence et la séduction.

[2] Marivaux, *La Vie de Marianne,* Paris, GF-Flammarion, 1978, p. 143.

Marianne, quant à elle, se rend bien compte que son désir de paraître vertueuse tout en gardant ses parures est une tricherie. Mais elle tente de se cacher sa mauvaise foi :

> Cependant le paquet s'avançait ; et ce qui va vous réjouir, c'est qu'au milieu de ces idées si hautes et si courageuses, je ne laissais pas, chemin faisant, que de considérer ce linge en le *pliant*, et de dire en moi-même (mais si bas, qu'à peine m'entendais-je) : Il est pourtant bien choisi ; ce qui signifiait : c'est dommage de le quitter. (143, je souligne)

Le linge néanmoins est emballé ; reste le costume que Marianne porte :

> Il n'y avait plus que ma cornette à *plier*, et comme en entrant dans la chambre je l'avais mise sur un siège près de la porte, je *l'oubliai :* une fille de mon âge qui va perdre sa parure peut avoir des distractions. (144, je souligne)

La cornette échappe à l'emballage, mais il reste la robe : voyant l'ancienne, qu'elle devrait enfiler, Marianne perd tout courage, et se laisse aller sur un siège. Mais la cornette fait retour à ce moment, et à point nommé :

> j'allai par hasard jeter les yeux sur ma cornette, qui était à côté de moi. (144)

La cornette retrouvée fait oublier la robe, et la nécessité d'achever rapidement le paquet. En effet, s'apercevant qu'elle est nu-tête, Marianne, « passant insensiblement d'une idée à l'autre » (144), songe soudain à sortir, donc à se recoiffer : elle remet la cornette qu'elle aurait dû empaqueter, et garde la robe qu'elle a sur elle.

Véritable objet de transition, la cornette – pièce accessoire du costume – permet à Marianne d'oublier le souci de la robe, et de renvoyer au lendemain la confection du paquet. Elle cache la robe, et met à couvert le projet initial. Oubliée près de la porte, puis retrouvée à propos, elle figure l'entre-deux, le passage du dedans au dehors, d'une idée à l'autre. Cette cornette, en outre, a une histoire : dans la scène qui précède, Marianne, furieuse, voulait rendre immédiatement tous ses biens à M. de Climal :

> comme j'ai sur moi quelques-unes de ces hardes-là, dont j'ai autant d'horreur que de vous, je ne veux que le temps d'aller me déshabiller dans ma chambre, et je suis à vous dans l'instant : attendez-moi, sinon je vous promets de jeter le tout par la fenêtre.
>
> Et pendant que je lui tenais ce discours, vous remarquerez que je détachais mes épingles, et que je me décoiffais, parce que la cornette que je portais venait de lui, de façon qu'en un moment elle fut ôtée, et que je restai nu-tête avec ces beaux cheveux dont je vous ai parlé, et qui me descendaient jusqu'à la ceinture. Ce spectacle le démonta ; j'étais dans un transport étourdi qui ne ménageait rien ; j'élevais ma voix, j'étais échevelée, et le tout ensemble jetait dans cette scène un fracas, une indécence qui l'alarmait, et qui aurait pu dégénérer en avanie pour lui. (137)

L'arrivée de Mme Dutour, la lingère chez qui loge Marianne, termine la scène. La cornette a joué là aussi le rôle d'un objet pluriel, polysémique : ôtant sa cornette pour signifier qu'elle ne veut plus dépendre de la générosité louche de Climal, Marianne se retrouve nu-tête, les cheveux défaits, dans une attitude qui pourrait tout aussi bien laisser croire qu'elle s'offre, ou qu'elle s'est offerte, à Climal. Marianne semble dire à la fois son refus du secours de Climal, et son dépit de devoir renoncer aux accessoires nécessaires à la séduction.

Otée et remise, oubliée et retrouvée, la cornette figure symboliquement toute l'ambiguïté de la position de Marianne, prise entre les exigences contradictoires de la vertu et de la séduction. Portée, la cornette signale la décence, la pudeur féminine, ôtée, elle laisse se déployer les plus beaux cheveux du monde. Si Marianne finit par renvoyer la robe que Climal lui avait offerte, le récit ne dit à aucun moment qu'elle s'est résignée à *plier* sa cornette.

Il y a des « écluses », des « lieux de transformation », selon Barthes, entre deux identités incompatibles, que le vêtement révèle et constitue. Pour Paméla et Marianne, la transformation permet de faire jouer dans un subtil entrelacs des codes vestimentaires et des attitudes non convergents. Ainsi, la robe qui connote le rang et la richesse – et qui oblige à la vertu –, cache les agréments du corps, tout en laissant paraître une certaine disponibilité érotique. Le vêtement féminin, dans le roman du XVIIIe siècle, occupe cet espace potentiel où l'identité du sujet se multiplie hypothétiquement, comme pour échapper aux regards masculins qui l'annexent, et l'assignent à un rôle unique.

Le pli postal

Mme de Charrière situe les intrigues amoureuses de la plupart de ses romans dans de petites sociétés protestantes, en Suisse, en Angleterre, en Allemagne, où le moralisme ne tolère qu'une représentation indirecte du désir. Le langage symbolique auquel elle choisit de recourir mérite d'être interrogé : déléguant l'expression du désir à des objets matériels, à des animaux, la romancière leur confère le pouvoir d'incarner l'imagination érotique. Entre le monde des sensations familières et celui de l'amour, Mme de Charrière privilégie des objets qui se chargent soudain de sens, de faces multiples.

C'est par leur récurrence dans le texte que certains objets deviennent, de la manière la moins contestable, des symboles érotiques. A ce titre, les *Lettres neuchâteloises* (1784) sont exemplaires. Il s'agit d'un roman épistolaire à trois voix, celles des trois protagonistes, qui racontent chacun de leur point de vue l'histoire d'amour et de séduction qui les lie. Ils écrivent à des amis ou à des proches qui demeurent extérieurs au récit : les lettres ne sont donc pas des instruments d'action, comme c'est le cas dans les récits libertins. Elles servent au récit des événements du passé proche, et à la confidence sentimentale.

L'argument est simple : Henri Meyer, jeune Allemand envoyé par son oncle à Neuchâtel pour y faire un apprentissage de négociant, a une brève aventure avec une petite couturière, Julianne, puis tombe amoureux de Marianne de la Prise, jeune fille bien née, mais sans fortune. L'histoire de séduction et l'histoire d'amour, d'abord distinctes, finiront par devenir solidaires l'une de l'autre : ce lien, dont nous reparlerons, fit d'ailleurs scandale à l'époque. En effet, à la fin du roman, Mlle de la Prise apprend que Julianne est enceinte, et demande à Meyer de la sauver du déshonneur ; ce qu'il fait, du mieux qu'il peut, juste avant de déclarer son amour à Marianne.

Le roman articule deux messages contradictoires : l'un sentimental et moral, qui revendique une dignité du sentiment amoureux, ainsi qu'une responsabilité face à lui ; l'autre, cynique, ou du moins désenchanté : il fait entendre que l'amour de Meyer et de Marianne a pour prix le sacrifice de Julianne, fille du peuple. Mais le roman donne à ces deux messages un statut textuel différent : la leçon sentimentale est explicite, lisible dans les discours des personnages ; la leçon cynique est cryptée, et se réfugie dans le réseau symbolique du roman, qui s'offre comme une sorte de réserve de sens. Les objets mêmes qui constituent le roman – à savoir les lettres – sont passibles d'une lecture symbolique.

Le roman compte trente lettres, qu'on peut grossièrement répartir en trois groupes. Les dix premières sont de la plume de Meyer ou de Julianne : elles font le récit de leur rencontre et de ses suites, ainsi que des premières entrevues de Meyer et de Mlle de la Prise, lors d'un concert, puis lors d'un bal. Les lettres 11 à 16 sont de Marianne, qui reprend à sa manière le récit de sa rencontre avec Meyer. La fin du roman mêle les trois épistoliers, et fait se rejoindre les deux intrigues amoureuses. Observons le groupe de lettres qui occupe le centre du roman : l'héroïne principale, Mlle de la Prise, se confie à son amie, Mlle de Ville. Elle parle de la naissance de son amour, et en fait l'aveu.

Les lettres de Marianne ne sont pas datées, ou de manière imprécise, mais elles sont ordonnées selon un double dispositif : celui de l'écriture d'une part, celui de l'envoi et de la réception d'autre part. L'ordre d'écriture est celui-ci : 11, 15 et 16 (non envoyées), 12, 13, 14. Voici l'ordre d'envoi et de réception : 11, 12, 13, 14 (qui contient 15 et 16, fermées). Dans les lettres 11 et 12, Marianne dit à son amie sa mélancolie, par exemple en ces termes :

> Pour moi, je ne sais que faire de mon cœur. Quand il m'arrive d'exprimer ce que je sens, ce que j'exige de moi, ou des autres, ce que je désire, ce que je pense, personne ne m'entend ;

je n'intéresse personne. Avec toi tout avait vie ; et sans toi tout me semble mort.[3]

Elle annonce à deux reprises une lettre plus longue et moins triste : elle voudrait en effet dire « quelque chose » qui est peut-être « un rien » (64). Cette lettre plus longue, c'est donc la lettre 15, avec son complément, la lettre 16, qu'elle n'envoie pas. En lieu et place, elle écrit et envoie la lettre 13. Les lettres 13 et 15 sont donc les deux versions d'une même missive : elles relèvent d'une même intention d'écriture. La lettre 15, la première écrite, et qui sera qualifiée de « folle » (65), fait le récit vif, précis, impertinent et euphorique de la première rencontre de Marianne avec Meyer, lors du concert, où elle découvre les charmes du regard amoureux. La lettre 13 est le doublet policé, prudent et mélancolique de la lettre 15 : elles ont le même objet, la même destinataire, Mlle de Ville, mais la première respecte une certaine politesse épistolaire, qui implique précautions et ménagements de l'autre : « Permets, ma chère Eugénie, que je n'en dise pas davantage jusqu'à ce qu'il [le chaos] se soit un peu débrouillé » ; et plus loin : « la peur de t'ennuyer est la seule que je puisse avoir » (65). La seconde au contraire postule un mode de communication ouvert et offensif : « J'irai mon train comme si tu n'étais pas une personne fort délicate et fort prudente ; et toi tu iras ton train de t'indigner et de prêcher, si tu veux : il ne faut pas nous gêner ni l'une ni l'autre » (66). Le récit de la lettre 15 est annoncé par ces mots : « Je vais te raconter bien exactement ce qui m'arrive » (66) ; la lettre 13 commence ainsi : « Il me semble que j'ai quelque chose à te dire ; et quand je veux commencer, je ne vois plus rien qui vaille la peine d'être dit » (64).

L'épreuve de l'indicible, dans la lettre 13, apparaît comme un refus des faits qui constitueraient un récit : « tous les faits sont si petits, que le récit m'en serait ennuyeux à moi-même » (64). La parole ne parvient pas à rendre « l'impression » (64) insaisissable. Le discours de l'« impression » est répétitif, mo-

[3] Mme de Charrière, *Lettres neuchâteloises, Œuvres complètes,* t. 8, Amsterdam, G. A. van Oorschot, 1980, pp. 62-63.

notone, abstrait, confus, morne, mais décent. Il offre le portrait d'une âme troublée, conforme à l'idéal sentimental qui ne tolère les passions que dans leur expression mélancolique et noble. La lettre 13 répète le message indécis et triste des lettres 11 et 12. La lettre 15, au contraire, est un hapax : singulière, extraordinaire, elle est commentée à plusieurs reprises : dans la lettre 16, qui en propose une glose ; et dans la lettre 14 : « Je t'écrivis une lettre qui, après cela, me parut folle » (65). Par ailleurs, elle n'est pas envoyée :

> il se trouva qu'elle n'était pas partie ; elle était cachetée ; j'avais oublié de l'envoyer à la poste : dans ce temps-là je ne savais ce que je faisais : je te l'envoie sans l'ouvrir, je ne veux pas la relire, je ne m'en souviens presque pas, tu verras ce que j'en ai pensé. (65)

Le récit de la surprise érotique et de l'euphorie qui la suit est l'objet d'un interdit : Marianne a oublié de poster la lettre, et ensuite, au moment de la glisser, cachetée, dans la lettre 14, elle prétend ne pas se souvenir de ce qu'elle a écrit. Ce qui s'oublie sous ce pli[4], c'est le désir – le désir revendiqué comme spontané, autonome, et non simple réponse à celui de l'homme :

> Apparemment l'on croit qu'il faut qu'un jeune homme soit amoureux pendant quelques semaines avant que la belle paraisse être un peu sensible. Je ne me vanterai pas d'avoir suivi cette décente coutume ; et s'il se trouve que M. Meyer soit aussi épris de moi que je l'ai cru, il pourra se vanter quelque jour que je l'ai été tout aussitôt et tout autant que lui. (67)

Cachetée, oubliée, enfermée dans une lettre décente (la lettre14), la parole du désir est mise sous pli fermé. Le dispositif épistolaire désigne ainsi, symboliquement, le statut de

[4] Plier et oublier semblent conjuguer leurs significations dans les romans du désir féminin : si Marianne de la Prise oublie ce qu'elle met sous pli, la Marianne de Marivaux, quant à elle, oublie la cornette qu'elle devrait plier, avant de la rendre à M. de Climal. Or, ce pliage, on l'a vu, signifierait le renoncement aux attributs de la séduction.

l'aveu érotique : c'est une parole oubliée par le sujet qui la prononce, abandonnée, non destinée, puis enfin adressée, sous pli, à un tiers, et non pas à l'intéressé.

Le pli à la robe

Cette lecture symbolique est confirmée par la présence, dans le roman, d'un autre pli, cachant un autre désir. Par un effet d'analogie structurale, le jeu des lettres gigognes répète l'image du pli fait à une robe de Mlle de la Prise afin de dissimuler une tache. Cette robe est un objet récurrent dans le roman. Elle apparaît dès la première lettre du roman, où Julianne fait le récit d'une scène qui inaugure la double intrigue amoureuse. Travaillant chez des maîtresses couturières, Julianne apporte un jour une robe de bal neuve à Mlle de la Prise. En chemin, elle se retourne sur « un Monsieur qui avait l'air bien gentil, qui avait un joli habit », et fait une chute :

> J'avais avec la robe encore un paquet sous mon bras, et en me retournant j'ai tout ça laissé tomber, et je suis aussi tombée ; il avait plu et le chemin était glissant : je ne me suis rien faite de mal ; mais la robe a été un petit peu salie : je n'osais pas retourner à la maison, et je pleurais ; car je n'osais pas non plus aller vers la demoiselle avec sa robe salie, et j'avais bien souci de mes maîtresses qui sont déjà souvent assez gringes ; il y avait là des petits bouëbes qui ne faisaient que se moquer de moi. Mais j'eus encore de la chance : car le Monsieur, quant il m'eut aidé à ramasser toutes les briques, voulut venir avec moi pour dire à mes maîtresses que ce n'était pas ma faute. J'étais bien un peu honteuse ; mais j'avais pourtant moins souci que si j'étais allée toute seule. Et le Monsieur a bien dit à mes maîtresses que ce n'était pas ma faute ; en s'en allant il m'a donné un petit écu, pour me consoler, qu'il a dit ; et mes maîtresses ont été tout étonnées qu'un si beau Monsieur eût pris la peine de venir avec moi, et elles n'ont rien dit d'autre de tout le soir. (47)

La tache faite à la robe figure par anticipation la tache morale de Julianne, qui va s'offrir à Meyer, en échange de quelques avantages matériels. Par l'intermédiaire de sa robe,

Marianne se trouve être en tiers entre Julianne et Henri Meyer ; la couturière parle aussitôt de Mlle de la Prise au jeune homme, comme d'« une fort bonne demoiselle, et une des plus gentilles de Neuchâtel » (47). Le désir de Julianne pour Meyer est intimement combiné au désir social : c'est en effet le « joli habit » autant que « l'air bien gentil » qui ont attiré son attention ; elle est très fière, en outre, « qu'un si beau Monsieur eût pris la peine de venir avec [elle] ». Mais, consciente aussi que ce Monsieur n'est pas pour elle, elle l'adresse en quelque sorte à Mlle de la Prise.

Dans la cinquième lettre du roman, Julianne fait le récit de ce qui s'est passé le lendemain de sa chute :

> le lendemain il [Henri Meyer] vint demander si on avait bien pu nettoyer la robe, et on avait fort bien pu la nettoyer, et mêmement mes maîtresses avaient fait un pli où ça avait été sali, que Mlle de la Prise avait trouvé qui allait fort bien : car je lui avais raconté toute l'histoire, et elle n'avait fait qu'en rire, m'avait demandé le nom du Monsieur ; mais je ne le savais pas. (54)

Lors du concert où elle rencontre Meyer pour la première fois, Marianne porte, avec plaisir et en connaissance de cause, une robe dont le pli accuse et camoufle à la fois la tache – c'est-à-dire la faute de Julianne. D'une certaine manière, elle acquiesce au désir de Julianne. La rencontre de Meyer et de Marianne est précédée d'une scène de reconnaissance muette ; Meyer reconnaît la jeune fille à deux choses qui se portent : son nom (Julianne le lui avait dit et il l'a entendu prononcer dans la salle du concert), et sa robe (qu'il avait ramassée sur le pavé). La qualité sociale – « Ce nom m'a fait je ne sais quelle espèce de plaisir » (52-53), dira Meyer – est d'emblée associée à la parure du corps, à l'attrait physique. Ainsi, la surprise érotique de Meyer est loin d'être spontanée : elle advient par une double médiation : celle du prestige social, et celle de la robe, reconnue et déjà érotisée par la chute de Julianne. La lettre 15 nous apprend que Marianne elle aussi a reconnu Meyer grâce à « la physionomie que devait avoir celui qui l'avait relevée [sa robe] » (67).

La robe, avec son pli, essaime dans la suite du roman, accompagnée toujours d'une scène de chute – symbole consacré dans le roman du XVIIIe siècle. Elle rappelle ainsi, épisodiquement, qu'entre Meyer et Marianne, il y a la chute de Julianne, c'est-à-dire de la boue, de l'argent, du sexe vénal, et une fille du peuple. Lors du concert, la chute est figurée sur un mode euphémique : Marianne, troublée par le regard de Meyer, ne tombe pas, mais signale son émoi par la chute de sa partition ; elle chante en effet, accompagnée au violon par Meyer. Meyer, lui, oublie son violon ; en outre, il craint de faire tomber Marianne : « Peut-être aurais-je fait un faux pas en descendant le petit escalier et l'aurais-je fait tomber : je frémis quand j'y pense » (54). La peur de faire tomber la jeune fille apparaît clairement, lorsqu'on compare cette scène à la chute initiale de Julianne, comme un désir de séduction.

Vers la fin du roman, Meyer fait le récit d'un dimanche de verglas où, accompagné d'un ami, il rencontre dans la rue Mlle de la Prise avec deux autres demoiselles. Comme lors du concert, Meyer craint de voir tomber Marianne : « je crois que je voulais les empêcher d'avancer, croyant voir déjà Mlle de la Prise sur le pavé, blessée, meurtrie, quelque chose de pis peut-être » (73). Les deux hommes soutiennent les jeunes filles, puis rencontrent Julianne, « à qui de petits garçons jetaient des boules de neige pour la faire tomber » (73). Meyer indigné soufflette les enfants, mais ne porte pas secours lui-même à Julianne : « voyant près de là un homme de bonne façon, je l'ai prié le plus honnêtement que j'ai pu, de conduire la fille où elle voulait aller » (73). Et Meyer retourne vers les demoiselles, qui lui demandent s'il connaissait cette fille ; il commence son récit, mais s'interrompt bien vite, laissant la petite compagnie dans un silence troublé et lourd de signification. Rien ne se dit dans cette scène, mais tout y est symbolique : alors qu'il a déjà rompu avec Julianne, Meyer avoue en quelque sorte, devant Marianne, qu'il a été le séducteur d'une petite couturière.

La robe réapparaît une dernière fois, à la fin du roman, lorsque Marianne contraint Meyer à avouer son aventure avec Julianne et à promettre de secourir la mère et l'enfant à naître. Cette scène de réparation des torts se conclut par une déclaration d'amour sensible et émouvante de Meyer : « J'étais assis à côté d'elle : je me suis baissé jusqu'à terre. *Qu'avez-vous laissé tomber?* m'a-elle-dit: *que cherchez-vous? Rien. J'ai baisé votre robe. Vous êtes un ange, une divinité!*» (81). Les symboles de la chute et de la robe reviennent une dernière fois, mais leur valeur est inversée: c'est Meyer qui tombe aux pieds de Marianne, en signe de respect, et non de soumission érotique, comme c'est le cas lors de la chute de Julianne. La robe devient un signe de pureté et d'angélisme. Les deux symboles n'ont pas perdu pourtant leur sens bas. Par le baiser à la robe, Meyer déclare son amour à une jeune fille vertueuse et innocente. Mais cette robe rappelle aussi que Marianne doit son amour à une fille du peuple dont elle a accepté la faute, avant de la sacrifier: en effet, Julianne sera envoyée en Allemagne pour accoucher; l'oncle de Meyer gardera l'enfant, et la mère retournera aussitôt à Neuchâtel. Julianne n'est pas déshonorée, mais sa maternité lui est ravie.

La déclaration

Marianne, dès lors, a le champ libre: mais peut-elle vraiment conserver à Henri Meyer un amour sans tache? Peut-elle continuer d'aimer un homme qu'elle a dû humilier, dans le respect, certes, des formes de la courtoisie, mais avec un souci justicier qui n'échappera pas au jeune homme? Meyer remarque en effet, dans les temps qui suivent la scène du bal, que Marianne a changé:

> Il semble que l'insouciance et la vivacité aient fait place à un sentiment doux et sérieux de son mérite et de son importance... ah! je souhaite de ne me pas tromper. Il est bien juste, ce sentiment! qu'elle en jouisse!... qu'elle en jouisse!... qu'il soit sa récompense!... Elle a préservé une femme de l'affreuse misère, du vice, peut-être de la mort; un enfant de l'opprobre, peut-être aussi de la mort, ou d'une longue misère; un jeune homme, qui se croyait honnête, que rien encore n'avait dû corrompre, elle l'a préservé d'avoir fait les mêmes maux qu'un scélérat. (85)

Si Marianne est devenue sérieuse, c'est que son désir n'a peut-être pas résisté au traitement qu'elle lui a fait subir: le service d'une bonne cause ne fait pas bon ménage, en effet, avec l'amour naissant. Une ambiguïté certaine affecte les dernières lettres de Marianne. Elle est patente dans le billet final (lettre 30), qui contient une déclaration d'amour à Meyer. Bref, indirect, cet aveu répond aux conventions littéraires de la déclaration. Sa concision, pourtant, est troublante, lorsqu'on le compare à la longue lettre « folle » de Marianne, et lorsqu'on sait que le désir, pour la jeune fille, est vécu comme une découverte de sa voix propre.

Rappelons d'abord sa plainte de la lettre 11 : « Quand il m'arrive d'exprimer [...] ce que je désire, ce que je pense, personne ne m'entend » (62-63). On apprend en outre que Marianne n'a pas de voix ; son père veut qu'elle chante au concert : elle obéit, mais avec ce commentaire : « cela ne fera de mal ni de bien à personne ; car on ne m'entendra pas » (63). Meyer confirme cette aphonie de la jeune fille, dans son récit de la lettre 4. Or, qu'arrive-t-il lorsqu'elle reconnaît son désir pour Meyer ?

> ces quatre ou cinq jours de folie étaient charmants. Tout ce que je faisais m'amusait : mon clavecin, ma harpe étaient tout autre chose qu'une harpe et un clavecin ; ils avaient vie : je parlais, et on me répondait par eux. (68)

La liberté de la lettre 15, la transfiguration de la harpe et du clavecin – qui lui répondent, à qui elle parle –, révèlent l'accès de Marianne à la parole : elle n'est plus *infans*. Mais sa parole adulte, sexuée, n'a de légitimité que sous pli, et dans le bref espace de « quatre ou cinq jours [...] charmants ». En effet, dès que Julianne quitte le rôle de médiatrice pour devenir une rivale – bientôt écartée, certes –, le désir de Marianne change de signe : « je suis à présent comme un ami, et comme le plus cher ami que l'on puisse avoir ; je suis au fait de ses affaires ; j'agis pour lui : je sais sa pensée, et nous nous entendons sans nous parler » (86). Le regret est très sensible dans cette lettre au caractère conclusif : « Nous étions certainement nés l'un pour l'autre : non pas peut-être pour vivre ensemble, c'est ce que je ne puis savoir ; mais pour nous aimer » (86). Ce nouvel aveu ne ressemble en rien à celui de la lettre 15, et Marianne tient à le dire clairement à Mlle de Ville : « Tu trouveras peut-être cette lettre encore plus folle que celle que je n'osai t'envoyer : mais tu te tromperas. Elle n'est point folle, et je sais bien ce que je dis » (86).

Mais que dira-t-elle pour répondre à la demande que Meyer lui adresse au moment où il apprend qu'il doit rentrer en Allemagne pour retrouver son ami malade ? Plus qu'une déclaration, cette lettre de Meyer est une demande d'amour :

> Vous m'aimez ! n'est-il pas vrai que vous m'aimez ? si vous ne m'aimez pas, j'accuserai le ciel de cruauté et même d'injustice. Je serais le jouet d'un sentiment trompeur [...]. Ah ! si vous ne m'aimez pas, *ne me le dites pas : trompez-moi,* je vous en conjure. [...] Que vous importe que je sois *trompé ?* de grâce *ne me détrompez pas.* Je n'aurais peut-être jamais parlé, si je n'eusse dû m'éloigner de vous. (86-87, je souligne)

C'est à ces mots que répond Marianne, en ces termes :

> Si vous vous étiez trompé, Monsieur, je serais fort embarrassée : mais pourtant je vous détromperais. (88)

Que fait Marianne dans cet acte de langage particulièrement indirect ? Elle transforme l'hypothétique présent de Meyer (« si vous ne m'aimez pas [...] trompez-moi ») en hypothétique passé, donc irréel : « si vous vous étiez trompé » – c'est-à-dire, si je ne vous aimais pas –, « je vous détromperais » – c'est-à-dire, je vous dirais que je ne vous aime pas. L'hypothétique irréel suppose que le destinataire s'interroge sur la valeur de vérité qu'accorde à la proposition le sujet qui l'énonce. Il produit une attente, que Meyer devra combler en rétablissant lui-même le l'implicite de la déclaration de Marianne – à savoir : or, je ne vous détrompe pas, donc je vous aime.

La complexité de cet aveu mérite l'attention : Marianne, en reprenant les mots de l'autre, se soustrait en quelque sorte à l'exercice qu'on lui demande. Elle livre un message tronqué, qui exige une interprétation. Par ailleurs, elle ne l'a pas écrit en privé, mais sous les yeux du comte Max, un ami allemand de Meyer. Le comte transmet ensuite à Meyer la réponse de Marianne, dans une lettre qui le commente et le décrypte :

> Je l'ai priée tout haut de lire la lettre d'un de mes amis. Elle a lu. Je me suis rapproché ; et elle a pris une carte, et m'a demandé un crayon : on la regardait ; elle a d'abord dessiné une fleur. Ensuite elle a écrit. Lisez la carte ; mais vous l'avez déjà lue. Heureux Meyer ! que faites-vous pour nous attacher ? ou plutôt, par quel charme nous séduisez-vous ? (88)

De même que la lettre 15 était pliée dans la lettre 14, la carte porteuse de la déclaration se trouve enfermée dans le message du comte Max. L'aveu amoureux, confié à Mlle de Ville ou adressé à Meyer, subit à deux reprises les détours d'un envoi différé. La parole amoureuse, pour Marianne, ne saurait être droite. A la fin du roman, le message et sa mise en scène disent, on l'avouera, bien autre chose que « je vous aime ». Si Marianne pouvait assurer à son amie, dans la lettre 28 : « je sais bien ce que je dis » (86), tout concourt, ici, à signifier autre chose : je ne suis pas le sujet de l'amour que je déclare, je suis le jouet d'un sentiment qu'on me prête, mes mots ne sont pas à moi, c'est à vous que j'écris, mais par l'intermédiaire d'autrui.

Le billet final de Marianne est exemplaire de la déclaration littéraire, qui tend à soustraire le sujet qui la prononce à la responsabilité de son amour. Je ne sais pas ce que je dis, vos mots, que je vous retourne, vous le diront peut-être : telle pourrait être la traduction libre du billet de Mlle de la Prise, ainsi que la formule rhétorique de nombreuses déclarations, dans les textes littéraires[5].

Les romans du XVIIIe siècle commentent souvent les difficultés et les embarras de la déclaration. Qu'on se rappelle les affres de Julie avouant sa passion, dans *La Nouvelle Héloïse :*

> Il faut donc l'avouer enfin, ce fatal secret trop mal déguisé ! [...] Que dire ? comment rompre un si pénible silence ? ou plutôt n'ai-je pas déjà tout dit, et ne m'as-tu pas trop entendue ? Ah ! tu en as trop vu pour ne pas deviner le reste !

[5] Voir à ce sujet, Isabelle Grellet, Caroline Kruse, *La Déclaration d'amour,* Paris, Plon, 1990.

Et à la fin de la lettre : « O Dieu ! suis-je assez humiliée ! Je t'écris à genoux, je baigne mon papier de mes pleurs. »[6] Au début des *Egarements du cœur et de l'esprit* de Crébillon, Meilcour et Mme de Lursay glosent longuement les difficultés de se déclarer : ils les expliquent aussi par la honte, par l'humiliation et, plus techniquement, par les obstacles rhétoriques qui pèsent sur l'exercice. Quels que soient les exemples, il apparaît que l'aveu d'amour est un acte de langage particulièrement violent pour le sujet qui l'énonce. C'est qu'il éprouve dans toute sa dimension performative l'engagement qui est au principe de la déclaration. Par le fait même qu'il se déclare, l'amour quitte l'évidence immédiate pour se projeter dans l'avenir et, souvent, dans son destin conjugal. C'est bien là ce qu'éprouve Marianne de la Prise : la déclaration révèle et accuse l'écart entre le sentiment, qui a une sorte de réalité hors du temps – « nous étions certainement nés l'un pour l'autre » –, et son énoncé qui l'inscrit dans le temps – « non pas peut-être pour vivre ensemble » (86), ajoute-t-elle. Le tour indirect, si typique de la déclaration, permet à Marianne d'échapper au risque de l'engagement, en restant en retrait de sa parole.

Il y a deux fins possibles aux *Lettres neuchâteloises :* ou bien Marianne de la Prise épouse Henri Meyer, ou bien elle temporise, tergiverse et finalement renonce. La première issue appartient à l'horizon d'attente du roman sentimental : le départ de Meyer en Allemagne autorise et précipite les déclarations, le mariage aura lieu, dans l'espace narratif laissé à l'imagination du lecteur. La seconde hypothèse est tout aussi légitime, bien que moins attendue : Marianne ne peut épouser le brave bourgeois Meyer, qui ne saurait la comprendre lorsqu'elle revendique la liberté de son désir, ou qu'elle refuse les convenances et les privilèges de son rang. Mais le roman n'offre pas vraiment le choix entre ces deux issues ; il élude plutôt une fin impossible : Marianne en effet se trouve prise dans le dilemme d'un amour vrai et d'une liberté dangereuse.

[6] Jean-Jacques Rousseau, *Julie ou la Nouvelle Héloïse, Œuvres complètes,* t. II, Paris, Gallimard, Bibliothèque de la Pléiade, 1964, pp. 37-39.

C'est une robe – avec sa tache et son pli – qui figure les deux penchants de Marianne : entre la reconnaissance qu'offre le mariage, mais qui exige un renoncement au désir, et la liberté des choix sentimentaux qui se paierait d'une exclusion sociale, la jeune fille ne saurait choisir. Aussi le roman propose-t-il deux leçons, entre lesquelles nul partage n'est possible.

Le désir et ses symboles migratoires

Le pli postal et le pli à la robe reproduisent un même modèle de signification : le sens littéral, premier, correspond au côté visible du pli – à son effet esthétique pour la robe, à sa face décente (la lettre 14) ou acceptable (le commentaire du comte Max), pour la lettre ; c'est à la fois le sens le plus apparent et le plus admissible socialement. Le sens second, symbolique ou indirect, est caché, protégé, plus difficile d'accès, donc plus précieux ; il correspond à la face cachée du pli : objet d'un travail d'interprétation, il a une dignité plus grande que le sens littéral, mais révèle une vérité plus enfouie, plus secrète – le désir, la faute, ou l'incertitude amoureuse. Refusant le propre et l'explicite, le désir se sert d'objets, de lettres, de scènes types – la chute, notamment –, sortes de symboles migratoires qui parcourent le texte : les règles du sens s'en trouvent brouillées, la logique du récit ne répond plus aux schémas conventionnels.

En effet, si l'on ne prête pas attention au réseau symbolique du texte, les *Lettres neuchâteloises* se lisent comme un banal roman sentimental où les deux héros, Marianne et Meyer, se trouvent d'abord séparés par la présence de Julianne, avant d'être réunis, une fois les obstacles levés. Les symboles font éclater cette structure close, en donnant à lire un autre message, cynique et dysphorique. Quelle est donc la nature de ce mode de signification ? Reprenons le symbole du pli : en portant la robe salie, avec son pli, Marianne réhabilite la sexualité de Julianne, avant d'exiger de Meyer qu'il assume la responsabilité de ses amours. Symbole contingent, offert à l'interprétation, et non à un simple décodage, le pli désigne la réalité du sexe par un mode de signification énergique : en effet, le symbolisant (le pli) et le symbolisé (la sexualité de Julianne) ont tous deux une existence forte et nécessaire dans le texte. Le pli, comme la tache ou la robe, sont des objets concrets, liés au corps, chargés de résonances imaginaires ; le désir, signifié par ces objets, est revendiqué, et sera légitimé à la fin du roman.

Pour filer l'image couturière, on pourrait dire que le mode de signification du pli est l'exact inverse de celui de la gaze, métaphore très répandue dans la littérature mondaine du XVIIIe siècle, pour désigner le langage qui voile la crudité des représentations érotiques. Que fait-on en gazant ? On use, pour parler de son désir, de mots décents – sentiment, cœur, bonheur, amour –, dont le signifié est complètement évacué. Les signifiants n'ont plus dès lors qu'une fonction de codes : tout le monde sait à quoi s'en tenir lorsqu'on parle d'« amour », et tout le monde accepte cette langue vide, chiffrée et abstraite, ce mode de communication formel et réglé comme un jeu. A la gaze du roman mondain, Mme de Charrière oppose un langage singulier et stimulant pour l'imaginaire.

Contingents, incarnés dans de menus objets, les symboles du désir, dans l'œuvre romanesque de Mme de Charrière, sont remarquables par leur double face : entre les nobles et les gens du peuple, entre les formes socialement admises de l'amour et le désir brut, entre les jeux enfantins et ceux de la séduction, ils désignent un point d'intersection, une limite commune qui ne se dit ni ne s'avoue. Des objets, neutres, sans voix, franchissent les seuils sociaux et symboliques : ainsi la robe de Marianne est touchée, manipulée par Julianne ; elle se charge des valeurs propres à l'une et l'autre, et assure, par sa matérialité même, le passage d'une réalité à l'autre. La robe, dans les *Lettres neuchâteloises,* joue doublement ce rôle médiateur : par son intermédiaire, Julianne peut se recommander d'une jeune fille bien née auprès d'Henri, qu'elle désire surtout pour son statut social. Avec son pli cachant la tache, la robe, par ailleurs, permet à Marianne de déléguer son désir pour Meyer : en l'inscrivant sur un vêtement, qui symbolise son rang tout en portant la marque de Julianne, elle transgresse, mais sans risque, les codes comportementaux de son milieu. En portant la robe salie, en écrivant la lettre « folle », Marianne fait l'épreuve d'une audace qu'elle n'ose conduire à son terme : à l'image du pli, elle vit son expérience amoureuse entre deux mondes, entre deux modèles – celui du désir affirmé et revendiqué, celui de la plus stricte réserve, seule autorisée par sa position et son sexe.

Comme chez Richardson, le désir, chez Mme de Charrière, peine à trouver ses mots, son chemin, sa reconnaissance. Les écueils sont nombreux, dans ces romans de mœurs protestantes, qui interdisent à l'amour toute expression claire. Les médiations, les détours nécessaires trouvent les mêmes voies, les mêmes supports, chez l'un et l'autre romancier : la lettre – le pli de papier – se prête particulièrement bien à l'énonciation indirecte que requiert le désir. Par sa matérialité, par les aléas de sa clôture et de son ouverture, par la distance qu'elle impose aux correspondants, la lettre s'offre comme un espace métaphorique où peut se jouer l'étrange proximité du corps désirant et de l'esprit maître de lui. Les vêtements, avec leurs coutures, leurs poches et leurs plis, sont également, chez Richardson et chez Mme de Charrière, l'objet d'une grande prédilection : entre le corps propre et le corps regardé, ils deviennent le repaire des intentions les plus troubles et les plus inconnues.

CHAPITRE 4

Les nœuds du sens

Un langage pour le cœur

Les *Lettres d'une Péruvienne* (1747) de Mme de Grafigny, complèteront notre répertoire de plis, poches, coutures, nœuds et cordons, qui doublent quelques romans du XVIIIe siècle d'une signification secrète. L'objet textile, là encore, est porteur d'un langage, singulier et concret, qui exprime toutes les ambivalences d'une jeune Péruvienne à la fois fidèle – par vœu –, et séductrice – par nécessité.

Donné pour un recueil de lettres authentiques adressées par la Péruvienne Zilia à son amant Aza, le roman de Mme de Grafigny sacrifie au préjugé favorable qu'une partie du public français nourrissait, vers 1750, pour les Indiens, ce « peuple magnifique »[1]. Sur le modèle des *Lettres persanes,* Mme de Gra-

[1] Mme de Grafigny, *Lettres d'une Péruvienne,* in *Lettres portugaises, Lettres d'une Péruvienne et autres romans d'amour par lettres,* éd. B. Bray et I. Landy-Houillon, Paris, Flammarion, GF, 1983, p. 249. On consultera aussi l'édition des *Lettres d'une Péruvienne* procurée par Joan DeJean et

figny confie à Zilia le rôle d'observatrice des mœurs françaises. Les *Lettres d'une Péruvienne* offrent une épreuve de l'altérité tout à fait originale : Zilia pose, certes, un regard neuf et non prévenu sur la société française, mais elle va surtout s'efforcer de *déchiffrer* le monde et les gens qu'elle côtoie en France. Contrairement à Usbek et Rica, qui semblent parler spontanément le français, Zilia doit l'apprendre, lentement, et cette expérience de décentrement linguistique fonde la critique morale qu'elle adresse à l'art insincère de la conversation, que pratiquent si volontiers les Français.

Le Temple du Soleil subit au début du roman l'assaut des Espagnols : ce jour-là, Zilia, qui y vit à l'écart du monde, devait être unie à son frère, conformément au rite imposé aux Vierges du Soleil. Enlevée par les agresseurs, puis remise entre les mains d'un groupe de Français, elle est emmenée sur un bateau, sous la protection de celui qu'elle appelle le Cacique, et qui sera nommé plus tard Déterville. Elle adresse à Aza, dont elle ignore le sort, le récit de ses aventures et l'aveu de ses inquiétudes. Déterville, très respectueux, prend grand soin de Zilia, et le lecteur comprend qu'il tombe amoureux d'elle. A l'arrivée à Paris, il lui offre l'hospitalité, lui permet d'apprendre le français et de fréquenter la société de ses amis. Sa curiosité, son appétit intellectuel sont grands, bien qu'elle ne cesse de penser à Aza, lui écrivant des lettres qui ne partent pas. Grâce à Déterville, Zilia apprend que son amant se trouve en Espagne : Aza la rejoint à Paris, pour lui apprendre qu'il s'est converti et qu'il ne songe plus à l'épouser.

Déterville, à plusieurs reprises, s'est déclaré à Zilia, mais la jeune Péruvienne ne saurait enfreindre la loi de son destin. Malgré l'infidélité d'Aza, elle demeure à jamais une Vierge du Soleil. Acceptant toutefois de vivre dans la compagnie de Déterville, elle lui propose une forme de communauté bienveillante, fondée sur l'amitié et le respect.

Nancy K. Miller, New York, MLA Texts and Translations, 1993. Un recueil d'articles sur le roman a paru sous le titre *Vierge du Soleil, fille des Lumières : la Péruvienne de Mme de Grafigny et ses suites,* Strasbourg, Presses Universitaires de Strasbourg, 1989.

L'intrigue sentimentale, dans ce roman, a autant de poids que la satire des mœurs : les deux aspects trouvent à se rejoindre dans le drame linguistique, situé au cœur des réflexions sur l'altérité auxquelles se livre Zilia. Le jour même de l'assaut du Temple, attendant le moment de son union avec Aza, Zilia avait commencé de rendre « immortelle l'histoire de notre amour et de notre bonheur » (258) : son récit n'est pas écrit, mais noué au moyen de *quipos*. L'introduction historique du roman nous apprend en effet que les Péruviens ne connaissaient pas l'écriture, mais y suppléaient par une technique propre :

> Des cordons de coton ou de boyau, auxquel d'autres cordons de différentes couleurs étaient attachés, leur rappelaient, par des nœuds placés de distance en distance, les choses dont ils voulaient se ressouvenir. Ils leur servaient d'annales, de codes, de rituels, de cérémonies, etc. [...] Les finances, les comptes, les tributs, toutes les affaires, toutes les combinaisons étaient aussi aisément traités avec les *quipos* qu'ils auraient pu l'être par l'usage de l'écriture. (255)

Zilia tisse son récit, comme elle tissera toutes ses lettres à Aza, jusqu'à ce que, les *quipos* venant à manquer, elle soit contrainte de les remplacer par l'écriture. Offrant une réalité étroitement métonymique aux « chaînes de l'amour » (270), les *quipos* – ce « mystérieux tissu de mes pensées » (260) – donnent à Zilia l'illusion concrète de nouer son amour, comme Pénélope tissait chaque jour sa fidélité conjugale :

> ces nœuds qui frappent mes sens, semblent donner plus de réalité à mes pensées ; la sorte de ressemblance que je m'imagine qu'ils ont avec les paroles, me fait une illusion qui trompe ma douleur : je crois te parler, te dire que je t'aime, t'assurer de mes vœux, de ma tendresse ; cette douce erreur est mon bien et ma vie. (270)

Avant son départ pour la France, Zilia réussit, une seule fois, à faire tenir des *quipos* à son amant : « En dénouant les secrets de ton cœur, le mien se baigne dans une mer parfumée. Tu vis, et les chaînes qui devaient nous unir ne sont pas rompues » (261). L'amour et le témoignage qu'en offrent les *quipos* sont parfaitement homologues : bien que leur usage doive bien être soumis à des règles et à des conventions[2], il semble que les nœuds transcrivent immédiatement et avec la plus grande transparence les sentiments amoureux. Le vieux rêve cratylique vient nourrir ici l'imaginaire des deux amants : signes institués, certes, par la culture inca, les *quipos,* face à l'ennemi espagnol ou français, redeviennent singuliers, opaques, sensuels. Touchés alternativement par les doigts de Zilia et d'Aza, ils incarnent leur amour brutalement interdit, et lui rendent sa poésie :

> Je les possède [mes *quipos*], mon cher Aza ! C'est aujourd'hui le seul trésor de mon cœur, puisqu'il servira d'interprète à ton amour comme au mien ; les mêmes nœuds qui t'apprendront mon existence, en changeant de forme entre tes mains, m'instruiront de ton sort. (260)

C'est le langage rusé et secret des individus, dont la passion se dresse farouchement contre la dure loi du plus fort – l'envahisseur, en l'occurrence, figure exacerbée de la société, toujours hostile aux amants. Cherchant un messager fidèle pour transmettre ses *quipos* à Aza, Zilia s'interroge :

> Hélas ! par quelle voie pourrai-je les faire passer jusqu'à toi ? Par quelle adresse pourront-ils m'être rendus ? Je l'ignore encore ; mais le même sentiment qui nous fit inventer leur usage nous suggérera les moyens de tromper nos tyrans. (260)

Zilia, comme bien d'autres amantes avant et après elle, use d'un langage propre, d'un code privé, pour faire échapper son amour à l'arbitraire, à la banalité des mots de la tribu : les *quipos* la confirment dans le superbe isolement, psycholo-

[2] On ne saurait tenter de reconstituer le système linguistique des *quipos :* ils constituent un élément pittoresque du roman, et servent surtout à mieux marquer le choc que subit Zilia en découvrant les artifices des échanges sociaux et de la séduction, dans la société française. A propos des *quipos,* on lira avec profit l'article de François Rosset, « Les nœuds du langage dans les *Lettres d'une Péruvienne* », *Revue d'histoire littéraire de la France,* nov.-déc. 1996, nº 6, pp. 1106-1127.

gique et linguistique, qui la soustrait à la loi sociale du pays étranger. Propres à un peuple, avant d'être la langue d'un amour singulier, les *quipos* incarnent aux yeux de Zilia une morale de la sincérité et de l'authenticité, qu'elle voit enfreinte par toute la société française.

A l'instar d'un grand nombre d'héroïnes sentimentales et de héros rousseauistes, Zilia croit en effet à la vérité et à la transparence du langage des cœurs. A son arrivée à Paris, Déterville lui présente sa sœur :

> Quoique je n'entendisse rien de ce qu'elle me disait, ses yeux pleins de bonté me parlaient le langage universel des cœurs bienfaisants ; ils m'inspiraient la confiance et l'amitié : j'aurais voulu lui témoigner mes sentiments ; mais ne pouvant m'exprimer selon mes désirs, je prononçai tout ce que je savais de sa langue. (289)

Mme de Grafigny prête à Zilia une foi dans le langage sincère des sentiments, qu'ont partagée de nombreux romanciers du XVIIIe siècle. Rousseau la professera avec passion, opposant le langage du sentiment vrai à « l'esprit général de la galanterie »[3]. Aux antipodes de la langue étroitement chiffrée de la mondanité – « ces fades propos galants », « ce maussade jargon »[4] – l'amour peine à trouver une expression adéquate, car il en déborde toujours les limites :

> De la manière que je conçois cette passion terrible [l'amour], son trouble, ses égarements, ses palpitations, ses transports, ses brûlantes expressions, son silence plus énergique, ses inexprimables regards que leur timidité rend téméraires et qui montrent les désirs par la crainte, il me semble qu'après un langage aussi véhément, si l'amant venait à dire une seule fois : *Je vous aime,* l'amante indignée lui dirait : *Vous ne m'aimez plus,* et ne le reverrait de sa vie.[5]

[3] Jean-Jacques Rousseau, *Lettre à d'Alembert,* Paris, Garnier-Flammarion, 1967, p. 201.

[4] *Ibid.*

[5] *Ibid.*, pp. 201-202.

Dans la seconde préface à *La Nouvelle Héloïse,* Rousseau développe cette dichotomie – devenue topique – entre d'une part, langage raffiné et sentiments faux, et d'autre part, langage abondant, gauche, désordonné, et passion vraie. Préfigurant cette opposition entre galanterie et sentimentalité, le roman de Mme de Grafigny constitue les *quipos* en un système de signes primitif, qui garantit une transmission véridique de l'émotion amoureuse. Toutes les épistolières amoureuses et abandonnées, dès la fin du XVIIe siècle, se réclament du langage sans fard qui est l'expression de leur amour sincère. Mais toutes, aussi, en font un usage pervers : de la Religieuse portugaise de Guilleragues à Fanni Butlerd de Mme Riccoboni, de la Marquise de M*** de Crébillon à la Péruvienne de Mme de Grafigny, l'écriture épistolaire se veut la forme pure et immédiate de l'échange amoureux, et finit par se retourner sur elle-même en une activité solipsiste et auto-séductrice[6].

Zilia et ses consœurs croient adresser à leur amant le témoignage fidèle de leur amour, qui pourtant devient bientôt le produit même de leur écriture. Et toutes, une fois ou l'autre, s'en aperçoivent : ce sont les lettres qui font exister et perdurer le sentiment. Mais – et c'est en quoi elles sont perverses –, elles ne veulent pas le reconnaître : ainsi, lorsque M. B. affirme que les lettres de Paméla lui offrent le roman, et donc la préfiguration, de son amour, la jeune fille s'indigne, et refuse l'évidence. Elle veut ignorer le pouvoir rhétorique de ses lettres, et rappelle à son maître que le désir précède les entreprises de séduction, parce qu'il est leur cause. Or, pour M. B., séduit par les lettres mêmes, la logique de la cause et de l'effet perd toute validité : le récit anticipe la réalité, les sentiments naissent en même temps que leurs images. Entre les

6 Cette thèse est défendue notamment par Susan Lee Carrell dans *Le Soliloque de la passion féminine ou le dialogue illusoire. Etude d'une formule monophonique de la littérature épistolaire,* Tübingen-Paris, G. Narr Verlag – J.-M. Place, 1982 ; par Joan Hinde Stewart dans sa préface à l'édition des *Lettres de Mistriss Fanni Butlerd,* de Mme Riccoboni, Genève, Droz, 1979 ; ainsi que par Suzanne Roth et Paul Hoffmann dans *Vierge du Soleil, fille des Lumières, op. cit.*

lettres de Paméla et la passion du maître se joue un jeu amoureux d'une parfaite réciprocité.

Objets familiers, porteurs d'une écriture singulière, intime, les lettres – qui souvent ne sont pas envoyées – appartiennent en propre à la femme amoureuse. Comme Paméla voue à ses plumes, à son encre et à son papier une passion immodérée, Zilia chérit ses *quipos,* qui suppléent à l'absence d'Aza : «Je les possède, mon cher Aza ! C'est aujourd'hui le seul trésor de mon cœur» (260). Les papiers de Paméla et les *quipos* de Zilia – cachés, dérobés, retrouvés, épuisés – ont une histoire : loin d'être de simples supports de l'écriture, ils incarnent, par leur existence concrète, l'amour impossible, ses retards, ses obstacles, ses ruses.

Véritable fétiche, la lettre permet à la femme amoureuse de faire exister et durer le sentiment, tout en se passant de celui à qui il est destiné. L'écriture assure à l'épistolière une forme d'autonomie, de liberté, qu'elle admet et dénie en même temps. Les lettres, les *quipos,* les papiers cousus dans les jupes sont tous des objets pliés, où s'inscrit un désir double.

Un langage pour la séduction

Zilia noue son amour dans des *quipos* qu'elle n'envoie pas : le désir de l'échange amoureux est l'autre face du plaisir que procure la parole solitaire. Porteurs du double sens, les *quipos* permettent pourtant à Zilia de l'ignorer : elle croit à la sincérité inaliénable de son «écriture». C'est en découvrant une langue étrangère – langue de signes abstraits –, en apprenant à l'écrire, qu'elle découvrira l'institution arbitraire des mots, et la faille entre les sentiments et la parole.

Sur le bateau qui l'emmène en France, dans la compagnie de Déterville, Zilia s'habitue simultanément aux sons de la langue française, et aux assiduités respectueuses de son protecteur, qui ne la rebutent pas :

> il y a des moments où je trouve de la douceur dans ces entretiens muets ; le feu de ses yeux me rappelle l'image de celui que

j'ai vu dans les tiens ; j'y trouve des rapports qui séduisent mon cœur. Hélas ! que cette illusion est passagère, et que les regrets qui la suivent sont durables ! (275)

La similitude des signes (« le feu de ses yeux ») n'induit pourtant pas Zilia à imaginer une similitude des causes. Elle éprouve et goûte les manifestations du désir de Déterville, sans réussir à les interpréter. Elle les prend d'abord pour une forme de culte que les Français voueraient aux femmes, puis elle se ravise, et se convainc qu'il s'agit d'un jeu. En effet, au moment où Zilia commence à apprendre le français, Déterville en profite pour lui faire prononcer des mots d'amour, dont elle ignore encore le sens : « Dès que j'ai répété après lui, *oui, je vous aime,* ou bien *je vous promets d'être à vous,* la joie se répand sur son visage, il me baise les mains avec transport » (278). Ces signifiants ont un grand pouvoir sur Déterville, qui en jouit tout en sachant qu'ils sont vides de sens pour la Péruvienne.

La découverte de la dissociation entre les signes et leur sens signifie pour Zilia l'effondrement de son système moral. Elle le pressent lors des scènes de fausse déclaration : « L'intelligence des langues serait-elle celle de l'âme ? O, cher Aza ! que mes malheurs me font entrevoir de fâcheuses vérités ! » (279). En effet, constatant que sa lecture des signes et des gestes n'est pas infaillible, elle se doute des erreurs multiples qu'elle commet dans ses jugements. La première expérience qu'elle fait, en arrivant en France, est à ce propos d'une grande valeur métaphorique ; elle se voit dans un miroir, et court se jeter dans les bras de son reflet :

> Quelle surprise, mon cher Aza, quelle surprise extrême, de ne trouver qu'une résistance impénétrable où je voyais une figure humaine se mouvoir dans un espace fort étendu ! (280)

Le « prodige » (280) du miroir fait découvrir à Zilia l'identité quasi parfaite, et pourtant trompeuse, qu'il peut y avoir entre un objet et son reflet. Entre une réalité et son image, entre un sentiment et son expression, Zilia apprend que la ressemblance la plus exacte peut cacher une différence radicale. Si les *quipos* étaient une sorte d'émanation véridique du sentiment, les mots de la langue française peuvent dire vrai ou tromper, indifféremment. Les mots, les signifiants ont aussi peu de consistance que les reflets du miroir, mais leur pouvoir de mimer ce qu'ils désignent est considérable. Zilia constate leurs puissants effets sur Déterville, qui s'enflamme de désir à chaque fois qu'elle répète, par simple gratitude, les paroles tendres dont elle ignore le sens.

Alors même que tout ce qu'elle apprend la confirme dans le malheur d'être éloignée de son amant, Zilia manifeste une curiosité aiguë pour toutes les formes de la culture française. Une fois ses *quipos* épuisés, elle apprend à écrire en quelques mois, et jouit des possibilités nouvelles que lui offre l'usage d'une langue complexe :

> A peine puis-je encore former ces figures, que je me hâte d'en faire les interprètes de ma tendresse. [...] Aza, que tu m'es cher, que j'ai de joie à te le dire, à le peindre, à donner à ce sentiment toutes les sortes d'existence qu'il peut avoir ! Je voudrais le tracer sur le plus dur métal, sur les murs de ma chambre, sur mes habits, sur tout ce qui m'environne, et l'exprimer dans toutes les langues. (299-300)

Aux interprètes immédiats de l'amour qu'étaient les *quipos,* Zilia préfère maintenant les peintures riches et multiples que permet le langage. Au sentiment lui-même, elle préfère la diversité chatoyante de ses expressions, l'abondance d'une parole en liberté : « Il arrive souvent qu'après avoir beaucoup écrit, je ne puis deviner moi-même ce que j'ai cru exprimer » (300). Séduite par son propre discours amoureux, Zilia semble ignorer les outrages à la sincérité et à la vérité que lui fait commettre son nouvel instrument épistolaire. Alors même que ses lettres à Aza lui offrent un espace de liberté où elle réfléchit, se confie, raconte et juge, ses doutes sur la fidélité de son amant deviennent de plus en plus pressants. Aza reste pourtant le destinataire officiel, le garant de la parole de Zilia, malgré son éloignement et son silence. La confiance, la foi de Zilia dans son amant demeurent inébranlables : son discours fidèle ne s'altère pas, quand bien même ses lettres ne cessent de prouver qu'elle n'est pas insensible à Déterville, ni aux pouvoirs charmeurs de la langue française.

Après un long séjour aux armées, Déterville retrouve Zilia, qui manifeste sa joie avec « transport » (310). Trompé par les signes de cette joie, et victime de son propre jeu sur les mots d'amour, le Français se méprend sur les intentions de Zilia. Car cette fois, lorsqu'elle parle d'amour, ses mots ne sont pas vides, et elle lui en explique le sens. C'est d'amitié et de reconnaissance qu'il s'agit, non pas de cet amour qu'elle réserve au seul Aza : « Contentez-vous des sentiments que je vous promets, je ne puis en avoir d'autres : la vérité m'est chère, je vous la dis sans détour » (313).

Déterville comprend qu'il n'y a pour lui aucun espoir, mais sa conduite reste parfaitement digne : il établit Zilia richement, dans une maison qu'il lui offre, organise la venue d'Aza en France, et fuit à Malte, pour rejoindre l'ordre qui lui était destiné. Zilia reçoit en même temps la lettre de Déterville, qui lui apprend qu'il est parti pour Malte, et son amant Aza, arrivé d'Espagne :

> Au comble de mes vœux, la douleur s'est fait sentir dans mon âme ; en retrouvant l'objet de ma tendresse, je n'ai point oublié que je perdais celui de tous mes autres sentiments. (354).

Ce croisement des deux hommes n'affectera guère l'âme de Zilia : l'amant absent la rejoint, et en échange le Français s'éloigne. Les deux places restent occupées, révélant l'étroite interdépendance de Déterville et d'Aza, dans le cœur de Zilia : Aza représente un idéal perdu, mais nécessaire comme l'axe structurant de sa personnalité ; Déterville possède toutes les grâces et les vertus, il offre la richesse et les plaisirs qui pourraient compenser le défaut d'amour. Mais Aza abandonnant la place qu'il occupait – celle d'amant absent et de destinataire des lettres – Zilia reporte sur Déterville non pas tous ses sentiments, mais son besoin d'écrire. Dans la première lettre qu'elle lui adresse, à Malte, alors qu'elle vient de comprendre qu'Aza lui était infidèle, Zilia fait miroiter aux yeux du Français une amitié qui suppléerait à l'amour trompé : « Si la pitié de vous-même ne peut rien sur vous, que les devoirs de l'amitié vous ramènent ; elle est le seul asile de l'amour infortuné » (355).

Zilia, certes, n'est pas ébranlée dans son amour par l'indifférence d'Aza ; elle souffre, mais reste droite : « C'est en vain, dit-elle à Déterville, que vous vous flatteriez de faire prendre à mon cœur de nouvelles chaînes. Ma bonne foi trahie ne dégage pas mes serments » (361). Cependant, l'infidélité d'Aza ne va pas sans produire quelques effets : c'est dès lors à Déterville qu'elle adresse ses lettres, qu'elle confie son désespoir, qu'elle demande des consolations pour la perte de son amant. Et Zilia sait user de pathos pour faire revenir Déterville de Malte : « Je lui consacre ma vie [à la vertu], et mon cœur à l'amitié. Hélas ! quand y régnera-t-elle sans partage et sans retour ? » (360). Qu'est-ce donc que cette amitié qui se pare de toutes les vertus de l'amour ? Avec la sincérité dont elle se réclame, Zilia fait usage d'une casuistique digne de celle de Mme de Tourvel :

> Tout ce que l'amour a développé dans mon cœur de sentiments vifs et délicats tournera au profit de l'amitié. Je vous laisserai voir avec une égale franchise le regret de n'être point née en France, et mon penchant invincible pour Aza. (361)

Mais à la différence de l'héroïne de Laclos, Zilia ne cède pas : l'amitié qu'elle propose à Déterville, malgré toute l'ambiguïté qu'on peut y lire, ne se changera pas en amour. Elle n'en est pas moins donnée comme un supplément à l'amour : c'est dans la rhétorique même de Zilia que se fondent les doutes du lecteur quant à la vertu, quant à l'inébranlable foi amoureuse de l'héroïne. Doutes insistants, que la fin du roman ne parvient pas à atténuer : proposant à Déterville de vivre avec lui, sa sœur et le mari de celle-ci, dans une petite communauté fondée sur l'économie des « ressources de notre âme » (362), Zilia rappelle l'amour au moment même où elle le refuse à son protecteur :

> venez apprendre à connaître les plaisirs innocents et durables, venez en jouir avec moi, vous trouverez dans mon cœur, dans mon amitié, dans mes sentiments tout ce qui peut vous dédommager de l'amour. (362)

Lettres détournées

Comme Paméla, Zilia présente à l'homme qui la désire une image d'elle impossible à construire. Si Déterville s'en tient aux propos, aux assurances de Zilia, il ne peut que lui reconnaître une attitude parfaitement droite, et une constance irréprochable. Mais cette constance même, toujours rappelée, joue comme une provocation : Déterville est mis en situation de vaincre la résistance qu'on lui oppose. La vertu intouchable est un parfait moyen de séduction. Zilia l'ignore-t-elle ? On ne saurait le dire. L'héroïne oppose au lecteur, comme à Déterville, une résistance absolue : opaque, hermétique, malgré la morale de la sincérité qu'elle professe, elle demeure insondable[7]. Les divers visages qu'elle présente constituent un portrait parfaitement ambigu.

Les *quipos* sont l'emblème de l'ambiguïté de Zilia : ils incarnent de la manière la plus démonstrative le langage sincère et vrai que revendique l'épistolière. Mais l'usage qu'en fait Zilia jette un doute sur ce désir de communication immédiate : ne pouvant les envoyer, elle en fait, on l'a vu, des sortes de fétiches, et se complaît dans l'exercice solitaire de l'écriture. On se demande par ailleurs si c'est bien à Aza qu'elle les destine : en effet, elle les confie à Déterville, qui les transmettra en Espagne : « Il m'a promis de te faire rendre mes nœuds et mes lettres ; il m'a assuré que tu trouverais des interprètes pour t'expliquer les dernières » (321). Une double médiation – Déterville, les interprètes – affecte la transmission de la parole amoureuse. Les lettres de Zilia ont-elles seulement été lues par Aza ? On l'ignore, mais on sait en tout cas qu'il les a reçues au moment où il ne pensait plus à Zilia depuis longtemps, et qu'il les lui a rendues, lors de sa brève visite à Paris.

[7] Claude Reichler montre la récurrence de cette image énigmatique de la femme, pour l'homme qui la désire, dans plusieurs romans du XVIIIe siècle. Voir « Portes du gynécée », *Versants*, Lausanne, nº 2, hiver 1981-1982, pp. 87-103.

Ces lettres vont connaître alors une seconde destination. Zilia les adressera une seconde fois, mais à un destinataire officieux, et en quelque sorte indiscret : Déterville. L'« Avertissement » nous apprend en effet que Zilia traduit ses *quipos* et ses lettres à l'intention du Français. Or, cette traduction est le texte même que nous lisons :

> Il semble inutile d'avertir que les premières lettres de Zilia ont été traduites par elle-même : on devinera aisément qu'étant composées dans une langue, et tracées d'une manière qui nous sont également inconnues, le recueil n'en serait pas parvenu jusqu'à nous, si la même main ne les eût écrites dans notre langue.
>
> Nous devons cette traduction au loisir de Zilia dans sa retraite. La complaisance qu'elle a eue de les communiquer au chevalier Déterville, et la permission qu'il obtint de les garder les a fait passer jusqu'à nous. (250)

Sur trente-six lettres envoyées à Aza, les dix-sept premières, qui étaient en *quipos,* ont donc été traduites en français par Zilia ; on peut imaginer aussi qu'elle a dû retoucher les autres. Adressant avec « complaisance » sa traduction et sa réécriture à Déterville, Zilia se trouve dans une position analogue à celle de Paméla, envoyant à ses parents des lettres dont elle sait qu'elles seront détournées et lues par son maître. Lecteur indiscret, Déterville lira des lettres adressées à l'amant en titre, mais pleines des récits de ses propres tentatives de séduction : comme le faisait Paméla, Zilia lui tend le miroir de son désir. Il se trouvera dans une posture particulièrement propre à ranimer son amour : le dispositif en triangle – Zilia, Aza, Déterville – met en scène un rival lointain et quasi sacré, pour qui Zilia évoque en toute confiance le comportement amoureux du Français. La structure – on le sait grâce à René Girard – est si efficace pour exciter le désir, qu'on est en droit de se demander si Zilia n'en a pas usé à cette fin, à deux reprises : suggérant d'abord à Aza la présence d'un rival ; puis offrant à Déterville les lettres destinées à l'amant en titre. Comme elle a joué l'amitié contre l'amour, Zilia joue Aza contre Déterville, puis Déterville contre Aza.

Le roman de Mme de Grafigny accorde trop d'attention à la forme, à l'usage, à la circulation des lettres et des *quipos,* pour qu'on en ignore les pouvoirs, et la valeur symbolique. Si *les propos et le comportement* de Zilia nous assurent de sa sincérité et de sa parfaite loyauté, *l'histoire épistolaire* du roman nous convainc de sa perversité : adressées à Aza ou à Déterville, les lettres servent moins un désir de communication et d'échange qu'une farouche volonté d'autonomie. Mais pour vivre libre et cependant protégée, en France, Zilia doit exercer son pouvoir sur autrui : elle veut être aimée, sans rien offrir en retour.

Les *quipos,* mieux encore que les lettres, figurent la duplicité de l'héroïne, et celle du roman. Leur message en effet connaît deux versions : celle adressée à Aza (les *quipos* mêmes), et la traduction destinée à Déterville. Entre la Péruvienne liée à son destin, et la jeune femme éclairée qui regrette de n'être pas née en France, entre la Vierge du Soleil et la séductrice avide de pouvoir sur autrui, les *quipos,* puis les lettres, jouent sur un tableau à double face. Le roman ne choisit pas, de même qu'il préserve l'ambiguïté de son statut même : les lettres qui le constituent sont authentiques, nous assure l'« Avertissement », qui ajoute : « il semble qu'on ne devrait pas craindre de voir passer pour une fiction des lettres originales » (250).

Le vrai et le faux, l'authentique et le fictif sont indiscernables : Mme de Grafigny nous en avertit, avant que son roman nous le prouve. La double adresse des *quipos,* la double lecture à laquelle ils sont destinés, le double jeu amoureux de Zilia : tout concourt à jeter le trouble dans l'esprit du lecteur. Noués et dénoués, pliés et dépliés, dérobés, rendus, transmis, traduits, les *quipos* et les lettres de Zilia ne cessent de repasser la frontière insituable entre la vérité du cœur et les fables multiples qui tentent de la dire.

DEUXIÈME PARTIE

Diptyques

Gravure de Salomon Gessner, *in Contes moraux et nouvelles idylles de D[iderot] et Salomon Gessner*, Zurich, 1773. Bibliothèque cantonale et universitaire, Lausanne.
Photo : Bibliothèque cantonale et universitaire, Lausanne (Laurent Dubois)

CHAPITRE PREMIER

Les destinations doubles

Emblèmes de leur dualité, les objets de papier et d'étoffe que manient Zilia, Marianne de la Prise ou Paméla, ont deux côtés : un envers et un endroit, une face visible et une face cachée. Ils symbolisent une double intention, que les autres personnages – et le lecteur –, ne sauraient débrouiller : aiment-elles ou non? sont-elles coquettes ou naïves, perverses ou innocentes, séductrices ou prudes?

De Challe à Marivaux, de Prévost à Sade, nombreux sont les romans qui mettent en scène des héroïnes secrètes, énigmatiques, et qui, par ailleurs, présentent une complexité formelle digne d'attention. A l'instar de *La Nouvelle Héloïse* et de *Paméla,* qui présentent deux versants – celui du désir et de la séduction d'une part, celui de la vie conjugale de l'autre –, on retrouve fréquemment dans le roman du XVIIIe siècle cette logique binaire, qui ménage l'incertitude des récits et, partant, des messages proposés. Comme l'amant, ou l'amante, ne cesse de se demander quelle part d'erreur, de duperie, de fraude affecte l'image de l'être aimé, de même le lecteur ne parvient pas à débrouiller, ni à ordonner les diverses voix que le roman fait tenir ensemble.

Cette particularité du genre romanesque au XVIIIe siècle tient au rapport complexe qu'il entretient avec la vérité. Jan Herman l'a bien compris, qui considère à nouveaux frais, sous le nom de « stratification textuelle »[1], le phénomène de la multiplication des préfaces contradictoires. Que le romancier présente un manuscrit trouvé, un recueil de lettres authentiques ou des mémoires, il conclut avec le lecteur un pacte contradictoire, destiné à provoquer chez lui une indécision « quant au véritable statut du texte »[2]. Si la fiction d'authenticité devient peu à peu une pure convention, Jan Herman en situe l'origine dans le contexte de la « crise de la conscience européenne »[3] du début du XVIIIe siècle. La vérité historique ne suffit plus à légitimer le roman, puisque le discours historique même n'est plus reconnu comme garant de vérité. En outre, le romanesque invraisemblable du XVIIe siècle a perdu toute crédibilité. Dans cette ère de scepticisme, aucun discours ne peut prétendre à la vérité, car il ne garantit plus une restitution fidèle du réel. Le roman, en quelque sorte, déplace le problème : n'ayant aucun moyen de dire le vrai, il délègue son autorité au *discours* vrai – lettres, mémoires, manuscrit réputés authentiques.

Renonçant à faire la part du vrai et du fictif, le roman nous fait entrer dans le « domaine du diable où toute vérité devient incertaine »[4]. De fait, l'ambiguïté des morales est inséparable de l'incertitude quant au statut du texte. Cette ambivalence, cultivée par le roman du XVIIIe siècle, répond – Jan Herman l'a montré – à une nécessité historique. Mais elle est aussi l'effet d'une exigence poétique.

1 Jan Herman, *Le Mensonge romanesque. Paramètres pour l'étude du roman épistolaire en France,* Amsterdam-Leuven, Rodopi-Leuven University Press, 1989, p. 161.

2 *Ibid.*, p. 167.

3 L'expression est empruntée à Paul Hazard, *La Crise de la conscience européenne : 1680-1715,* Paris, Fayard, 1961.

4 Jean Sgard cité par Jan Herman, *ibid.*, p. 161.

Les lettres, les mémoires destinés à un lecteur privilégié, les manuscrits trouvés et publiés par un éditeur fictif, ont une particularité commune : ce sont des textes *adressés.* De même que le destinataire de lettres ou de mémoires légitime l'acte de l'écriture privée, l'éditeur fictif joue le rôle de garant de l'écriture romanesque. Genre sans caution poétique forte, le roman, au XVIIIe siècle, doit s'accréditer auprès du lecteur. L'adresse fictive offre un relais entre l'auteur et le lecteur : elle atteste le fait que le récit a déjà eu un destinataire. Sorte de faire-valoir du roman, elle lui fournit une raison d'être ; elle offre au romancier l'*occasion* d'écrire, de produire un récit. Le lecteur interne, ou l'éditeur fictif, sont des destinataires prétextes : détours nécessaires, pour un romancier qui conquiert le droit d'écrire en prouvant que sa parole est *pour* quelqu'un.

Tout se passe comme si la parole vraie de la fiction – qui est le propre du roman – devait se trouver un destinataire fictif, pour mieux séduire le destinataire réel, à savoir le lecteur. Le triangle de la médiation du désir joue ici de tout son pouvoir : le romancier séduit mieux son lecteur en lui tendant l'image d'un destinataire privilégié – sorte de fiction du bon lecteur.

La fable du vrai

Nul roman ne révèle plus clairement ces stratagèmes de la séduction que *La Religieuse* de Diderot. Rappelons brièvement les circonstances de sa rédaction[5]. En 1770 paraît dans la *Correspondance littéraire* un texte de Grimm, qui relate la mystification que Diderot et quelques-uns de ses amis ont imaginée pour faire revenir à Paris le marquis de Croismare, resté trop longuement à leur goût sur ses terres de Normandie. Sachant l'intérêt que Croismare prenait pour une religieuse qui

[5] Pour les détails de la genèse particulièrement complexe de *La Religieuse,* on consultera l'édition des *Œuvres complètes,* vol. XI, éd. Dieckmann, Proust, Varloot, Paris, Hermann, 1975.

avait réclamé juridiquement, mais en vain, contre ses vœux, Diderot lui fait croire que la religieuse s'est enfuie de son couvent, et lui demande du secours. Il écrit des lettres, sous le nom de Suzanne Simonin, et le marquis répond, se montrant tout disposé à recueillir la jeune femme. Se prenant au jeu, et pour rendre la fable plus crédible, Diderot se met à écrire, sous forme de mémoires, l'histoire de la religieuse. Des lettres continuent de s'échanger entre Croismare et la prétendue Suzanne Simonin, qui réside chez la prétendue Mme Madin. Celle-ci prend aussi la plume, parle au marquis de la maladie de Suzanne, des mémoires qu'elle écrit, et enfin lui annonce la mort de sa protégée.

Cet ensemble de lettres – écrites en 1760, comme la première version du roman – paraît, avec un commentaire liminaire de Grimm, en 1770. Entre temps, le marquis de Croismare est rentré à Paris : on l'a informé de la mystification à laquelle il a pris part si aveuglément. En 1780, Diderot reprend et corrige ce texte : il en fait la « préface-annexe » de son roman, qui paraît alors, pour la première fois, dans la *Correspondance littéraire*.

Placée à la suite du roman, cette préface « utile »[6] relate les circonstances de la rédaction ; en outre, elle met en place un dispositif complexe, qui semble faire exister le récit par le jeu de ses destinations. Les fausses lettres de Suzanne Simonin au marquis de Croismare atteignent leur but : le destinataire est ému du sort de la religieuse. L'effet rhétorique des lettres a joué à plein. Les mémoires de la religieuse, écrits après les premières lettres, doivent confirmer l'illusion du marquis :

> Une circonstance qui n'est pas la moins singulière, c'est que tandis que cette mystification échauffait la tête de notre ami en Normandie, celle de M. Diderot s'échauffait de son côté. Celui-ci se persuada que le marquis ne donnerait pas un asile dans sa maison à une jeune personne sans la connaître, il se mit à écrire en détail l'histoire de notre religieuse. (1385)

[6] Denis Diderot, *La Religieuse, Œuvres*, Paris, Gallimard, Bibliothèque de la Pléiade, 1951, p. 1404.

La réussite du jeu épistolaire engage Diderot à poursuivre : l'invention du récit est générée par le dispositif d'adresse. Condition de possibilité du roman[7], la mystification du marquis est aussi un prétexte : dans l'intention de ses amis, il s'agissait de faire revenir le marquis de Croismare à Paris. Or, les lettres de Suzanne-Diderot ont un autre effet : le marquis envisage de convier la religieuse en Normandie. Le but importe donc moins que la stratégie.

La préface-annexe fait diversion : récit d'un aveuglement comique, elle sert de paratonnerre. Craignant la censure que la violence satirique de son roman ne pouvait manquer de provoquer, Diderot camoufle son propos sous la drôlerie et l'agrément de la mystification. Il détourne l'attention, exhibe un destinataire berné, pour mieux séduire son lecteur, auquel il s'agit de faire admettre l'inadmissible : une critique et un procès sans merci des mœurs conventuelles.

Diderot veut montrer, dans *La Religieuse,* que l'enfermement des femmes dans les couvents est une aberration qui contrarie les lois de la nature, de la sociabilité humaine, et les besoins de la sexualité féminine. Pour dénoncer ce mensonge, pour frayer la voie à la vérité, pour montrer, dans les mémoires de Suzanne, le surgissement de la parole du désir sous la censure et le refoulement, le roman a besoin d'un destinataire prétexte. La parole du désir n'est jamais droite, et l'écriture romanesque lui emprunte ce trait.

Les mémoires de Suzanne et la préface-annexe sont comme deux discours en miroir. Pour que la parole advienne, dans les deux cas, il faut qu'elle se trouve un destinataire et qu'elle le séduise. Pour que la séduction soit efficace, il faut aussi que l'adresse soit double, indirecte, qu'elle passe par des relais ou des détours. On l'a vu, le vrai Croismare, conquis par les *lettres* de Suzanne, sert d'appât pour le lecteur, qui sera séduit par les *mémoires* de Suzanne.

[7] Condition nécessaire, mais non pas suffisante : la thématique de la vie conventuelle des femmes appartient en effet aux préoccupations majeures de Diderot à l'époque de la rédaction du roman.

Suzanne l'épistolière (alias l'homme Diderot) et Suzanne la mémorialiste (alias le romancier Diderot) se côtoient, comme se touchent, dans ce roman et sa préface, la réalité et la fiction. Mais de l'une à l'autre, la voie est oblique : ainsi, dans la préface-annexe, l'épistolière fait désirer au marquis les productions de la mémorialiste, par l'intermédiaire de Mme Madin. C'est elle en effet qui apprend à M. de Croismare que Suzanne écrit ses mémoires :

> Je la priai de me montrer ce qu'elle vous avait écrit ; j'en fus effrayée, c'est un volume, c'est un gros volume. « Voilà, lui dis-je en colère, ce qui vous tue. » (1399)

Le procédé indirect, tel une réclame, excite la curiosité du marquis qui, comme on l'imagine, réclamera ce volume à Mme Madin, après qu'il aura appris la mort de Suzanne :

> Tout ce qui a rapport à la mémoire de notre infortunée m'est devenu extrêmement cher ; ne serait-ce point exiger de vous un trop grand sacrifice, que celui de me communiquer les petits mémoires qu'elle a faits de ses différents malheurs ? (1403)

Mis en scène de manière sophistiquée dans la préface-annexe, le double registre de la communication est très sensible aussi dans le roman même. Comme *Paméla,* qui offre conjointement un roman de l'innocence et un roman de la séduction, *La Religieuse* se dédouble, selon qu'on s'en tient à la lettre des propos de Suzanne, ou qu'on décèle son « hystérisme » dans le récit de ses malheurs. Ne cessant de donner au marquis des preuves de son innocence et de son ignorance, Suzanne en donne aussi de sa sensibilité : sans rien savoir du désir, elle se montre dans toute son aptitude à l'éprouver, et à l'exciter chez autrui[8].

Les mémoires de Suzanne, toutefois, sont moins duplices que *Paméla,* dans la mesure où la mémorialiste prend conscience du pouvoir de séduction de son récit. Un post-scriptum l'atteste :

[8] On ne fera pas ici l'analyse du discours du désir dans les mémoires de Suzanne : voir, par exemple, Sarah Kofman, *Séductions : de Sartre à Héraclite,* Paris, Galilée, 1990.

> Ces mémoires, que j'écrivais à la hâte, je viens de les relire à tête reposée, et je me suis aperçue que sans en avoir le moindre projet, je m'étais montrée à chaque ligne aussi malheureuse à la vérité que je l'étais, mais beaucoup plus aimable que je ne le suis. Serait-ce que nous croyons les hommes moins sensibles à la peinture de nos peines qu'à l'image de nos charmes? et nous promettrions-nous encore plus de facilité à les séduire qu'à les toucher? Je les connais trop peu, et je ne me suis pas assez étudiée pour savoir cela. Cependant si le marquis, à qui l'on accorde le tact le plus délicat, venait à se persuader que ce n'est pas à sa bienfaisance, mais à son vice que je m'adresse, que penserait-il de moi? Cette réflexion m'inquiète. En vérité, il aurait bien tort de m'imputer personnellement un instinct propre à tout mon sexe. Je suis une femme, peut-être un peu coquette, que sais-je? Mais c'est naturellement et sans artifice. (393)

Cet aveu ne fait que confirmer le caractère indirect de la séduction : c'est en croyant toucher et émouvoir que Suzanne a séduit ; c'est en prouvant son innocence qu'elle a éveillé le désir. Ce double discours, qui fait régner l'incertitude, est le propre du roman : Diderot le montre avec éclat, dans *La Religieuse,* en révélant les analogies entre l'écriture romanesque et l'écriture de la séduction. Destiné au public, le roman met en scène sa lecture par un lecteur-alibi ou, dans les *Contes,* par un lecteur indiscret, officieux, imposteur, sorte de médiateur qui offre le texte au désir du lecteur anonyme.

Le roman de Diderot reste ouvert à deux lectures concurrentes : la réalité de la mystification et la fiction des mémoires s'offrent comme les deux faces d'un même projet romanesque. La préface-annexe en effet ne vise pas à faire croire à l'authenticité des mémoires de Suzanne, ni non plus à laisser entendre qu'il s'agit de fiction. Elle renvoie à la réalité – la mystification du marquis de Croismare par Diderot et ses amis –, et par là démystifie l'origine du texte : les mémoires de Suzanne ne sont pas l'authentique histoire d'une véritable religieuse, mais ils ne sont pas non plus une pure fiction, produit d'une invention spontanée. Ouvrant une fenêtre sur la réalité de l'auteur, la préface nous fait voir comment advient la fiction.

Mémoires adressés, manuscrit trouvé ou recueil de lettres, le roman destiné est un roman pour séduire. Le désir de lire, comme l'autre, ne s'éveille qu'à coup d'équivoques : les procédés en sont multiples, au XVIIIe siècle. Préfaces contradictoires, points de vue multiples, récits enchâssés, récits dédoublés, clivage et concurrence des messages : les romanciers s'ingénient à déployer les voix de la fiction, en laissant au lecteur le soin d'établir une hiérarchie entre elles.

Ces stratégies de séduction, pourtant, ne sauraient l'emporter sur le devoir de moralité, auquel est encore soumis le genre romanesque. Rares sont les avis d'éditeurs qui le négligent, au seuil des romans. Et l'on sait que la peinture la plus complaisante du libertinage est communément justifiée par son effet dissuasif : le lecteur, au XVIIIe siècle, n'était pas dupe de ce double discours. Mais le devoir de moralité requiert parfois, plus subtilement, le plaisir du lecteur. Faire aimer la vertu en la parant des attributs de la volupté, tel est l'ambigu projet de Loaisel de Tréogate dans sa préface à *Dolbreuse ou l'homme du siècle ramené à la vérité par le sentiment et par la raison :*

> dans un temps où l'imagination fait les frais de tous les plaisirs, peut-être faut-il parler davantage à l'imagination, et revêtir les idées de la raison des images de la volupté. Peut-être, à l'époque où nous sommes, est-il besoin de peindre Minerve avec les traits de Vénus, et de donner une physionomie riante à la Sagesse, afin de la rendre un objet de séduction pour les cœurs corrompus.[9]

La fiction romanesque, selon ce programme, est conçue comme un vêtement, comme une apparence engageante. Le romancier agit par ruse : il tend le bon message sous un emballage séduisant, qui le laisse à peine deviner. Le roman sera moral à condition d'être double : le but du roman – la « pratique du bien »[10] selon Loaisel de Tréogate – ne sera atteint qu'au prix de cette dissociation du texte, qui exhibe une

[9] Loaisel de Tréogate, *Dolbreuse ou l'homme du siècle ramené à la vérité par le sentiment et par la raison,* t. 1, Amsterdam, 1783, p. IX.

[10] *Ibid.*, p. 7.

parure, une « physionomie » plaisantes pour mieux faire passer le message moral. De fait, le héros, Dolbreuse, n'atteint à la sagesse – une philosophie du « tout est illusion dans ce monde »[11] –, qu'à la fin de sa vie, après que celle-ci s'est richement parée de toutes les aventures, de toutes le voluptés, de tous les crimes.

La dualité des messages, dans le roman du XVIIIe siècle, s'inscrit souvent dans un texte qui semble se plier sur lui-même, pour nous offrir simultanément les deux faces d'un même récit : vêtement et corps, physionomie et âme. Nous observerons ici quelques romans qui prennent la forme de diptyques[12], comme pour mieux donner à voir leurs deux côtés, et la charnière qui les relie.

11 *Ibid.*, t. 2, p. 186.

12 Le terme est bien sûr utilisé ici dans son acception figurée, pour désigner une œuvre littéraire en deux parties. On rappellera pourtant le sens du mot en histoire de l'art, qui correspond exactement à la forme romanesque que nous mettons en évidence : « Tableau pliant formé de deux volets pouvant se rabattre l'un sur l'autre » (Le Grand Robert).

CHAPITRE 2

L'épistolière et l'éditrice

Deux textes en un

Le premier roman que publie Mme Riccoboni, *Lettres de Mistriss Fanni Butlerd,* est l'une des nombreuses variations, qui paraissent dès la fin du XVIIe siècle, sur les *Lettres portugaises* (1669) de Guilleragues. Anonyme, il est présenté comme la traduction, par Adélaïde de Varançai, d'un recueil de lettres anglaises authentiques. Le roman n'en devait pas moins figurer, aux yeux du lecteur de 1757, comme un avatar du genre « portugais » : il reprend en effet le modèle formel et rhétorique de la lettre passionnée, adressée à son amant par une femme amoureuse, puis abandonnée – d'où son caractère littéraire, immédiatement reconnaissable. Fanni Butlerd, simple bourgeoise, envoie à Milord Charles Alfred Caitombridge, pair d'Angleterre, une centaine de lettres d'amour. L'amant répond, mais ses lettres ne sont pas reproduites. Longuement absent, après avoir obtenu de Fanni le sacrifice de sa vertu, il demande en mariage, à la fin du roman, une femme de son rang, et abandonne Fanni à sa douleur.

Les *Lettres de Fanni Butlerd* se distinguent du modèle portugais par une particularité formelle : l'héroïne n'annonce pas sa mort proche dans la dernière lettre, ni la fin de son activité épistolaire, mais la prise en charge éditoriale de ses propres lettres, qu'elle a réclamées à son amant, et qu'elle va publier elle-même. La distinction conventionnelle entre l'épistolière et l'éditeur qui recueille ses lettres n'est donc pas reprise : mais la distinction entre les lettres écrites une à une et le recueil qui les rassemble n'en est pas moins significative. Fanni explique à son amant, dans sa dernière lettre, l'usage qu'elle compte faire de ses lettres :

> Je vous dois une réponse, Mylord, et je veux vous la faire ; mais comme j'ai renoncé à vous, à votre amour, à votre amitié, à la plus légère marque de votre souvenir, c'est dans les papiers publics que je vous l'adresse.[1]

Or, cette réponse sera constituée des lettres mêmes de Fanni, adressées une seconde fois à son amant, mais toutes ensemble, et par la médiation publique d'un journal. Fanni transforme ainsi sa correspondance passionnée en recueil anonyme et fictif – puisque les noms propres sont changés –, destiné aussi bien à Alfred qu'au public. La dernière lettre fait écho à une brève préface, intitulée « Mistriss Fanni, à un seul lecteur », où Fanni, parlant d'elle-même à la troisième personne, justifie sa décision de publier ses lettres.

Le roman de Mme Riccoboni se présente à notre lecture sous deux statuts différents : une correspondance amoureuse, écrite dans l'urgence de la passion ; une correspondance (la même) reprise en recueil anonyme par son auteur, et offerte au public, à titre de vengeance, comme l'exemple d'une passion trahie. Le roman offre deux textes en un : à la première lecture, c'est l'exhibition de la parole amoureuse, et de son authenticité, qui frappe le lecteur. A la seconde lecture – celle que nous sommes invités à entreprendre dans la dernière lettre de Fanni –, se révèlent au contraire l'aveuglement de l'héroïne et sa capacité d'illusion. Fanni l'épistolière et Fanni l'édititrice nous tendent chacune un autre texte.

[1] Mme Riccoboni, *Lettres de Fanni Butlerd*, éd. Joan Hinde Stewart, Genève, Droz, p. 182.

La première croit à la vérité de la parole amoureuse, qui ne saurait se réduire à un style : la raison du cœur dicte sa loi, qui a la parfaite cohérence d'un système. Quels en sont les termes ? L'amour, selon Fanni, est un sentiment qui exige la sincérité :

> vous me trouverez vraie dans tous mes procédés. Je ne connais point l'art, ou, pour mieux dire, je le méprise ; toute feinte me paraît basse. (10)

C'est au nom d'un idéal de vérité et de noblesse du cœur qu'elle refuse le raffinement spirituel de la galanterie :

> Je ne saurais souffrir que l'on avilisse son être en adoptant ces paradoxes hardis, qui font briller l'esprit aux dépens du cœur, et ne tendent qu'à détruire en nous l'amour du bien et de l'humanité. (21)

A plusieurs reprises, Fanni oppose le cœur et l'esprit, qui commandent deux arts épistolaires différents, le sien et celui de son amant :

> J'écris pour calmer mon impatience, adoucir l'attente, vous prouver que mon cœur est sans cesse occupé de vous : j'écris pour écrire. Mon amant fait bien mieux ; il écrit pour peindre, enchanter : c'est toujours un tableau riant que sa plume dessine. L'esprit, l'amour et la variété brillent dans ses lettres ; moi, je dis, je vous aime, je répète, je vous aime. Il faut me le pardonner, mon cher Alfred ; c'est qu'en vérité, je ne pense que cela. (54)

Au risque d'être ennuyeuse, Fanni revendique un style « toujours vrai » (121). L'éloquence spontanée du cœur – « J'écris vite, je ne saurais rêver à ce que je veux dire » (121) – n'est que l'expression naturelle du sentiment, « principe de notre être », « mouvement dont la cause est divine » (115). Le langage amoureux n'est en aucune manière artificiel ou arbitraire, dans la mesure où il exprime immédiatement la vérité de l'être. Selon la doxa sentimentale, Fanni oppose la richesse du cœur à la fausseté de l'esprit et des productions de l'art, ainsi qu'au prestige de la naissance et de la fortune. Or, c'est à ces fausses richesses qu'Alfred succombe, à la fin du roman, lorsqu'il demande en mariage une femme de son rang.

La représentation de l'amour que propose Fanni a une cohérence à la fois impressionnante et inquiétante : fondée sur un dogme métaphysique – l'origine divine du sentiment –, elle ordonne une vision globale de l'homme, dans ses dimensions morale, sociale, esthétique et psychologique. Le caractère totalitaire de cette loi de l'amour apparaît dès que Fanni en pose les premières exigences : plus que l'objet d'une foi ou d'une conviction intime, l'amour est soumis à une légalité contractuelle :

> Que je vous jure de vous aimer toujours : ah ! je vous le jure par l'honneur, par la vérité, par vous-même. Votre cœur est l'autel sacré qui reçoit mes serments. (43)

Fanni exige de son amant des serments réciproques, puis elle s'enferme dans une adoration solitaire et monomaniaque :

> une autre s'ennuierait, [dit-elle en parlant de son amie Betsi] se lasserait de passer tout le jour auprès d'une imbécile comme moi, qui n'ai qu'un objet dans l'esprit, dont je parle sans fin, sans cesse. (125)

La lettre est l'instrument d'un mode de communication solipsiste : l'épistolière échafaude un monde imaginaire autosuffisant, qui l'isole peu à peu de son amant réel. Les doutes et les divisions du sujet, l'épreuve du temps, celle de l'altérité dans la relation amoureuse, sont niés par Fanni : mais c'est au prix d'une coupure radicale, à la fin du roman, entre sa passion et la réalité de son amant. Ainsi, l'exigence de sincérité et de parole vraie se retourne en son exact contraire : les serments trahis jettent rétrospectivement leur lumière sombre sur la passion, et en dévoilent l'erreur. Non seulement Fanni a été trompée, mais elle s'est trompée :

> cette idole chérie [l'amant], adorée, dénuée des ornements dont mon imagination l'avait embellie, ne m'offre plus qu'une esquisse imparfaite ; je rougis du culte que j'aimais à lui rendre. Ainsi mon cœur trompé par ses désirs, éclairé par ses peines, n'a joui que d'une vaine erreur. (191)

La conscience de l'erreur vient très tard : précisément, à la cent unième lettre d'un roman qui en compte cent seize. Les cent premières décrivent le procès complexe par lequel la passion parvient à l'autonomie, tout en s'adressant avec exaltation à celui qui en est l'objet. L'épistolière use de divers moyens pour s'enfermer peu à peu dans la forteresse de sa passion. Le style de Fanni, d'abord, contribue à faire de son amour un pur rapport à soi. Elle multiplie les formules d'autopersuasion :

> Vous ne me quitterez pas sans regret, mon cher Alfred, car vous m'aimez, vous m'aimez beaucoup ; je me le dis souvent. J'ai besoin de me le dire, quand je ne vous vois point. (56)

Ou plus loin :

> Quoi, pas une ligne en route? courez-vous donc toujours? m'auriez-vous oubliée? non, je ne le crois pas, je ne veux pas le croire. (63)

Fanni joue sur les pronoms, transformant le je en elle, faisant de la lettre un récit qui actualise son désir. Elle personnifie et interpelle des instances abstraites, qui prennent la place de l'amant :

> Eh bien, venez donc idée d'un amant que j'adore ! emparez-vous de toutes les puissances de mon âme. (43)

Elle instaure des dialogues fictifs, où elle affabule la présence de son amant et lui prête des répliques. C'est par un intense travail imaginaire que Fanni parvient à remplacer son amant absent par un substitut qu'elle peut s'approprier :

> Ah qu'on me laisse tout ce qui vient de lui, tout ce qui le représente à mon cœur, à mes yeux ! Puis-je trop multiplier des images si chères ? (31)

Fanni collectionne et fétichise les « images » de son amant. Ainsi les lettres d'Alfred le remplacent avantageusement :

> Que votre lettre est tendre ! qu'elle est vive ! qu'elle et jolie ! je l'aime... Je l'aime mieux que vous : je vous quitte pour la relire. (16)

Fanni porte sur son sein les lettres qu'elle reçoit ; comme Arpagon, elle s'isole pour les relire, pour en jouir :

> Votre portrait sur ma table, vos lettres éparses dans mon sein, sur mes genoux ; le tiroir renversé, le porte-feuille ouvert, je contemplais mes richesses. (120-121)

Le portrait d'Alfred lui permet toutes sortes de projections imaginaires :

> Je vais me mettre au lit, votre portrait y vient avec moi, nous allons dormir ensemble... dormir ! Ce portrait-là ne vous ressemble guère, il ne vous ressemble point du tout. (62)

Ailleurs encore, elle le traite comme une personne, le gronde, le punit, le console. Elle imagine un sanctuaire consacré à la seule gloire de son amant : le portrait y aura la place du

> patron révéré, le plus révéré de mon ermitage : couronné de fleurs, et couvert d'un voile léger, il ne sera vu que de moi ; il sera toujours le dieu de mon cœur. Je lui adresserai des vœux qui ne le toucheront plus : n'importe ; je sentirai toujours de la douceur à m'occuper de lui, mais en secret. (71)

Cette utopie, donnée au futur, n'est que le miroir de la situation de Fanni : à la fois divisé et multiplié en représentations fragmentaires, Alfred est un jouet entre les mains de Fanni :

> Vous enviez le bonheur de cet enfant, si étonnée de votre air occupé ; *la jolie petite machine est heureuse, une balle lui suffit :* oui, mais elle tient vivement à ce jouet. En vérité, mon cher Alfred, une balle nous suffit à tous. [...] Par exemple, vous êtes la mienne ; et si on voulait me la prendre, je crierais de toute ma force. (77)

L'égoïsme infantile de la passion de Fanni ne saurait mieux s'avouer.

Où l'amoureuse se mue en éditrice

Amoureuse fétichiste et naïve, Fanni vit dans un perpétuel déni de réalité, croit aux serments d'Alfred, revendique une parfaite sincérité. Le discours de sa passion n'en est pas moins miné par la crainte que son amant ne soit infidèle ou perfide.

Cette menace, présente dès la première lettre, nous avertit insidieusement que Fanni connaît le destin de son amour. Elle ne fait que revivre et réécrire le texte d'un roman connu de tous : à l'hypothétique, à l'impératif, au futur ou sur le mode interrogatif, Fanni redit sur tous les tons son effroi à l'idée d'être trompée un jour. L'expérience, les propos de ses amies, la littérature l'assurent qu'il n'est pas d'amour éternel :

> Rien de plus libre que l'amour. *Il est,* dit Pope, *libre comme l'air:* on peut désirer de le fixer, mais c'est le plus vain des projets de vouloir le retenir. (69)

Conformément à la tradition féminine du soliloque amoureux, Fanni doit à la fois croire à son amour et craindre la trahison de son amant. De même Crébillon, dans les *Lettres de la Marquise de M* au comte de R*,* parodie le codage littéraire de la passion féminine, qui se nourrit de la certitude toujours déniée de sa fin.

Fanni, d'une part, professe de manière sentencieuse une morale de la sincérité qu'elle pratique, et qu'elle attribue aux femmes. D'autre part, ses craintes, ses prémonitions, ses dénégations, étroitement imbriquées dans le discours amoureux et confiant, viennent sans cesse le mettre en doute. L'annonce de la trahison confère à Fanni une lucidité immédiate, et le roman semble s'achever par une conclusion univoque. Une vision pessimiste de l'amour comme illusion, comme erreur – vision proche de celle des moralistes classiques – vient contester, dès la cent-unième lettre, l'utopie sentimentale de la communication vraie entre les cœurs sensibles. Le roman s'arrêterait à l'avant-dernière lettre qu'on serait en droit de penser que Mme Riccoboni plaide pour une intelligence et une lucidité capables de ruiner les fausses séductions de l'amour.

Données pour authentiques, les lettres de Fanni étaient un discours de l'amour vrai ; dès lors que l'amour n'est plus qu'erreur et mensonge – « Vous n'êtes point celui que j'aimais, non vous ne l'êtes point ; vous ne l'avez jamais été » (177) –, les lettres deviennent roman. Fanni décide de les publier dans le mouvement même qui voit la vérité de la passion se réduire à une illusion. L'authenticité des lettres est ainsi soumise au même soupçon que l'authenticité de l'amour. Au plan de la régie éditoriale, la dernière lettre renvoie à l'avis liminaire : le lecteur est prié de revenir au début, et de relire l'ensemble des lettres comme le roman d'une femme abandonnée. Simultanément, la lettre 116 – la dernière – renvoie à la première, par un rappel d'ordre thématique : les réflexions finales de Fanni sur l'illusion propre à l'amour sont annoncées dès la première missive :

> une douce erreur forme tout l'agrément de notre vie. Heureux par de riantes illusions, qu'a-t-on besoin de la réalité ? (5)

Ce double renvoi, à partir de la lettre 116, retourne et renverse le texte que le lecteur est en train d'achever. Alfred, destinataire légitime et privilégié des lettres de Fanni, devient un lecteur parmi d'autres du recueil publié. Le texte est proposé à deux lectures concurrentes : il se replie sur lui-même à la lettre 116, la dernière envoyée à Alfred, qui devient la première du recueil. Fanni y expose en effet les raisons de son geste, par lequel l'amoureuse se mue en éditrice. On assiste à la subversion d'un modèle de communication. Les lettres sont distraites de leur destination première, et proposées à une lecture critique, objective. Une double interprétation est imposée par un travail de régie narrative qui déploie le même ensemble de lettres pour deux regards différents – celui de la passion immédiate, celui du témoignage critique. Pliées l'une sur l'autre, indissociables, les deux vérités psychologiques de Fanni – la passion, la lucidité – ne sont pas réconciliées. Ce sont de vraies lettres, spontanées et sincères, nous disait Fanni, et ma passion s'y donne à lire dans toute sa vérité immédiate. Les publiant, elle nous dit autre chose : c'est un roman, et c'est l'histoire d'une erreur.

Mais Fanni ne s'en tient pas à cet aveu d'impuissance désenchantée. En effet, le recueil qu'elle publie n'est pas uniquement destiné à dénoncer les illusions de l'amour, mais aussi à glorifier la passion. Car le bonheur, aux yeux de Fanni, a plus de prix que la lucidité. Telle est la leçon de l'avis liminaire :

> Le désir de faire admirer son esprit ne l'engage point à publier ces lettres ; mais celui d'immortaliser, s'il est possible, une pas-

> sion qui fit son bonheur, dont les premières douceurs sont encore présentes à son idée, et dont le souvenir lui sera toujours cher. [...] Son amour était en elle la source de tous les biens ; vous l'empoisonnâtes cruellement ! Elle ne hait point l'amour, elle ne hait que vous. (3-4)

Ainsi, la seconde lecture que nous propose le roman est aussi ambiguë que la première. Les lettres authentiques, envoyées une à une, étaient l'instrument de l'amour vrai, mais elles trahissaient aussi l'égoïsme de cette écriture auto-séductrice. Le recueil publié est un hymne à la passion, et en même temps le témoignage vengeur d'un amour trompé. Les deux messages, à chaque fois, coexistent : nul privilège n'est accordé, ni au bonheur illusoire, ni à la lucidité douloureuse.

Le roman de Mme Riccoboni superpose deux morales de l'amour, et deux points de vue sur le texte : en effet, la morale sincère est solidaire de la foi dans l'authenticité des lettres ; la morale pessimiste converge, chez Fanni, avec sa décision d'instaurer une distance littéraire entre elle et son recueil. L'avis de l'héroïne insiste sur cette distance : Fanni parle d'elle, à la troisième personne, comme d'un personnage fictif, et pour dire ce que dit aussi un autre personnage de roman, la religieuse portugaise : « Elle ne hait point l'amour, elle ne hait que vous » (4).

Publiant ses lettres, Fanni accepte ce patronage de la littérature : en reconnaissant que son amour était une erreur et une illusion, elle avoue aussi qu'il n'était ni unique ni authentique. Entièrement préfigurée par le roman portugais, son expérience était en quelque sorte d'emblée romanesque. Mais Fanni n'en a pas moins été sincèrement amoureuse, lorsqu'elle reproduisait les conventions littéraires de l'amante abandonnée.

Les *Lettres de Mistriss Fanni Butlerd* posent de manière emblématique un problème clé du roman au XVIIIe siècle : des *Illustres Françaises* de Challe à la *Nouvelle Héloïse* de Rousseau, les romans ne cessent de mettre en scène leur rapport au vrai. Mme Riccoboni illustre de manière remarquablement problématique le refus de trancher, entre le vrai et le fictif. Son roman, qui peut se plier sur lui-même tel un diptyque, est à la fois un recueil de lettres authentiques traduites de l'anglais, et une fiction épistolaire que Fanni livre au public. Il est vrai et faux à la fois, comme Fanni est à la fois sincère et comédienne.

Le roman de Mme Riccoboni articule une question morale et une question esthétique : en montrant la solidarité de l'erreur et de la sincérité, dans l'ordre des sentiments, il plaide, dans l'ordre de la littérature, pour une représentation de la vérité des émotions compatible avec les modèles littéraires qui les informent. Les *Lettres de Mistriss Fanni Butlerd* montrent exemplairement la place qu'occupe le roman du XVIIIe siècle, entre deux conceptions de la littérature : celle de l'âge classique, qui regarde les belles-lettres comme des variations sur les lieux rhétoriques, et celle du romantisme, qui fonde la littérature sur une croyance dans la vérité singulière de la parole subjective. Entre ces deux positions, le roman du XVIIIe siècle occupe une place qui lui est propre : celle d'un espace proprement littéraire, où la prégnance des modèles n'est pas reniée par le désir d'une mise en scène véridique de l'expérience humaine. Comme l'amour de Fanni est à la fois vrai et leurré, le roman est lui aussi vrai et fictif, indiscernablement. Aussi tend-il au lecteur un texte dédoublé, où les messages et les morales s'annulent réciproquement.

Dans la seconde préface à la *Nouvelle Héloïse,* l'interlocuteur de Rousseau demande obstinément à l'auteur : est-ce une fiction, ou Julie a-t-elle existé ? Rousseau se refuse à répondre. La plupart des romans des Lumières répètent ce refus, laissant au lecteur un doute, qui l'oblige à situer sa propre lecture dans l'ordre du relatif.

CHAPITRE 3

Les confidences croisées

Récits parallèles

La double adresse, on l'a vu dans le roman de Mme Riccoboni, désigne le double statut du texte : le procédé est repérable aussi dans *Paméla.* C'est par la mise en scène de sa lecture – officielle pour les parents, officieuse pour M. B. – que le roman de Richardson se dédouble. Comme le public dans les *Lettres de Mistriss Fanni Butlerd,* comme les deux libertins – Valmont et Mme de Merteuil – dans les *Liaisons dangereuses* de Laclos, M. B. est un lecteur indiscret.

Le procès de communication, dans le roman du XVIIIe siècle, s'avère souvent complexe : dans sa production, sa destination et sa réception, le message se prête à chaque fois à une nouvelle interprétation. Si le même texte peut servir à des lectures diverses, comme dans de nombreux romans par lettres, la même histoire peut être narrée en deux récits parallèles et concurrents. Ce n'est plus la lecture qui produit le dédoublement du roman, mais l'écriture même : deux récits se font face, assumés par deux narrateurs différents. Mais une charnière assure leur jointure : c'est par les destinataires internes que les deux textes se touchent, et forment un diptyque. Telle est la structure des *Heureux Orphelins* de Crébillon.

Paru en 1754, ce roman qu'on a souvent dit inachevé met en scène une intrigue amoureuse racontée deux fois, successivement, en deux récits parallèles. Le premier récit prend la forme d'une confidence de l'amante trompée – la duchesse de Suffolk – à une jeune fille, pour l'avertir des dangers de la séduction masculine. Le second est constitué d'une série de huit lettres de l'amant infidèle – le duc de Chester –, adressées à un duc français, qui fit son éducation libertine. Ces deux confidences adressées, écrites à la première personne, sont insérées dans un récit premier, à la troisième personne, qui offre en quelque sorte un cadre aux deux récits enchâssés. Mais ce cadre – la première partie du roman – ne se refermera pas après les deux récits formant le diptyque : d'où l'hypothèse de l'inachèvement.

Qu'en est-il du récit cadre ? Un narrateur y raconte la jeunesse de deux orphelins, trouvés dans une corbeille, encore vagissants, par le chevalier Rutland, gentilhomme anglais. Ce message anonyme accompagne les deux enfants :

> Une destinée inévitable abandonne ces malheureux enfants à vos soins ; et l'on vous connaît trop pour croire que dans leur infortune, l'on eût pu leur choisir un protecteur plus généreux. Ils sont jumeaux, et d'un sang qui les rend dignes des bienfaits que leur état exige de vous. Si vous daignez, comme on l'espère d'un si honnête homme, avoir pitié de leur misère, vous n'aurez pas lieu de vous en repentir. Peut-être saurez-vous un jour pourquoi on vous les confie par préférence à tout autre : en attendant, bornez une curiosité, qui, dans ce moment, vous serait inutile, à savoir qu'ils sont l'un et l'autre baptisés sous le nom d'Edouard, et de Lucie. Adieu.[1]

[1] Crébillon fils, *Les Heureux Orphelins, histoire imitée de l'anglais,* Desjonquères, 1995, pp. 42-43. Deux études sur ce roman sont à signaler : la présentation de Jean Dagen dans l'édition Desjonquères, ainsi qu'un chapitre du livre de Jean Rousset, *Leurs yeux se rencontrèrent. La scène de première vue dans le roman,* Paris, J. Corti, 1981, pp. 191-201.

Sans hésitation, le chevalier décide de prendre en charge les deux enfants. Il leur fera donner une éducation digne du rang qu'il leur suppose. Edouard choisit le métier des armes. Lucie, élevée au couvent, devient une belle jeune fille, dont le chevalier tombe amoureux. Il n'avait, jusque-là, jamais éprouvé d'amour véritable pour une femme. Il tente de combattre sa passion, devient mélancolique, se déclare à mots couverts, et propose enfin à Lucie de l'épouser : mais la jeune fille, qui le considère comme son père, ne saurait répondre à des sentiments qu'elle ignore. Après une scène nocturne au cours de laquelle Rutland s'est laissé emporter par ses désirs, Lucie se résout à fuir, en laissant à son tuteur une longue lettre d'adieux. Elle se rend à Londres, où elle trouve une protectrice, avant d'être courtisée par un libertin, lord Chester. Pour lui échapper, elle quitte Londres, et rencontre à Bristol la duchesse de Suffolk, qui la prend auprès d'elle comme dame de compagnie.

C'est là que s'achève le récit premier : bouleversée par une rencontre imprévue qu'elle vient de faire à Bristol – celle de son ancien amant –, la duchesse de Suffolk s'apprête à faire à Lucie la confidence de son amour et de ses malheurs. L'histoire de Lucie et du chevalier Rutland est abandonnée : l'énigme qui pèse sur la naissance d'Edouard et de Lucie ne sera pas éclaircie.

Inachevé, ce petit roman[2] sert d'amorce aux deux récits parallèles de Mme de Suffolk et du duc Chester. Formellement, les deux récits enchâssés et le récit cadre sont liés entre eux par le jeu des destinataires internes. Actrice dans le récit premier, Lucie devient la destinataire de la confidence de Mme de Suffolk. Narratrice de sa propre histoire, la duchesse deviendra la lectrice des lettres de Chester, son ancien amant. Lectrice indiscrète, puisque ces lettres ont été interceptées par la

[2] C'est cette partie du roman de Crébillon qui est imitée de l'anglais : plus précisément, du roman d'Eliza Haywood, *Fortunate Foundlings* (1744). Voir à ce sujet, et sur la structure narrative du roman, l'article important de Bernadette Fort, « *Les Heureux Orphelins* de Crébillon : de l'adaptation à la création romanesque », *Revue d'histoire littéraire de la France*, n° 4, juillet-août 1980, pp. 554-573.

Reine[3], avant qu'elles ne parviennent à leur destinataire légitime : le duc français. Par ailleurs le personnage du libertin Chester, présent dans le récit premier, figure aussi dans la confidence de la duchesse, mais sous un autre nom : lord Durham. Aussi Lucie n'aperçoit-elle pas d'emblée le lien entre son histoire et celle de sa protectrice : les deux femmes ne se rendent compte qu'à la fin du récit qu'elles ont été en butte aux attaques du même séducteur.

Lucie, Chester et Mme de Suffolk occupent tous trois des places diverses dans les trois récits qui constituent le roman : tantôt acteurs, tantôt narrateurs, tantôt destinataires, autorisés ou indiscrets. Passant d'un rôle à l'autre, ils font valoir, aux yeux du lecteur, le caractère relatif et peu sûr des trois récits : le point de vue de Lucie sur Chester, à la fin du récit premier, apparaît comme une vérité partielle lorsqu'on le compare à celui de la duchesse, beaucoup plus lucide et mieux informé. Mais la confidence de la duchesse n'offre elle-même qu'une vérité leurrée, au regard de la version des faits que propose Chester.

Sur la passion, sur le désir, les discours se croisent, et se désignent les uns les autres comme des erreurs. Nul narrateur extérieur ne vient commenter, ou hiérarchiser, les deux récits parallèles. Miroirs l'un de l'autre, ils se referment l'un sur l'autre à la faveur d'un point de jonction, qui les articule : la lecture indiscrète de Mme de Suffolk. Actrice, puis narratrice de l'histoire d'amour et d'abandon qu'elle livre à Lucie, elle occupe enfin une place cruelle, désespérante : celle où se rencontrent, cyniquement, l'amour et le savoir. Savoir intempestif, en outre, puisqu'il vient trop tard : nulle réparation de l'erreur n'est plus possible, et Mme de Suffolk, publiquement déshonorée, et le sachant, n'a d'autre issue que l'exil. Cependant, elle fuira guérie enfin de son amour : c'est ce qu'espère, en tout cas, le comte Dorset, un ami, qui lui remet les lettres de Chester.

[3] Les personnages principaux, Mme de Suffolk et Chester, appartiennent en effet à la Cour.

Cette fuite et ce déshonneur constituent, chronologiquement, le dernier mot de l'*histoire,* et ils consacrent le triomphe du libertin. Mais ce n'est pas le dernier mot du *roman :* celui-ci se termine par la huitième lettre de Chester, qui rapporte des événements antérieurs à ceux qui concluent la confidence de Mme de Suffolk. En outre, Chester annonce une autre lettre, qui n'est pas livrée. Mais cette suite, nous la connaissons : il s'agit des tentatives de séduction à l'égard de Lucie, racontées à la fin du récit cadre. En effet, c'est pour retrouver Lucie que Chester s'est rendu à Bristol, où Mme de Suffolk a fait la connaissance de la jeune fille puis, bouleversée par sa rencontre inopinée avec Chester, à Bristol même, a commencé sa longue confidence. Il y a ainsi décalage temporel dans le récit, entre deux moments des aventures de Chester : son abandon de Mme de Suffolk est raconté dans sa dernière lettre, alors que ce qui suit – à savoir la poursuite de Lucie – a été raconté antérieurement, à la fin du récit cadre. Ainsi, le lecteur qui achève le roman est en quelque sorte invité à revenir en arrière, pour connaître la suite de la carrière du libertin. Les trois récits qui constituent le roman renvoient les uns aux autres, dans un mouvement circulaire. Le roman de Crébillon fait retour sur lui-même, comme les *Lettres de Mistriss Fanni Butlerd* de Mme Riccoboni : dans les deux cas, les romanciers semblent vouloir refuser à la fin du roman la fonction privilégiée de l'épilogue, où les divers discours qu'organise le roman, les valeurs qu'il met en scène se trouveraient hiérarchisés. Face au double récit des *Heureux Orphelins,* face à l'indécision que provoque la circularité du roman, le lecteur se retrouve en quelque sorte orphelin de la vérité.

Morale sensible et défi libertin

Les deux voix qui nous transmettent l'histoire des deux amants – la voix de Mme de Suffolk et celle de Chester – ne sont pas parfaitement univoques. Les deux récits ne dressent pas face à face le discours de la passion vraie et celui du libertinage arrogant.

Mme de Suffolk fait le récit de ses amours avec Chester alors qu'elle sait qu'elle a été trompée : le point de vue de la femme amoureuse est ainsi constamment nuancé, voire démenti, par celui de la femme informée, qui dénonce, rétrospectivement, les illusions de l'amour. Veuve vertueuse, elle découvre la passion en rencontrant Chester, et ne se donne à lui qu'après avoir obtenu une promesse de mariage. Mais dès ce moment-là, elle remarque de cruelles différences entre son amour et celui que manifeste Chester :

> Impétueux dans les plaisirs auxquels il semblait se livrer, encore plus par vanité que par goût, uniquement soutenu auprès de moi par les désirs, dans ces moments où, si les sens sont tranquilles, le cœur n'en doit pas être moins occupé, je ne trouvai pas en lui cette chaleur de sentiment qui m'aurait été si nécessaire. Il m'écoutait, sans émotion, lui dire ce que l'amour peut inspirer de plus tendre et de plus doux, et ne me répondait que par quelques mots que l'usage a sans doute consacrés à cette sorte de situation. (128)

Bien avant qu'elle n'apprenne la trahison de Chester, Mme de Suffolk est en proie à de constantes alarmes : elle comprend, à de nombreux signes, que son amour est sans commune mesure avec les désirs de Chester. Consciente de cette différence, elle hésite sans cesse entre la lucidité, qui la condamne à la souffrance, et l'erreur consolante :

> Qu'on se dit quelquefois, quand on aime, de cruelles vérités ! que c'est inutilement qu'on se les dit ! et qu'il serait affreux, en effet, quand on ne se trompe point, de ne pouvoir jamais se persuader qu'on se trompe ! combien de fois, un seul regard, non aussi tendre que je l'aurais désiré, mais seulement un peu plus doux que ceux qu'ordinairement il m'accordait, a-t-il anéanti toutes les preuves que j'avais de son indifférence ! (137)

Mme de Suffolk n'a pas attendu d'être trahie pour exercer son art de l'analyse à son propre égard : aussi l'amour ne cesse-t-il de le disputer à la conscience de l'indignité de son amant :

> Que j'étais honteuse d'aimer, et que cependant j'aimais encore ! Qu'il m'était en même temps douloureux et nécessaire de parler

de ce cruel sentiment, qui remplissait encore toute mon âme, et que rien n'en avait pu bannir ! (142)

La simultanéité du bonheur et du malheur d'aimer, de l'illusion et de la lucidité, fait apparaître la nécessité de l'erreur amoureuse, constitutive de l'amour même. Ce n'est qu'une fois la trahison confirmée que Mme de Suffolk acquiert des certitudes, et peut passer à l'accusation :

> Cet air simple, doux et modeste, qui, de tous ses agréments, était celui qui m'avait frappé le plus, parce qu'il avait semblé me promettre plus de sensibilité et de reconnaissance de sa part, cachait l'âme la plus fourbe, la plus impénétrable au sentiment, un esprit faux et la vanité du monde la plus puérile, et en même temps la plus dangereuse. (135)

Mais cette condamnation est prononcée après coup. La certitude de son erreur – dont, pourtant, elle se doutait – provoque chez Mme de Suffolk un bouleversement de tout l'être : elle apprend par la reine la forfaiture de Chester :

> Les dernières paroles de la reine, qui m'apprenaient combien cruellement j'avais été abusée, me causèrent une si étrange révolution, que je tombai évanouie à ses pieds. [...]
> Grand Dieu ! ma chère Lucie, eh ! comment vous peindrais-je l'état affreux où me mit la scélératesse de ce perfide ! avec quelle indignité, il avait abusé de ma bonne foi ! quelle audace dans le mensonge ! quel sang-froid dans la trahison ! et quel supplice de trouver tant d'horreur dans ce que l'on a assez estimé, pour ne pas craindre avec lui une union éternelle ! (139-140)

Chester confirmera lui-même, froidement, sa trahison à Mme de Suffolk, qui s'évanouira une fois encore. Elle déclare ensuite n'éprouver que de la haine et du mépris pour son amant, ainsi que de la honte d'être l'objet du déshonneur public. Cependant, elle ne saurait condamner sa propre passion, et ne se sent pas humiliée d'avoir aimé un ingrat. Elle avoue même à Lucie que la rencontre inopinée de Chester, à Bristol, lui a fait comprendre qu'elle n'était pas guérie :

> Hélas ! faut-il vous l'avouer ? je n'ai pu le revoir, sans sentir réveiller dans mon cœur, ces cruels sentiments, qui font l'op-

> probre de mes jours. Un seul instant de sa fatale présence, me les a tous rendus ; et la honte que je me fais d'une faiblesse si inexcusable, ajoute à mon supplice, et ne me rend pas à ma raison. (146)

De même que Fanni Butlerd dans le roman de Mme Riccoboni, Mme de Suffolk voit avec stupeur cohabiter en elle des sentiments d'amour – qui lui interdisent de condamner sa passion –, et la certitude que son amour était nourri d'illusion.

J'ai aimé, mais j'ai été trompée, dit en substance Mme de Suffolk. J'ai été lucide, mais je n'ai jamais aimé, dit Chester. Née de deux positions antagonistes, l'amertume des narrateurs est la même, mais inversée. Le double récit met en scène deux désillusions croisées. Chester, de fait, racontant ses aventures par lettres, ne cesse d'évaluer ses entreprises libertines. Il brosse de lui-même un portrait sans complaisance : il est atteint par le « spleen » que lui inspirent sa lucidité et son cœur perpétuellement froid.

Prévoyant d'attaquer trois femmes à la fois, Mme de Rindsey, Mme de Pembroock et Mme de Suffolk, Chester mène ses conquêtes avec calcul, mais sans appétit ni plaisir. C'est par devoir libertin, mais de la manière la plus désabusée, qu'il fait céder Mme de Rindsey : « Que j'avais peu d'amour ! Que je le savais bien ! et que dans le fond elle y perdait peu ! » (243). Chester joue à réussir ses conquêtes, en toute conscience. Il se traite de fat, et considère avec dérision « les événements d'une vie aussi frivole que la mienne » (177). Il moralise, et ne se voit que comme un symptôme du siècle :

> Le nord-est souffle, j'ai du *spleen ;* ma tête est en proie aux plus noires idées ; j'en veux à toute la nature, à moi le premier, qu'ordinairement je ne prise guère, et de qui je fais aujourd'hui moins de cas encore que de coutume. J'ai beaucoup moralisé : je vous fais peur, rassurez-vous ; je vous fais grâce. Je crois pourtant que mes réflexions étaient fort solides, et peut-être assez neuves ; j'avais trouvé d'assez belles choses contre mon siècle, ce siècle si faussement appelé, à ce qu'il me semble, le siècle des lumières, et de la philosophie. Je croyais avoir vu que nous avons plus sacrifié aux passions qu'à la raison, plus immolé de

principes, que nous n'avons extirpé de préjugés. Je me flattais même d'avoir prouvé que jamais nous n'avons été moins éclairés, puisque jamais nous n'avons été plus vicieux, ou que du moins, nous ne l'avons jamais été avec plus d'éclat, et moins de retenue. (205)

Si Mme de Suffolk le retient plus que les autres, ce n'est pas qu'il l'aime ou la désire davantage, c'est qu'elle lui offre l'image même de ce dont il est privé : la vie du cœur, la force du sentiment, la crédulité de l'imaginaire amoureux. Se souvenant du désordre et du délire qu'il éprouva lors de sa première aventure, Chester ne peut que se plaindre de la « cruelle tranquillité » où il se trouve : « Que mettent-elles [l'habitude et l'expérience], en effet, à la place des douces chimères dont elles nous privent, et que gagnons-nous à voir ou à imaginer les objets tels qu'ils sont ? » (233)

C'est à l'occasion de la conquête de Mme de Suffolk que Chester, élève d'un libertin français, est conduit à exposer à son maître les limites de son enseignement. Le début de sa septième lettre propose une admirable critique des « funestes lumières » qu'il a acquises :

> Vous et moi, par exemple, nous nous croyons philosophes, et je craindrais que nous ne fussions qu'insensés, s'il pouvait nous être de quelque importance de savoir bien précisément ce que nous sommes à cet égard ; mais, quelque chose que nous soyons, ce qui me paraît beaucoup moins douteux, c'est que nous prisons nos connaissances bien au-delà de ce qu'elles valent, et que nous ne prenons pas assez garde à ce qu'elles nous coûtent. Il est très beau, sans doute, de savoir lire parfaitement dans le cœur d'une femme ; d'en discuter tous les mouvements avec autant de justesse que de profondeur, et d'y découvrir ceux qui y naissent, quelquefois avant qu'elle-même se soit aperçue de leur existence ; mais j'ose encore soutenir qu'il y aurait pour nous beaucoup plus de plaisir à en être la dupe, qu'il n'y a de gloire à les connaître si bien. Que devons-nous en effet, à ces funestes lumières dont nous sommes si vains, et de quoi nous ont-elles sauvés ? Nous avons connu de l'amour, tout, hors ses plaisirs : nous n'avons donc pas été raisonnables, et sûrement, nous n'avons pas été heureux. (234-235).

Mme de Suffolk, au contraire, a connu « les désirs, les transports, le délire même de l'amour » (264) ; le sentiment, chez elle, « aime à s'abuser sur ce qui peut le rendre heureux » (248). Ce pouvoir d'aimer, certes, ne suffit pas à convertir Chester ; mais il lui inspire un « mouvement » inconnu de lui :

> Tout indifférent que j'étais dans le fond, je ne sais quel mouvement auquel, malgré tous mes efforts, je ne pouvais résister, me dictait pour elle des égards que je n'avais jusque là cru devoir à quelque femme que c'eût été. (264)

Ainsi, à la fin de son récit, dans la huitième lettre, Chester analyse le comportement de Mme de Suffolk après sa chute dans des termes qui ressemblent fort à ceux de l'héroïne, dans sa confidence à Lucie. Mais si Mme de Suffolk décèle, et dénonce, la part de la vanité dans le désir que Chester montre pour elle, Chester, quant à lui, fait l'éloge de la supériorité de sa maîtresse :

> que son sentiment lui donnait d'avantage sur moi ! Que malgré tout mon art, elle le sentait bien, et que sa supériorité lui était cruelle, où l'égalité seule aurait pu la satisfaire ! J'étais étonné, je l'avoue, qu'une femme qui sûrement parlait amour pour la première fois, l'emportât si hautement sur moi, malgré ce brillant jargon d'habitude que je possède, et ce recueil de phrases galantes avec lesquelles j'ai si souvent ébloui. (265)

Chester n'en va pas moins poursuivre sa carrière de libertin et, après la conquête des trois dames, tenter celle de Lucie. Le « roman » du libertin est sans fin, puisque, on l'a vu, la dernière lettre de Chester annonce une suite, qui nous reporte au récit cadre.

Si le roman présente la forme d'un diptyque, on s'aperçoit aussi qu'il confronte deux attitudes, face à l'amour, à la fois contradictoires et convergentes. En effet la sentimentalité sincère et passionnée de Mme de Suffolk se nourrit d'erreur, et le libertinage froid de Chester s'avoue comme une erreur. C'est le cœur, l'imagination qui se leurrent, d'un côté ; de l'autre, c'est l'esprit. La symétrie des deux récits, le double point de vue qu'ils présentent, n'organisent aucun conflit de valeurs, entre lesquelles le lecteur aurait à choisir. Au contraire, la lecture parallèle donne plutôt le sentiment que la passion de

Mme de Suffolk – heureuse illusion – s'est enrichie et déniaisée, en se heurtant à la fausseté de Chester. De même, le libertinage froid de Chester s'est trouvé mis en question par la générosité de sentiment de Mme de Suffolk. Ainsi, le roman semble nous refuser la possibilité même de préférer l'une ou l'autre des deux attitudes représentées : en effet, il nous invite à déceler, sous la morale sensible comme sous le défi libertin, le défaut, l'illusion, le leurre.

Roman critique, *Les Heureux Orphelins* agencent de la plus subtile manière la mise en cause réciproque du libertinage et de l'amour sentimental. Codées par la littérature romanesque du XVIIIe siècle, ces deux attitudes figurent dans le roman de Crébillon, à travers les personnages de Mme de Suffolk et de Chester, deux morales inconfondables, qui pourtant se trouvent minées l'une par l'autre.

Les deux pans du diptyque se referment étroitement l'un sur l'autre, à la faveur du récit cadre, qui pourtant demeure ouvert : on ne retrouve pas Lucie après le double récit. Or, c'est à elle que reviendrait le soin de conclure, ou plutôt celui de choisir un comportement adéquat : si elle n'a pas lu les lettres de Chester, elle a reçu l'entière confidence de Mme de Suffolk. Dûment avertie, échappera-t-elle aux poursuites du libertin ? Le chevalier Rutland, qui la recherche, la retrouvera-t-il ? Ces questions restent sans réponse, comme les énigmes du récit premier. De naissance inconnue, seule au monde, chassée par l'amour illégitime de son protecteur, traitée tantôt comme un vil objet de plaisir (par Chester), tantôt comme une fille de condition (par Mme de Suffolk), Lucie se trouve, face à la vie, devant de cruelles incertitudes. Vertueuse et avertie, mais offerte à tous les dangers de l'amour, elle figure peut-être notre position de lecteur, face à la double histoire des *Heureux Orphelins*. Entre les froids calculs de Chester et la généreuse passion de Mme de Suffolk, entre la lucidité désenchantée du premier et la conscience douloureuse de l'amour trahi, chez la seconde, le lecteur ne saurait choisir : comme Lucie, à la charnière des deux récits, il est emporté d'une vérité à l'autre, dans un mouvement que le roman voudrait perpétuer.

Chapitre 4

Le miroir grossissant

Mme de Charrière publie en deux temps les *Lettres écrites de Lausanne* (1785), puis *Caliste, ou suite des Lettres écrites de Lausanne* (1787). Les deux parties, ici, n'ont apparemment aucun point commun : les deux histoires, racontées par lettres, concernent des personnages et des lieux distincts. Le lien entre les deux récits[1] est assuré par le procès complexe de leur destination, et de leur réception. Comme dans les *Heureux Orphelins,* la narratrice – ou plutôt l'épistolière – du premier récit devient la lectrice des lettres qui constituent le second récit, ainsi que la confidente de celui qui l'écrit. En outre, le second narrateur – ou épistolier – se trouve être le témoin des événements qui se jouent dans la première his-

[1] La structure et la signification des « récits parallèlles » qui constituent le roman de Mme de Charrière ont été parfaitement montrées par Jean Starobinski dans son article : « Les *Lettres écrites de Lausanne* de Madame de Charrière : inhibition psychique et interdit social », *Roman et lumières au XVIIIe siècle,* Paris, Editions sociales, 1970, pp. 130-151. Je m'appuierai sur les analyses proposées dans cet article, sans les répéter.

toire. Ainsi, la charnière entre les deux récits offre une légitimité à la réunion de ces deux histoires étrangères l'une à l'autre.

Contrairement aux doubles récits des *Heureux Orphelins,* de *Paméla* ou des *Lettres de Mistriss Fanny Butlerd,* le roman de Mme de Charrière n'organise pas le conflit – ou l'étrange proximité – de deux représentations de l'amour : l'une sentimentale ou vertueuse, l'autre libertine ou critique. Les *Lettres écrites de Lausanne*[2] juxtaposent deux histoires dont l'analogie apparaît clairement : les deux héroïnes, Cécile et Caliste, sont victimes toutes deux de l'indécision de l'homme qu'elles aiment, incapable de donner forme – verbale, puis institutionnelle – à un sentiment qu'ils éprouvent eux aussi. Le diptyque présente deux versions, d'intensité dramatique différente, de la même histoire ; il organise aussi la confrontation conflictuelle de deux regards sur l'amour : l'un féminin, et l'autre masculin.

La première partie du roman est constituée de dix-sept lettres, adressées par la mère de Cécile à une parente, en France. La mère, aimante, observe sa fille, âgée de dix-sept ans, parachève son éducation, et surtout, essaie de la guider, discrètement, dans le choix d'un futur mari. De bonne naissance, jolie, Cécile n'aura qu'une faible dot. Fréquentant la société lausannoise en compagnie de sa mère, Cécile rencontre plusieurs prétendants, et distingue un jeune lord anglais, qui voyage en Europe avec son gouverneur. Les deux jeunes gens se plaisent, se voient en société, jouent ensemble, aux dames et aux échecs ; mais le lord ne se déclare pas. Cécile constate avec amertume cette indifférence. Sa mère décide de l'emmener chez sa correspondante, en Languedoc, mais auparavant, les deux femmes s'arrêtent dans la campagne proche de Lausanne : elles y reçoivent les fréquentes visites du jeune lord et de son gouverneur, mais les choses en restent là.

La seconde partie du roman, *Caliste,* fait changer de rôle à William, le gouverneur du jeune lord : de témoin distant et

2 Ce titre, désormais, servira à désigner les deux parties du roman.

discret, il devient narrateur de sa propre histoire. Il raconte, dans une longue lettre à la mère de Cécile, ses amours avec Caliste, ancienne comédienne qu'il n'a pu se résoudre à épouser : l'interdit prononcé par son père pesait trop lourd sur lui. Caliste épouse un autre homme, et William la femme que son père lui avait destinée. Mais Caliste est malheureuse, elle n'a pu cacher à son mari sa passion encore vive pour William : elle tombe malade. William, à Lausanne, en est averti, mais il est impuissant : il apprend sa mort peu de temps après.

L'histoire de Cécile et l'histoire de Caliste – les deux volets du roman – sont articulées de manière subtile. La *première* lettre de *Caliste*, écrite par la mère de Cécile, est aussi la *dernière* de l'histoire de Cécile : la narratrice y fait le récit des menues occupations de sa fille qui, faute d'amour, s'adonne à la charité. Cette première-dernière lettre n'a rien de conclusif : sa position, dans le roman, est celle d'un relais entre les deux histoires. En effet, l'histoire de Cécile n'est pas inachevée, puisque le lien avec *Caliste* est assuré avec une grande vraisemblance narrative : alors qu'elle est à la campagne avec sa fille, la mère de Cécile écrit au gouverneur du jeune lord. Cette lettre, la deuxième du roman *Caliste,* est numérotée, comme la première, à la suite des lettres de la mère de Cécile : la continuité des deux histoires est ainsi clairement désignée[3]. Cette brève lettre adressée à William, qui porte le numéro XIX, a deux objets : l'épistolière exprime d'abord de la compassion à son correspondant, dont elle a remarqué la tristesse, et lui suggère de lui confier la cause de son chagrin ; dans un second temps, elle lui demande des informations sur le jeune lord, ainsi que des conseils quant au parti à prendre à l'égard des deux jeunes gens.

Ainsi, le récit des malheurs de William se trouve étroitement lié au sort de Cécile et du jeune lord : tout est agencé, dans l'ordre des lettres, pour que le récit de William – qui

[3] L'édition de référence est celle choisie par les éditeurs des *Œuvres complètes,* à savoir la première qui réunisse les deux parties du roman en un seul volume : elle parut à Paris, chez Prault, en 1788.

occupe une seule longue lettre – apparaisse comme une réponse à une double demande de la mère de Cécile. Plus précisément, la réponse à la première demande – pourquoi êtes-vous triste? – est constituée par le récit de William (la longue lettre XXI). La réponse à la seconde question – que faire de Cécile et du jeune lord? – prend place dans deux courtes lettres de William à la mère de Cécile, qui encadrent la lettre XXI.

Ce dispositif de cadrage figure exemplairement la parenté des deux histoires : écrivant à la mère de Cécile les deux lettres (XX et XXII) qui font état de la situation et des intentions du jeune lord, William attend la nouvelle de la mort de Caliste – que son récit de la lettre XXI a en quelque sorte expliquée. Il s'accuse de cette mort : fataliste, désespéré, il ne peut que mettre en garde son jeune compagnon quant aux dangers d'une attitude semblable à la sienne :

> Depuis quelques jours, tout entier à mes souvenirs, que l'histoire que je vous ai faite a rendus comme autant de choses présentes, je ne parlais plus à personne, pas même à Milord. Ce matin je lui ai serré la main quant il est venu demander si j'avais dormi, et au lieu de répondre : jeune homme, lui ai-je dit, si jamais vous intéressez le cœur d'une femme vraiment tendre et sensible, et que vous ne sentiez pas dans le vôtre que vous pourrez payer toute sa tendresse, tous ses sacrifices, éloignez-vous d'elle, faites-vous-en oublier, ou croyez que vous l'exposez à des malheurs sans nombre, et vous-même à des regrets affreux et éternels.[4]

Ainsi averti, et intimidé, le jeune lord répond : « C'est bien dommage que Mademoiselle Cécile soit une fille si bien née, car de me marier, à mon âge, on n'y peut pas penser » (230). Cet aveu clôt l'histoire de Cécile au moment où celle de Caliste s'achève aussi, par l'annonce de la mort de l'héroïne. Racontée au passé, l'histoire de Caliste s'achève au présent : c'est à Lausanne en effet que William reçoit la lettre fatale.

[4] Mme de Charrière, *Lettres écrites de Lausanne, Œuvres complètes*, vol. 8, Amsterdam, G. A. van Oorschot, 1980, p. 230.

Par l'agencement et l'ordre des lettres, par l'imbrication temporelle et narrative des deux histoires, le roman de Mme de Charrière fait jouer comme en surimpression les deux versions, répétitives, du même drame : celui de l'incompréhension entre deux langages amoureux. L'éducation du sentiment est vaine : les bons conseils de la mère de Cécile à sa fille se révèlent lourds à porter ; l'expérience de William est inutile au jeune lord. L'une en mineur, l'autre sur le mode dramatique, les deux histoires s'achèvent ensemble, par le même constat d'échec. Le redoublement accentue le fatalisme du roman : l'échec amoureux ne peut que se renouveler. Le diptyque accuse la ressemblance des comportements masculins, sous la disparité des récits.

Une réparation par le même

Mais les *Lettres écrites de Lausanne* recèlent, dans le pli, ou la jointure de leurs deux récits, un autre message : si l'incompréhension entre les sexes ne fait que se répéter, c'est que peut-être la frontière symbolique qui sépare les hommes et les femmes n'est pas aussi nécessaire qu'on le croit à l'expérience amoureuse. L'amour, peut-être, n'est pas une affaire de sexes opposés, mais l'épreuve même où la différence sexuelle s'avère secondaire face à la singularité de la quête affective. La critique de la lâcheté masculine, qui est une des caractéristiques de ce roman, ne doit pas faire illusion : Mme de Charrière ne prêche pas contre les hommes. Elle fait voir au contraire que les relations entre hommes et femmes ne se jouent pas sur la réalité de la différence sexuelle, mais sur des constructions symboliques où le sexe est une donnée mobile.

Qu'est-ce qui fait échouer la relation de Cécile et du jeune lord ? L'indécision de ce dernier, sans doute. Mais il s'agissait peut-être d'un échec programmé. Voyons d'abord comment la mère de Cécile décrit sa fille : jolie, grande, un air de paysanne du pays de Vaud, mais peu de délicatesse. Le portrait se résume en ces mots : « Eh bien oui. Un joli jeune homme Savoyard habillé en fille. C'est assez cela » (139). Il y a dans

Cécile un côté androgyne. Le lord, d'ailleurs, lui ressemble : « Le jeune Anglais est en homme ce que ma fille est en femme, c'est un aussi joli villageois anglais que Cécile est une belle villageoise du Pays de Vaud » (140). Le jeune lord et Cécile se voient en société ; mais la mère est derrière eux :

> On commençait à les faire jouer ensemble partout où ils se rencontraient : je n'ai pas voulu qu'elle [Cécile] jouât. J'ai dit qu'une fille qui joue aussi mal que la mienne a tort de jouer, et que je serais bien fâchée que de sitôt elle apprît à jouer. Là-dessus le jeune Anglais a fait faire le plus petit damier et les plus petites dames possible, et les porte toujours dans sa poche. Le moyen d'empêcher ces enfants de jouer ! Quand les dames ennuieront Cécile, il aura, dit-il, de petits échecs. (151)

Des jeux en miniature, pour des amants en miniature : la mère de Cécile ne cesse de regarder sa fille et le lord comme des « enfants ». Comme s'il s'agissait pour elle d'empêcher sa fille de grandir, elle dénie le désir qui naît entre Cécile et le jeune Anglais au moment même où il va se manifester pour la première fois :

> Assise entre les deux tables, je travaillais et regardais jouer, tantôt les deux hommes [des invités], tantôt ces deux enfants, qui ce soir-là avaient l'air d'enfants beaucoup plus qu'à l'ordinaire ; car ma fille se méprenant sans cesse sur le nom et la marche des échecs, cela donnait lieu à des plaisanteries aussi gaies que peu spirituelles. (159)

Le jeu, peu sérieux, offre aux jeunes gens l'occasion d'une surprise des sens, dont la mère est témoin : « La main de Cécile était immobile sur l'échiquier. Sa tête était penchée en avant et baissée. Le jeune homme, aussi baissé vers elle, semblait la dévorer des yeux. C'était l'oubli de tout, l'extase, l'abandon » (159). La mère rappelle sa fille à l'ordre, sans brutalité, et Cécile, troublée, émue, s'explique : « il a serré et baisé la main avec laquelle je voulais relever un pion tombé » (159).

L'épisode est suivi d'un sermon de la mère, qui apprend à Cécile qu'une jeune fille ne doit à aucun prix montrer qu'elle est troublée par un homme. La sagesse d'une femme commence par la dissimulation la plus stricte de sa sensibilité. Le sermon, pourtant, est tout en nuances : la mère ne condamne pas la sensibilité féminine – il faut entendre : l'expression du désir –, puisqu'elle cite à sa fille des femme célèbres, qui se sont acquis des titres de gloire précisément parce qu'elles n'ont pas été sages. Dans la situation où elle se trouve, Cécile se doit d'être sage. Et sa mère conclut en ces termes la lettre qu'elle lui adresse pour parachever sa leçon :

> J'ai fini, Cécile. Profitez, s'il est possible, de mes conseils ; mais, si vous ne les suivez pas, ne vous cachez jamais d'une mère qui vous adore. Que craindriez-vous ? Des reproches ? – Je ne vous en ferai point ; ils m'affligeraient plus que vous. – La perte de mon attachement ? – Je ne vous en aimerais peut-être que plus, quand vous seriez à plaindre, et que vous courriez risque d'être abandonnée de tout le monde. – De me faire mourir de chagrin ? – Non, je vivrais, je tâcherais de vivre, de prolonger ma vie pour adoucir les malheurs de la vôtre, et pour vous obliger à vous estimer vous-même malgré des faiblesses qui vous laisseraient mille vertus et à mes yeux mille charmes. (163-164)

Le sermon, on le voit, est assorti d'une déclaration d'amour maternel. De même que le discours était intelligent, posant l'interdit et révélant ses limites, l'adresse finale exprime un vœu, tout en laissant entendre qu'il pourrait tout aussi bien ne pas être exaucé. On notera le déséquilibre de l'alternative : le vœu est sobrement posé : « Profitez, s'il est possible, de mes conseils. » L'autre possibilité, par contre, est amplement développée, au point que cette insistance de la mère sur l'attachement inconditionnel à sa fille ne manque pas d'être suspecte. Que penser en effet de ces mots : « Je ne vous aimerais peut-être que plus, quand vous seriez à plaindre » ? N'est-ce pas une demande indirecte, faite à Cécile, de se comporter de manière à être « à plaindre » ?

Pour plaire à sa mère, et par amour filial, Cécile va suivre scrupuleusement les conseils de sa mère : elle cache ses sentiments au jeune Anglais, et dès lors le trompe. Sa mère l'approuve : « Si vous réussissez à le tromper, il pourra dire : c'est une fille aimable, bonne, peu sensible de cette sensibilité à craindre pour un mari, elle sera sage, je l'aime, je l'épouserai » (165). Mais Cécile trompe le lord au point de changer son comportement social : elle va dans le monde, accepte la compagnie d'autres prétendants, en particulier celle d'un Bernois, renonce à jouer aux dames ou aux échecs avec l'Anglais. Le point de vue, sur les événements, est celui de la mère de Cécile : aussi ne connaît-on rien de l'évolution des sentiments du lord. Mais leur expression, à coup sûr, se refroidit, puisque Cécile peut dire à sa mère : « je ne pense pas qu'il me préfère à son cheval, à ses bottes neuves, ni à son fouet anglais » (178). Rien ne s'est dit, entre les jeunes gens, mais Cécile souffre d'être délaissée, et envisage de rester fille :

> mais si vous trouviez bon que nous allassions en Hollande ou en Angleterre tenir une boutique, ou établir une pension, je crois qu'étant toujours avec vous et occupée, et n'ayant pas le temps d'aller dans le monde ni de lire des romans, je ne convoiterais et ne regretterais rien, et que ma vie pourrait être très douce. Ce qui manquerait à la réalité, je l'aurais en espérance. Je me flatterais de devenir assez riche pour acheter une maison entourée d'un champ, d'un verger, d'un jardin, entre Lausanne et Rolle, ou bien entre Vevey et Villeneuve, et d'y passer avec vous le reste de ma vie. Cela serait bon, lui ai-je dit, si nous étions sœurs jumelles ; mais, Cécile, je vous remercie : votre projet me plaît et me touche. (179).

« Si nous étions sœurs jumelles » : tel est peut-être le vœu profond de la mère de Cécile, de cette veuve qui vit avec sa fille dans une intimité qui exclut jusqu'à la mention du père de la jeune fille. On peut se demander en tout cas si la stratégie de tromperie, conseillée à Cécile, n'a pas réussi au point de décourager le jeune lord : ce qui était peut-être le vœu – inconscient, dirions-nous – de la mère. On apprend en effet avec surprise, à la lettre XXII de *Caliste,* que l'Anglais doit se faire confirmer par William le penchant que Cécile a pour lui : s'il a pu l'ignorer, c'est que la discrétion et la distance de la jeune fille étaient extrêmes. La leçon de la mère a fort bien porté, et en outre, Cécile a sans doute réalisé le désir de sa mère : ménager la chance d'une longue vie commune, entre femmes. Un autre indice vient appuyer cette hypothèse : la mère de Cécile a d'emblée très bonne opinion du jeune Bernois qui fréquente leur société :

> En vérité j'en fus extrêmement contente. On ne saurait être plus poli, parler mieux, avoir un meilleur accent ni un meilleur air, ni des manières plus nobles. Cette fois le petit [Lord] pouvait être en peine à son tour. Il ne paraissait plus qu'un joli enfant sans conséquence. (157-158)

C'est la mère de Cécile qui, plus tard, présentera à sa fille la demande en mariage du Bernois. Cécile refuse d'emblée ; sa mère insiste, en lui posant notamment cette question : « Tu vivrais, du moins en été, dans le pays de Vaud. Aimerais-tu mieux vivre dans un pays inconnu ? – J'aimerais cent fois mieux vivre ici, et j'aimerais mieux vivre à Berne qu'à Londres » (178), répond Cécile. Il apparaît ici que la mère de Cécile préfère le Bernois à l'Anglais pour des raisons de moindre éloignement géographique, en cas de mariage. Une suite inédite aux *Lettres écrites de Lausanne* nous montre en effet Cécile mariée au Bernois, et écrivant, de Berne, à sa mère :

> Nous avons tous fait ce que nous devions chère Maman il ne faut donc pas s'attrister ni se plaindre mais cette séparation est bien cruelle. (247)

Une autre suite nous propose une lettre de condoléances de la mère de Cécile à William, après la mort de Caliste :

> je vous dirai que je compare votre affliction [...] à celle que j'aurais si je perdais Cécile. [...] Vous m'avez fait me figurer moi-même, Mère veuve de la plus aimable des filles, et quand j'ai frémi quand j'ai imaginé autour de moi le monde tel qu'il serait vide désert et mort je pense voilà ce qu'il sent. (239).

Si la mère de Cécile peut s'imaginer « veuve » de sa fille, si elle compare leur lien à celui de « sœurs jumelles », c'est bien que son amour maternel nie ses limites propres, et se rêve comme un amour sans séparation.

Ainsi, l'éducation de Cécile par sa mère est à deux niveaux : l'un explicite, fait de conseils, d'avis et de sermons ; l'autre secret, affectif, s'exprimant dans un langage indirect. Au premier niveau, les relations entre les sexes sont clairement exposées : le discours tient de la morale sociale, et fait apparaître un fossé entre les devoirs respectifs des hommes et des femmes. Cécile, effrayée par le tableau du mariage que lui fait sa mère, lui demande :

> Un mot, maman. Si les maris sont comme vous les avez peints, si le mariage sert à si peu de chose, serait-ce une grande perte ?... Oui, Cécile : vous voyez combien il est doux d'être mère. (164)

La réponse de la mère, on le voit, ne se situe plus au niveau du sermon. Elle manifeste l'investissement personnel et affectif de la mère, qui adapte son discours à son auditrice, cette fille chérie qui est la seule raison d'être de son mariage. On reconstitue ainsi un discours caché, interdit, qui affleure sans cesse à la surface du discours maternel : ne te marie pas, ma fille, sois ma sœur, mon épouse, ne t'éloigne pas de moi. Entendant bien ce discours-là, qui est celui du cœur, Cécile n'en suivra que mieux les conseils explicites de sa mère : mais ces conseils sont fondés sur une telle hostilité à l'égard des hommes, que la jeune fille fera fuir le jeune Anglais.

Ce rêve de couple « homosexuel » se retrouve dans *Caliste,* mais sous la forme d'un rêve de gémellité masculine. William a un frère jumeau ; par un malheureux hasard, les enfants sont confondus à la naissance, et l'on ignore lequel des deux est l'aîné. Le droit d'aînesse est ainsi perdu, et les deux frères se retrouvent parfaitement égaux. Cette égalité se traduit par une amitié très forte : enfants, puis jeunes adultes, les deux frères ne se quittent pas. Mais William perd son frère à la guerre, et survit à peine à cette perte :

> J'étais une ombre errante, et j'attirais des regards de surprise et de compassion sur cette pauvre, inutile moitié d'existence qui me restait. (191)

La rencontre de Caliste sauve William, et apparaît comme une réparation de la perte éprouvée :

> Qu'il était heureux, s'écria-t-elle [Caliste], un jour que le cœur plein de mon frère j'en avais longtemps parlé ! heureuse la femme qui remplacera ce frère chéri ! et qui m'aimerait comme il m'aimait, lui dis-je. (195)

Ces propos précèdent une déclaration d'amour de Caliste à William. Leur amour restera chaste, car Caliste ne veut pas se donner à William sans promesse de mariage : aussi se voit-il traité « comme un frère, ou plutôt comme une sœur » (204). Cette hésitation sur le sexe est significative des rapports amoureux de William : pour remplacer la perte de son frère jumeau, pour compenser ce deuil originel, le jeune homme cherchera des « suppléants » indifféremment homme ou femme. S'il y a bien une composante homosexuelle chez William, comme l'a remarqué Jean Starobinski, il faut noter qu'elle est seconde par rapport au désir de réparation qui anime William – désir qui ne peut s'assouvir, mais seulement se répéter.

Caliste se présente la première, dans la longue série des « suppléants ». Mais le père de William refuse de l'accepter pour belle-fille : « tant que je vivrai elle ne s'assiéra pas à la place de votre mère » (199), dit-il à son fils. Il lui propose une femme digne de lui, lady Betty, qui a un fils, Harry. Celui-ci ressemble au frère de William :

> Il me le rappelait si vivement quelquefois, et les jeux de notre enfance, que mes yeux se remplissaient de larmes en le regardant. Il devint mon élève, mon camarade ; je ne me promenais plus sans lui, et je le menais presque tous les jours chez Caliste. (209)

Caliste devient en quelque sorte la mère d'un nouveau couple de jumeaux, William et Harry. Mais ce dernier n'a que dix ans, et William, adulte, révèle ainsi qu'il n'a pas su grandir après la mort de son frère. Il respecte la volonté de son père, et se cherche une nouvelle mère – celle-ci, en effet, est morte à la naissance des jumeaux. Après que Caliste l'a quitté, constatant son indécision, William accepte d'épouser lady Betty, mais c'est sur la proposition de son père, et de Harry. C'est donc pour satisfaire à deux désirs de réparation que William épouse lady Betty. Celui de son père :

> donnez-moi des petits-fils qui intéressent et amusent ma vieillesse, et me dédommagent de votre mère, de votre frère et de vous, car vous n'avez jamais été et ne serez peut-être jamais à vous, à moi, ni à la raison. (215)

Et celui de Harry :

> On parle quelquefois à maman de se remarier, j'aimerais mieux que ce fût vous que tout autre qui devinssiez mon père ; alors vous resteriez auprès de moi, ou vien vous me prendriez avec vous, si vous vous en alliez. (215)

Pour répondre à son propre désir de combler la perte de son frère – alors que Caliste l'a quitté et s'est mariée –, William épouse Harry en même temps que sa mère – pour laquelle il n'éprouve rien :

> Je t'épouserai, toi, mon cher Harry, si j'épouse ta mère, lui dis-je en l'embrassant. C'est bien aussi toi que j'épouse, et je te jure tendresse et fidélité. (215)

Et en effet, William s'attachera beaucoup plus à Harry qu'à sa femme qui, après avoir mis au monde une fille – et non pas les « petits-fils » attendus par son beau-père –, deviendra une mondaine au comportement scandaleux.

Le dernier « suppléant » sera Edouard, le jeune lord avec lequel William voyage, et séjourne notamment à Lausanne. C'est un parent, Milord***, qui demande à William d'accompagner son fils en voyage : William accepte, mais on apprend que Harry considère ce voyage comme une infidélité, et qu'il est jaloux d'Edouard. Si le jeune lord est bien le dernier remplaçant mâle du frère perdu, on remarquera que William – qui n'a cessé d'aimer Caliste, après l'avoir perdue par sa faute – retrouve dans la mère de Cécile une « suppléante » à Caliste. La ressemblance des traits – comme entre le frère jumeau et Harry – frappe William : « Elle vous ressemble, madame, ou elle vous ressemblait, je ne sais lequel des deux il faut dire. » (192). Et c'est cette ressemblance qui attache William à la mère de Cécile. La jeune fille remarque, dans la première partie du roman, que William est amoureux de sa mère. Celle-ci refuse de prêter attention aux sentiments qu'on lui porte :

> Vous voulez savoir si Cécile a deviné juste sur le compte de mon l'Anglais. Je ne le sais pas, je n'y pense pas, je n'ai pas le temps d'y prendre garde. (157)

La logique du deuil et de sa réparation est la loi du destin de William, de son père et de Caliste. Il s'agit pour eux de réparer une perte, ou une tache originelles et fondatrices. Mais, pour William, la pièce manquante de son identité ne se retrouvera pas : le frère jumeau ne peut être remplacé. William cherche moins à combler ce manque qu'à répéter le processus même de la perte. L'amour pour Caliste, puis l'attachement à Harry, à Edouard et enfin à la mère de Cécile, sont les moyens que William se donne pour aimer et perdre à nouveau, symboliquement, son frère jumeau. La mort de Caliste, à la fin du roman, est peut-être le véritable accomplissement du désir de William : il perd une seconde fois son frère, dans la personne de Caliste. Peut-être ne cherchait-il rien d'autre que ce malheur, semblable au premier deuil : « Me voici donc seul sur la terre. Ce qui m'aimait n'est plus. J'ai été sans courage pour prévenir cette perte ; je suis sans force pour la supporter » (231).

Cet être qui, selon le mot de son père, n'a jamais été à lui-même, retrouve le vide d'une existence comme séparée d'elle-même. La mère de Cécile dit à William, dans la première « Suite » du roman, combien elle comprend ce sentiment. Et de fait, les narrateurs-épistoliers des deux récits parallèles – la mère de Cécile et William – racontent, derrière l'histoire de Cécile et de Caliste, l'histoire de leur propre désir, ou de leur propre rêve : celui du couple gémellaire, où le sexe des partenaires joue un moins grand rôle que leur proximité, qui serait incestueuse si elle n'était chaste.

On pourrait voir, comme le fait Jean Starobinski, de la fadeur, voire une « condamnation du désir »[5], dans les deux couples – Cécile et sa mère, William et Edouard – que la fin du roman ne condamne pas. J'y verrais plutôt l'expression d'une quête d'amour indifférente à la différence sexuelle, ou capable de transgresser les frontières du sexe, et celles de la parenté.

Le couple gémellaire est un fantasme, l'objet d'un désir impossible : Cécile et sa mère, William et les divers substituts

[5] Jean Starobinski, art. cité, p. 149.

de son frère, mènent une quête amoureuse dédoublée, ou traversée par une loi – sociale ou morale – qui lui est étrangère. Dans l'extrême proximité du lien mère-fille, ou frère-frère[6], dans ce désir du même et de la ressemblance, les partenaires défient l'interdit de l'inceste : ils rêvent d'une fusion dans l'égalité, tout en éprouvant la nécessaire fracture de la différence. Et les deux récits qui composent les *Lettres écrites de Lausanne* donnent à lire ce même double mouvement, cette même pliure du désir sur lui-même : la mère de Cécile enjoint sa fille à se marier, lui montre la conduite à adopter selon les normes sociales, et en même temps, la retient de s'éloigner d'elle. De même, William ne cesse de regretter la perte de Caliste, de la seule femme qui ait su l'aimer : mais tout indique qu'il ne peut vivre que sous le régime de la perte répétée, et de sa déploration[7].

Récit d'éducation, récit de deuil

Si les deux histoires se ressemblent – celle de Caliste figurant le miroir grossissant de celle de Cécile –, si les deux pans du roman se font face, se renvoyant à l'infini l'image l'un de l'autre, c'est que cette forme double est une donnée essentielle à l'art romanesque de Mme de Charrière. Il y a deux histoires dans les *Lettres écrites de Lausanne,* et aussi deux niveaux de narration, qui se rencontrent à la fin du roman. Il y avait aussi, on s'en souvient, deux histoires, successives, dans les *Lettres neuchâteloises :* celle de Meyer et de Julianne, puis celle de Meyer et de Mlle de la Prise, qui se rejoignaient également. On montrera par la suite que les *Lettres de Mistriss Hen-*

[6] On retrouve ce même fantasme dans le couple frère-sœur d'un roman plus tardif de Mme de Charrière, *Honorine d'Userche.* Voir 3e partie, 1er chapitre.

[7] Ce problème de la perte et de la réparation affectives est abordé selon une autre perspective par Kathleen M. Jaeger, *Male and Female Roles in the Eighteenth Century. The Challenge to Replacement and Displacement in the Novels of Isabelle de Charrière,* New York-Francfort-Berne, Peter Lang, 1994.

ley ont été conçues comme le pendant, ou la version inversée, du *Mari sentimental* de Samuel de Constant.

La forme double propose une symétrie visible : elle instaure, entre deux histoires, un rapport de similitude qui oblige à une lecture en parallèle, et non seulement successive. Mais de cette confrontation, qui invite à repérer des ressemblances, surgissent des différences : c'est la proximité des unes et des autres qui se trouve ainsi désignée. Le goût de Julianne et l'amour de Marianne de la Prise pour Meyer sont socialement incommensurables, mais ils sont concurrents, et comparables, au regard du désir : la loi sociale croise la loi sexuelle ; la seconde transgresse la première. Dans les *Lettres écrites de Lausanne*, c'est à l'intérieur de chacun des récits que se répète le modèle du double, ou de l'impossible identité. Ainsi, dans *Caliste,* la loi psychologique propre à William, selon laquelle il doit aimer des substituts de son frère, l'emporte sur la loi de la différence sexuelle : aussi William n'est-il ni homosexuel ni hétérosexuel. De manière analogue, la loi sociale commande à la mère de Cécile d'encourager le mariage de sa fille ; mais cette loi est traversée par celle du cœur, qui impose l'image du couple mère-fille.

Entre les sexes, entre les conditions, entre les individus, les récits doubles ou parallèles de Mme de Charrière dessinent des passerelles, niant les limites et les frontières érigées par la nature, ou par les conventions sociales. Michel Delon[8] a montré que les transgressions génériques, chez Mme de Charrière, participaient d'un « éloge de l'amphibie » : le projet le plus caractéristique de la romancière lui paraît soumis en effet à un idéal de « dépassement des antagonismes ».

Dans cette perspective, les *Lettres écrites de Lausanne* sont particulièrement intéressantes, puisqu'elles conjoignent deux récits de type très différent : les lettres de la mère de Cécile s'inscrivent dans un projet éducatif, elles racontent les

[8] Michel Delon, « *Lettres trouvées dans des porte-feuilles d'émigrés* ou l'éloge de l'amphibie », *Une Européenne : Isabelle de Charrière en son siècle*, Colloque de Neuchâtel, 11-13 novembre 1993, Neuchâtel, Ed. G. Attinger, 1994, pp. 197-207.

événements au moment où ils se passent, elles s'adressent à une destinataire à qui l'épistolière ne demande rien d'autre qu'une écoute confiante. Au jour le jour, elles dressent le bilan de l'éducation éclairée d'une jeune fille. Par ses traits formels et thématiques, la première partie des *Lettres écrites de Lausanne* appartient à un courant propre au XVIIIe siècle : celui du roman pédagogique. Mais avec *Caliste,* le roman adopte les caractéristiques de la confession romantique : celle de William prend place dans une seule longue lettre, qui s'offre comme un récit rétrospectif. Enchâssée dans un récit épistolaire au présent, la longue confidence de William raconte avec mélancolie un passé clos, sur lequel le narrateur n'a plus aucune prise, puisqu'il sait la mort de Caliste imminente. Le récit s'adresse à la mère de Cécile, en qui William espère trouver de la compassion. Dans ce but, la confession répond à une stratégie rhétorique : comparant la mère de Cécile à Caliste, faisant l'éloge de celle-ci, William prédispose favorablement sa lectrice, et lui fait sentir combien son récit lui est destiné. S'accusant d'avoir causé la mort de Caliste et son propre malheur, il demande de la pitié à la mère de Cécile, mais il attend aussi qu'elle l'excuse, qu'elle le débarrasse de sa culpabilité : or c'est exactement ce qu'elle fait, non pas dans le roman même, mais dans la première « Suite » (239-240) aux *Lettres écrites de Lausanne.*

On a souvent remarqué que *Caliste* annonçait *Adolphe,* de Benjamin Constant. Dans une perspective plus large, *Caliste* apparaît comme un récit caractéristique du deuil romantique. Il en a tous les traits : thématiques – le deuil impossible, et la mélancolie qu'il entraîne –, formels – le récit personnel enchâssé –, et rhétoriques – la demande d'excuse[9]. Mais *Caliste* se distingue *d'Adolphe,* de *René* ou d'*Atala* par une singularité temporelle : Caliste n'est pas encore morte lorsque William écrit sa longue lettre à la mère de Cécile ; mais elle

9 Jean Kaempfer a consacré un article à ces divers traits du récit de deuil romantique : « Faut-il tuer la Dame aux camélias ? Pathos et morale dans quelques textes romantiques », *Poétique,* 92, novembre 1992, pp. 427-440.

annonce elle-même sa mort, dans une lettre que William a reçue huit jours avant de commencer son récit. Celui-ci n'a donc pas encore le caractère d'un mémorial ; il ne peut que constater, dans l'amertume du deuil imminent, un décalage temporel : le « c'est trop tard » (231) qui ouvre la porte à tous les regrets. Les effets dramatiques de ce retard se concentrent dans le moment de la narration.

Caliste, par ailleurs, est enchâssé dans un récit premier donné au présent de l'écriture épistolaire : ainsi, la confession de William pourrait avoir un effet sur l'histoire de Cécile, de sa mère et d'Edouard. Or il n'en est rien : Cécile s'est déjà résignée, Edouard ne se décidera pas à demander sa main. Comme pour William, comme pour Caliste, « c'est trop tard » (229). Si le récit de William ne peut servir d'exemple à ne pas suivre, c'est que le roman de Mme de Charrière n'est pas un roman pédagogique à la mode du XVIIIe siècle, ou qu'il renonce à l'être en cours de route. Des lettres lucides de la mère de Cécile à la confession mélancolique de William, les *Lettres écrites de Lausanne* nous font passer d'un genre à l'autre, et peut-être aussi, d'un siècle à l'autre.

Chapitre 5

Un roman à deux coups

La forme double, chez Mme de Charrière, a le pouvoir de dépasser les distinctions de genre, de nier les antagonismes entre les sexes ou les conditions sociales, mais elle se donne surtout comme le lieu d'une interrogation sur les limites qui organisent symboliquement les comportements humains. Privilégiant les formes hybrides, les récits ou les histoires parallèles, Mme de Charrière choisit aussi des motifs qui figurent le même dans la dualité : le pli et les lettres gigognes dans les *Lettres neuchâteloises,* les couples de jumeaux dans *Caliste,* dans *Trois femmes* ou dans les *Lettres trouvées dans des porte-feuilles d'émigrés,* le couple frère-sœur dans *Honorine d'Userche.*

Avec les *Lettres de Mistriss Henley,* Mme de Charrière invente une autre forme de symétrie romanesque : elle conçoit ce roman, paru en 1784, comme une réponse, ou plutôt une réplique féminine – et féministe, dirions-nous aujourd'hui –, au premier roman de Samuel de Constant, paru en 1783 : *Le Mari sentimental ou le mariage comme il y en a quelques-uns, Lettres d'un homme du Pays de Vaud.* Ce petit ouvrage faisait grand bruit à Genève, et le public s'apitoyait de manière unanime sur le héros, ce mari sentimental victime de sa femme. Ce récit d'un mariage « comme il y en a quelques-uns » suscita chez Mme de Charrière le désir d'une réponse un peu militante, qui montrât au grand jour un mariage comme il y en a beaucoup : où l'épouse est la victime. Son roman eut du succès en Suisse, et connut en 1785 une édition parisienne, parue sans son autorisation, qui réunissait *Le Mari sentimental* et les *Lettres de Mistriss Henley*[1].

Le Mari sentimental est un roman par lettres à une seule voix : M. Bompré, propriétaire terrien résidant près de Lausanne, écrit à son ami, M. de Saint-Thomin à Orbe. A l'exemple de celui-ci, M. Bompré décide, à quarante-six ans, de se marier : il épouse une Genevoise qui a toutes les qualités requises par la société urbaine – de l'esprit, des goûts raffinés et un peu d'ambition sociale –, mais aucune de celles qui comptent pour le campagnard qu'est Bompré : la raison, le bon sens, l'attachement aux traditions et la sensibilité. Les deux époux deviennent vite étrangers l'un à l'autre, leur union ne fait que se dégrader : autoritaire, exigeante et froide, Mme Bompré ne cesse d'humilier son mari. Quelques épisodes romanesques viennent aggraver le drame intime et précipiter la fin : aliéné et désespéré, M. Bompré se suicide.

Mme de Charrière prend le contrepied de Samuel de Constant, en inversant les rôles : les *Lettres de Mistriss Henley* mettent en scène un mari bourreau et une femme victime. A M. Bompré correspond Mrs Henley : ce sont les deux victimes, qui sont aussi les narrateurs-épistoliers des deux romans. M. Bompré se suicide, Mrs Henley est réduite au silence, et annonce sa fin prochaine. Les bourreaux, Mme Bompré et Mr Henley, n'écrivent pas ; ils exercent une

[1] Les deux romans connurent dès lors un destin commun : ils ont été réédités ensemble une fois encore, en 1803. Ils ont été repris en 1928 : *Le Mari sentimental suivi des Lettres de Mistriss Henley de Mme de Charrière*, introduction et notes de Pierre Kohler, Lausanne, Ed. des Lettres de Lausanne. Je me réfère, pour le texte de Samuel de Constant, à cette édition, qui contient une introduction biographique et historique fort utile. Pour le texte de Mme de Charrière, je donne les références à l'édition des *Œuvres complètes, op. cit.*, vol. 8, immédiatement après les citations.

autorité sévère et taciturne sur leur époux. Mais la symétrie n'est pas parfaite : le drame est plus romanesque et plus violent chez Samuel de Constant. Mme de Charrière resserre l'action sur le drame intime, et fait apparaître le rôle que joue Mrs Henley dans l'aggravation de son propre malheur. Plus qu'une dénonciation des abus de pouvoir du mari, le roman de Mme de Charrière propose une analyse subtile des relations entre un mari fort, raisonnable, sourd à autrui, et une femme faible, divisée dans ses sentiments, portée à l'autoaccusation.

Mrs Henley écrit d'Angleterre à son amie, Mme de C*** de Z***, qui vit dans le pays où a paru *Le Mari sentimental*. Elle a lu le roman, en a fait la lecture, en anglais, à son mari, et se propose d'écrire l'histoire de son mariage, pour son amie :

> Si ma lettre ou mes lettres ont quelque justesse et vous paraissent propres à exciter quelque intérêt, seulement assez pour se faire lire, traduisez-les en changeant les noms, en omettant ce qui vous paraîtra ennuyeux ou inutile. Je crois que beaucoup de femmes sont dans le même cas que moi. Je voudrais, sinon corriger, du moins avertir les maris ; je voudrais remettre les choses à leur place, et que chacun se rendît justice. (102)

Mme de Charrière intègre ainsi à la fiction son propre projet éditorial. Elle recourt à une technique inverse de la fiction d'authenticité, où le roman se donne la caution – trompeuse – d'un manuscrit réel. Ici, la réalité éditoriale passe dans la fiction : si Mrs Henley prévoit la publication de ses propres lettres, elle la délègue à Mme de C*** de Z*** – Mme de Charrière –, qui est bien l'auteur du roman et non son éditrice. L'inversion entre épistolière et destinataire permet aussi de signaler, dans un détour, la dimension autobiographique du roman : Mme de Charrière attribue à Mrs Henley l'histoire de son propre mariage. Les *Lettres de Mrs Henley* combinent ainsi plusieurs niveaux de sens : elles sont à la fois une réplique au roman de Samuel de Constant, un roman par lettres où l'on retrouve les thèmes propres à l'œuvre de Mme de Charrière, et un récit à valeur autobiographique.

Pour le lecteur de l'édition de 1785, le roman de Samuel de Constant et celui de Mme de Charrière forment un diptyque, indépendamment, bien sûr, de la volonté des deux auteurs. Mme de Charrière nous invite cependant, dans la première lettre de Mrs Henley, à lire les deux ouvrages en parallèle : cette confrontation, ce face-à-face de deux histoires semblables et contrastées à la fois, rappellent les *Lettres écrites de Lausanne.* Il s'agit à chaque fois de placer en regard l'une de l'autre deux expériences comparables mais opposées, pour faire apparaître leurs ressemblances secrètes.

Dans le cas des *Lettres de Mistriss Henley* et du *Mari sentimental,* c'est le destin conjugal des deux couples qui est comparable : l'échec matrimonial est attribué à l'autorité excessive de l'un des partenaires. Mais les deux romans sont en opposition par l'effet d'un croisement du personnel romanesque, opéré par Mme de Charrière. Le diptyque semble organiser une confrontation polémique de deux histoires de couple : mais ces romans ne sont pas prêcheurs, et ne dressent pas l'une contre l'autre deux vérités morales. Au contraire, leur publication commune anéantit l'intention militante de Mme de Charrière. Placés côte à côte, les deux romans remettent « les choses à leur place » (102) : il y a de mauvaises épouses, et de mauvais maris. Au bilan, les deux situations romanesques sont égales : l'intérêt se reporte dès lors sur l'analyse d'une relation conjugale où les deux partenaires sont aliénés.

On notera que le parallèle de ces deux romans reproduit exactement la structure de la double intrigue, telle que Diderot, par exemple, la met en scène dans *Ceci n'est pas un conte.* Dans une première partie, le conte dialogué de Diderot présente l'histoire de Mme Reymer, femme très méchante qui conduit à la mort son amant Tanié, qui est lui un homme bon. La seconde partie du conte rapporte une autre histoire dramatique, où les rôles sont inversés : le méchant est un homme, Gardeil, qui exploite sa maîtresse, Mlle de la Chaux, jeune femme belle et dévouée, avant de l'abandonner lâchement. Le parallèle des deux histoires désamorce toute volonté d'accusation d'un sexe ou de l'autre : tel est le constat de l'un des deux interlocuteurs. Ses propos constituent la charnière du conte, entre les deux histoires :

> Et puis s'il y a des femmes très méchantes et des hommes très bons, il y a aussi des femmes très bonnes et des hommes très méchants.[2]

Le fatalisme de cette morale se trouve encore renforcé à la fin du conte, par ces mots :

> Mais cela est encore à peu près dans la règle. S'il y a un bon et honnête Tanié, c'est à une Reymer que la Providence l'envoie. S'il y a une bonne et honnête de La Chaux, elle deviendra le partage d'un Gardeil, afin que tout soit fait pour le mieux.[3]

Ce « mieux », ironique, qualifie l'ordre du monde, où tout est bancal. Le conte double de Diderot, comme les récits que Mme de Charrière met en parallèle, répondent à ce que Jean Starobinski a appelé « la loi du fusil à deux coups », caractéristique du conte voltairien[4]. Mise en évidence à l'occasion de *L'Ingénu,* elle s'énonce en ces termes :

> Il n'y a pas de bien sans mal, ni de mal sans bien, et cela dans des proportions inégales. Le monde cloche.[5]

Mais l'inégalité des malheurs est à jamais irréparable : les récits « à deux coups » invitent seulement à en faire le constat lucide et fataliste. De même chez Mme de Charrière, la visée polémique initiale s'émousse, devant l'évidence des responsabilités partagées : le malheur en effet n'est jamais attribuable à une seule cause, ni au seul méchant.

Les récits parallèles nous convient à une lecture balancée : chaque récit s'ouvre sur l'autre, et se refuse à délivrer un mes-

[2] Denis Diderot : *Ceci n'est pas un conte,* in *Contes, Œuvres,* t. II, éd. L. Versini, Paris, Laffont, Bouquins, 1994, p. 508.

[3] *Ibid.,* p. 519.

[4] Ce rapprochement entre Voltaire et Mme de Charrière ne doit pas surprendre : Henri Coulet a montré la grande proximité des deux auteurs, au plan de leur appréciation morale du monde comme il va. Voir son article « Isabelle de Charrière, femme des Lumières ? », *Une Européenne : Isabelle de Charrière en son siècle, op. cit.,* pp. 9-23.

[5] Jean Starobinski, « Le fusil à deux coups de Voltaire », *Le Remède dans le mal. Critique et légitimation de l'artifice à l'âge des Lumières,* Paris, Gallimard, 1989, p. 162.

sage univoque. Ainsi, dans les deux romans de Samuel de Constant et de Mme de Charrière, rien ne nous assure que tout le mal soit le fait de l'épouse, ou de l'époux.

Dans *Le Mari sentimental,* M. Bompré s'avise, à quarante-six ans, que sa vie de propriétaire terrien pourrait s'enrichir d'une dimension nouvelle : celle du bonheur conjugal. C'est son ami Saint-Thomin qui lui en offre l'exemple :

> La plus grande félicité est, je crois, d'épouser sa maîtresse ; c'est la volupté de l'amour sous les auspices de la vertu. Je n'y avais jamais pensé, c'et vous qui m'en avez donné l'idée ; mais pourquoi aussi est-elle si rare cette félicité ? A voir comment les hommes ont arrangé les choses, il semble qu'ils l'ont comptée pour rien. C'est la fortune, c'est l'ambition, c'est le rang, ce sont les convenances de famille que l'on cherche, et qui décident ; on dirait que l'amour est une guenille qui se trouvera toujours, et on dit qu'elle n'est pas nécessaire pour être heureux.[6]

Cependant, M. Bompré ne se laisse pas emporter : il tient aussi à sa vie de vieux garçon, et le dit à son ami :

> Vous pouvez être plus heureux que moi, mais je n'ai pas autant de malheur à craindre que vous ; voilà ma consolation. Ce que je dois à la société, je le payerai à mon prochain ; c'est lui qui sera ma famille et mes enfants, et voilà pour ma conscience. Non, mon ami, les femmes n'influeront point sur ma vie, et mon sort ne dépendra point d'elles.[7]

Dès la lettre suivante, M. Bompré a choisi, entre le bonheur serein du célibat et celui, risqué, du mariage. Il annonce à son ami qu'il va épouser Mlle de Cherbel, la belle-sœur d'un de ses amis, M. Fabert de Genève. La décision s'est prise en quatre jours : M. Bompré épouse une femme de trente-cinq ans, qu'il connaît à peine. Sous la pression de son ami Fabert, il semble *oublier* que l'idée du mariage lui est venue en contemplant « la volupté de l'amour sous les auspices de la

[6] Samuel de Constant, *Le Mari sentimental, op. cit.*, p. 68.
[7] *Ibid.*, pp. 76-77.

vertu», dans le couple Saint-Thomin. Aussi un léger doute affecte-t-il le récit de ces brèves fiançailles :

> Fabert pressait, sollicitait, interrompait ce qui se disait de tendre et de généreux, par des raisons de calcul et de convenances : il pressait une décision. Enfin, au bout de deux heures il fut décidé, que Mademoiselle de Cherbel acceptait votre ami pour son époux. Madame Fabert avait aidé sa sœur de ses conseils ; tous les deux s'empressèrent de faire tous les arrangements pour amener la conclusion d'un mariage, qui paraissait nous rendre tous heureux.[8]

Il apparaît d'emblée que M. Bompré s'est trompé : le célibat revendiqué et le mariage d'amour lui semblaient les seuls choix dignes de lui ; or, il conclut, dans la précipitation, un mariage de convenance, qui n'a rien à voir avec «la plus grande félicité», qui est «d'épouser sa maîtresse». Révélée furtivement au début du roman, l'abence d'amour peut apparaître comme la cause principale de l'échec du mariage. L'autorité âpre de Mme Bompré, la faiblesse morale de M. Bompré font le reste.

S'il peut se lire comme une dénonciation de l'épouse méchante, le roman de Samuel de Constant s'offre aussi bien comme la mise en scène d'un conflit entre la raison – qui préside au mariage des Bompré – et le désir – dénié, ou désamorcé. Plus que l'antagonisme des époux, c'est la description psychologique de l'intimité conjugale qui intéresse Samuel de Constant.

La parole interdite

Dans les *Lettres de Mistriss Henley*[9], on retrouve le même conflit entre la raison et le désir, mais de manière plus manifeste encore. C'est pour avoir oublié le désir, ou pour l'avoir

8 *Ibid.*, p. 99.

9 On trouvera un commentaire de ce roman dans la préface de Joan Hinde Stewart à son édition des *Lettres de Mistriss Henley publiées par son*

dénié, que Mrs Henley, comme M. Bompré, se heurte, dans son mariage, à l'omniprésente raison, incarnée dans le bon sens tyrannique de Mr Henley.

Comme souvent chez Mme de Charrière, le futur époux de Mrs Henley est présenté comme un « remplaçant ». Orpheline, élevée par une tante, la jeune fille est promise très tôt à un parent : les jeunes gens se conviennent et « sont élevés dans l'idée que nous serions l'un à l'autre » (102). Mais le jeune homme meurt :

> Quinze ans d'espérances, quinze ans de soins donnés à un projet favori, tout était évanoui, tout était perdu. Pour moi je perdais tout ce qu'une femme peut perdre. (102)

L'insistance sur la perte subie jette une ombre sur le choix d'un futur époux. Sans fortune, en outre, la jeune femme doit absolument se marier. Elle fait en détail le récit du choix de son époux. Deux prétendants fort contrastés se présentent : l'un, M. Bridgewater, revient des Indes avec une grande fortune, il est « bel homme » et « il aimait la bonne chère, les arts et les plaisirs » : il offre « un douaire considérable, la propriété d'une belle maison qu'il venait d'acheter à Londres ». L'autre prétendant, Mr Henley, est veuf, père d'une petite fille « d'une angélique beauté », pour laquelle il cherche une seconde mère. Il est lui-même « de la plus noble figure » et vit à la campagne. La jeune femme plaît à Mr Bridgewater, alors que Mr Henley ne dit pas un mot de ses sentiments. Mrs Henley hésite, délibère, pèse les valeurs antithétiques qu'incarnent les deux hommes :

> C'était, pour ainsi dire, la partie vile de mon cœur qui préférait les richesses de l'Orient, Londres, une liberté plus entière, une opulence plus brillante ; la partie noble dédaignait tout cela, et se pénétrait des douceurs d'une félicité toute raisonnable, toute sublime, et telle que les anges devaient y applaudir.[10]

amie, éd. J. H. Stewart et P. Stewart, New Yord, MLA Texts ans Translations, 1993.

[10] Toutes les citations ayant trait au portrait des deux prétendants se trouvent à la fin de la première lettre des *Lettres de Mistriss Henley,* pp. 103-104.

Le « nabab » – Mr Bridgewater – représente le bas, en l'occurrence la sexualité, suggérée par l'évocation d'un Orient imaginaire fortement érotisé. Mr Henley représente le haut : la sagesse, la raison, la tentation angélique. Le premier suggère les plaisirs urbains, le second rappelle les traditions de la vie rurale[11]. Le choix ne se fait pas sans mal. Par pudeur et par conformisme, la jeune femme choisit Mr Henley. La sexualité, le plaisir, l'imagination se trouvent du même coup refoulés. Réduite au silence, toute la « partie vile » du cœur de Mrs Henley va ressurgir dans la vie conjugale sous une forme pathologique : alors qu'aucune place n'est accordée au désir, face à un mari au comportement toujours lisse, Mrs Henley se défend par des manières vives, impulsives, capricieuses et injustes.

Le conflit conjugal, entre Mrs et Mr Henley, se cristallise autour d'un dialogue toujours repris, où l'épouse a tort, est accusée d'avoir tort, s'accuse d'avoir tort, où l'époux au contraire a raison, à ses yeux comme à ceux de sa femme. Cette logique occulte les revendications du cœur, des sentiments, du désir, qui dès lors se trouvent satisfaites hors du mariage. Ainsi, rencontrant lors d'un bal Mr Bridgewater, Mrs Henley constate que la femme qu'il a épousée lui ressemble ; elle passe toute la soirée avec eux, ainsi qu'avec le frère de Mrs Bridgewater qui, lui, ressemble au premier amant de Mrs Henley. Cet épisode rappelle le choix initial, par lequel l'héroïne s'est en quelque sorte aliéné une moitié d'elle-même.

Les *Lettres de Mistriss Henley* sont un roman du désir perdu, refoulé, défendu. Mrs Henley, fidèle à la morale

[11] On remarquera que cette opposition ville-campagne se retrouve dans le roman de Samuel de Constant, mais que les valeurs urbaines et les valeurs rurales ne sont pas assignées aux mêmes actants : le paysan Bompré tient au même système de valeurs que le gentilhomme campagnard Henley, alors qu'ils ont des rôles opposés dans l'histoire. Les deux femmes en revanche, Mme Bompré et Mrs Henley sont attachées – alors que tout les sépare au plan dramatique – aux mêmes valeurs urbaines : le raffinement, le luxe, le goût du brillant et de la vie moderne, les plaisirs spirituels.

sociale imposée à son sexe, s'est trompée dans son choix. Elle révèle cette division, propre aux femmes, qui ne peuvent revendiquer leur désir sans être discréditées socialement. Mais le roman peut se lire aussi comme une dénonciation de la tyrannie exercée par Mr Henley. Tyrannie douce, tyrannie de la raison, par laquelle Mr Henley censure chez sa femme l'expression de ses moindres désirs, traités de chimères et d'extravagances. Interdite de désir, Mrs Henley se sent de plus en plus interdite de parole.

L'écriture épistolaire reflète cette perte progressive du désir même de parler : d'abord, le récit est au passé, et relate l'histoire de son mariage. Dès la troisième lettre, le temps de l'écriture rejoint le temps de l'histoire : Mrs Henley raconte au présent des événements domestiques par rapport auxquels elle n'a aucune distance. Doutant de ses avis, de ses choix, elle ne cesse de revenir sur ce qu'elle écrit, de commenter et de rectifier son récit, ou encore de le dénigrer :

> Je vous entretiens, ma chère amie, de choses bien peu intéressantes, et avec une longueur, un détail ! – Mais c'est comme cela qu'elles sont dans ma tête ; et je croirais ne vous rien dire, si je ne vous disais pas tout. Ce sont de petites choses qui m'affligent ou m'impatientent, et me font avoir tort. (112)

Après qu'elle a annoncé sa grossesse à son amie, dans une lettre de six lignes, Mrs Henley commence sa dernière lettre par ces mots :

> Je ne me porte pas trop bien, ma chère amie. Je ne pourrai vous dire de suite ce que je voudrais vous dire. La tâche est longue et peu agréable. Je me reposerai quand je serai fatiguée. – Il est égal que vous receviez ma lettre quelques semaines plus tôt ou plus tard. Après celle-ci je n'en veux plus écrire du même genre. Un billet vous apprendra de loin en loin que votre amie vit encore jusqu'à ce qu'elle ne vive plus.
>
> [...] – A quoi bon faire revivre, par mes récits, des impressions douloureuses, et retracer des scènes qui ne peuvent être trop vite ni trop profondément oubliées ? Pour la dernière fois vous verrez mon cœur ; après cela je m'interdis la plainte : il faut qu'il change ou ne s'ouvre plus. (119)

C'est à l'occasion d'une conversation au sujet de l'enfant à naître que Mrs Henley se sent définitivement niée. Qu'il s'agisse de l'allaitement ou de l'éducation du futur enfant, Mr Henley a des avis tranchés. Il décide en toute souveraineté : « De moi, de ma santé, de mon plaisir, pas un mot : il n'était question que de cet enfant qui n'existait pas encore » (120). Enfin, le dialogue même devient impossible entre les époux. N'ayant plus rien à dire à son mari, Mrs Henley s'évanouit. Elle ne peut même recourir au suicide, comme M. Bompré : « Je ne suis qu'une femme, je ne m'ôterai pas la vie, je n'en aurai pas le courage » (122). Mais elle annonce sa mort :

> Dans un an, dans deux ans, vous apprendrez, je l'espère, que je suis raisonnable et heureuse, ou que je ne suis plus. (122)

Par ces mots, qui sont ses derniers, Mrs Henley rappelle l'alternative tragique à quoi s'est résumée sa vie : accepter, pour vivre, le conformisme de la raison incarné par Mr Henley, ou mourir en choisissant la voie de son désir propre.

Entre les deux romans, celui de Samuel de Constant et celui de Mme de Charrière, entre les deux drames conjugaux, les analogies sont frappantes. L'inversion des rôles fait apparaître surtout la ressemblance des expériences de M. Bompré et de Mrs Henley. La polarité sexuelle s'émousse devant l'intérêt central des deux romans, qui consiste dans une représentation de l'espace privé du couple. Le roman du XVIIIe siècle a besoin, généralement, de la limite entre le privé et le public, entre l'individu et la société, pour accorder sa place au couple marié. Il faut que l'obstacle social à l'amour, qui est le noyau central de la plupart des intrigues sentimentales, se retrouve dans le roman du mariage, sous la forme d'aventures illicites. Chez Samuel de Constant et Mme de Charrière au contraire, l'obstacle au bonheur conjugal est tout intérieur : le drame se passe entre les époux, et plus encore, en chacun d'eux. M. Bompré et Mrs Henley s'accusent eux-mêmes, en effet, autant qu'ils accusent leur conjoint, de ne pas savoir ménager l'entente conjugale.

Si l'obstacle est intérieur, c'est que le mariage lui-même ne se réfère à aucune caution extérieure. Les héros veulent croire en effet au pouvoir d'un mariage capable de faire naître l'amour par la grâce d'un commerce fondé sur la bienveillance et la tendresse.

Le Mari sentimental et les *Lettres de Mistriss Henley* peuvent se lire comme un plaidoyer, certes indirect, pour un mariage épuré de toutes les cautions symboliques qui l'encombrent. M. Bompré se marie pour rien, ou plus exactement pour une raison strictement privée : faire son bonheur. Son mariage n'a aucune légitimité sociale ou économique, il n'est investi d'aucune valeur symbolique – qu'elle soit civile, sacramentelle ou mystique –, il n'est soutenu ni par l'amour ni par l'espoir d'une descendance. Le mariage de Mrs Henley est à peine mieux fondé. Les deux romans revendiquent implicitement une union qui se suffise à elle-même, où l'amour, l'amitié, la convenance des êtres et des goûts assureraient à eux seuls le bonheur des époux. Cette vision moderne du mariage est fondée sur l'idée d'une rencontre spontanée de deux individus, que seul le désir peut provoquer. Or, c'est précisément ce qui a manqué aux deux couples.

Comme le William de *Caliste,* le héros du *Mari sentimental,* M. Bompré, annonce le personnage d'Adolphe. Les amants, les maris faibles et victimes de leur maîtresse ou de leur femme ont été ridicules, jusque vers 1780. Avec Samuel de Constant, avec Mme de Charrière, la figure du mari trop sensible, lâche ou dévirilisé accède à la représentation sérieuse. Le roman ne privilégie plus la hiérarchie ou la polarité des sexes : il révèle plutôt la complexité de leurs relations, les inversions du féminin et du masculin, les troubles de l'identité sexuelle. A ce titre, le diptyque que nous refermons ici préfigure une thématique romanesque que le XIXe siècle exploitera avec prédilection : celle de l'androgynie et, plus généralement, de l'instabilité des rôles sexuels.

TROISIÈME PARTIE

Fraudes et illusions amoureuses

De trois choses en ferez-vous une ?, burin de Jean-Jacques Pasquier, d'après Boucher. Cabinet cantonal des estampes, Vevey.
Photo : Studio Edouard Curchod, Vevey.

CHAPITRE PREMIER

Fécondité de l'erreur

Les romans en forme de diptyques que nous avons commentés n'accordent aucune place à un narrateur extérieur, qui assumerait, entre les deux récits, le rôle du commentateur. Entre les deux versions des lettres de Fanni Butlerd, entre la confidence de Mme de Suffolk et les lettres de Chester, entre l'histoire de Cécile et celle de Caliste, ne s'immisce aucun narrateur «étranger». Les lettres, les récits, les confidences sont produits par les personnages de l'histoire, et destinés aux personnages de l'histoire : la narration se passe en circuit fermé.

Réticents, par leur forme même, à ouvrir la voie à une quelconque vérité, les romans doubles accueillent volontiers des récits qui illustrent l'erreur des sentiments. Fanni a aimé Alfred, mais reconnaît dans sa dernière lettre que ce n'est pas lui qu'elle aimait. Mme de Suffolk, en aimant Chester, s'est trompée dans l'objet de sa passion. Chester, lui, sait qu'il se trompe en séduisant les femmes sans les aimer. William avoue s'être trompé en refusant d'épouser Caliste, qui était la seule femme qui l'eût aimé. Cécile trompe si bien lord Edouard sur ses sentiments, qu'il hésite et enfin renonce à demander sa main. Toutes ces erreurs de l'amour ne sont pas condamnées.

L'amour tient à l'erreur, comme Fanni Butlerd tient aux lettres qui proclament sa passion trahie. Si le récit d'amour, au XVIIIe siècle, se dédouble ou se retourne sur lui-même, c'est qu'il se refuse à mettre en scène l'histoire d'une illusion détrompée : l'amour, passion aveugle, *veut* l'erreur qui le constitue, et qui seule garantit le bonheur. Le libertin Chester, dans *Les Heureux Orphelins,* fait un admirable plaidoyer pour l'erreur et l'illusion, dénonçant la lucidité et l'esprit d'examen – ces « funestes lumières » – qui sapent les pouvoirs de l'imagination. De même, Fanni Butlerd, publiant ses lettres, élève un monument à la gloire de sa passion, magnifique erreur qui seule la rendit heureuse.

Le roman d'amour, au XVIIIe siècle, joue un double jeu : celui du bonheur, et celui de la vérité. Superposant deux ordres de pertinence inconciliables, il explore leurs lieux d'intersection, là où se touchent les plaisirs fondés dans l'erreur et les vérités payées de malheur.

Depuis le XIIe siècle, selon Michel Foucault, l'expérience amoureuse, en Occident, a été traitée en termes de vérité et d'erreur, et non plus de plaisir et de déplaisir, de bonheur et de malheur. Soumis à la confession, le chrétien en effet avoue sa sexualité, sous la contrainte d'une volonté de savoir. Tout discours sur le sexe s'ordonne dès lors à une recherche de la vérité, qui se spécifiera, dès le XVIIIe siècle, en science sexuelle[1]. Propre à l'Occident chrétien, la *scientia sexualis* s'oppose à l'*ars erotica,* assigné plutôt à l'Orient. La sexualité devient une clé universelle, capable de nous ouvrir les portes du sens le plus caché. Liée à la faute, dans l'ordre moral et religieux, elle se trouve associée, dans l'ordre du savoir, à la quête de la vérité : tel est le paradoxe que Foucault a voulu penser[2].

[1] Thomas Laqueur montre dans le détail l'avènement, dès la fin du XVIIe siècle, de cette science, qui a pour effet de fonder anatomiquement et biologiquement l'idée de la différence des sexes. Voir son ouvrage *La Fabrique du sexe. Essai sur le corps et le genre en Occident,* Paris, Gallimard, 1992.

[2] Voir Michel Foucault, *Histoire de la sexualité,* 1, *La Volonté de savoir,* Paris, Gallimard, 1976.

Sans se départir de sa tâche herméneutique, il semble que l'amour, dans le roman du XVIIIe siècle, ait voulu reconquérir sa dimension érotique, retrouver la voie du plaisir et du bonheur. Il y parvient, en substituant à l'idée de faute – qui condamnait, depuis saint Paul, la sexualité –, celle d'erreur. L'idée d'erreur amoureuse, pourtant, ne date pas du XVIIIe siècle : les deux mythes entre lesquels se partagent les récits amoureux, en Occident, sont fondés sur elle[3]. L'amour répétitif, incarné par Don Juan, est une quête sans fin, toujours relancée par l'erreur du désir, qui ne cesse de se tromper d'objet. L'erreur préside aussi à l'amour unique, incarné par Tristan : c'est pour avoir bu ensemble un philtre qui ne leur était pas destiné que Tristan et Iseut s'aiment. On pourrait bien sûr interpreter l'erreur amoureuse comme une métaphore profane de la faute, ou comme sa reformulation bénigne et hypocrite. Mais l'erreur semble moins destinée à métaphoriser la faute, qu'à la déguiser, à la dissimuler : c'est en cela qu'elle est utilisée, dans le roman du XVIIIe siècle, comme un instrument à la fois érotique et heuristique.

L'idée d'erreur prend le pas, au XVIIIe siècle, sur celle de faute, largement récusée : la célèbre formule de Valmont – « ce n'est pas ma faute »[4] – est répétée multiplement par les libertins, et même par des personnages vertueux. L'amour, ou le désamour, ne sauraient être des fautes, aussi en rejette-t-on la culpabilité. Ainsi le personnage de Gardeil, dans *Ceci n'est pas un conte* de Diderot, tient à dissocier radicalement injustice morale et erreur amoureuse.

Les titres de romans sont innombrables, au XVIIIe siècle, qui comprennent les termes d'erreur, de méprise, d'illusion, d'égarement, de folie, pour désigner les fausses routes où se perdent l'amour et le désir. Pour exemples, on citera : *L'Erreur des désirs, Les Erreurs d'une jolie femme, L'Erreur d'un mo-*

[3] Voir à ce sujet Denis de Rougemont, *Comme toi-même. Essais sur les mythes de l'amour,* Paris, Albin Michel, 1961.

[4] Pierre Choderlos de Laclos, *Les Liaisons dangereuses,* Lettre 141, Paris, Gallimard, Folio, 1972, p. 404.

ment, Les Suites d'un moment d'erreur ou lettres de Mademoiselle de Keresmont, Les Egarements du cœur et de l'esprit, Les Méprises ou les illusions du plaisir[5] : tels sont les titres de quelques romans du XVIIIe siècle, qui décrivent ou dénoncent la tromperie du désir amoureux. *La Nuit et le moment, Point de lendemain, La Matinée libertine ou les moments bien employés, Le Temps perdu ou histoire de M. de C***, Minutes perdues ou histoire amoureuse et galante du marquis de ****[6] : ces quelques romans libertins, quant à eux, ne fustigent pas l'erreur fatale qui prépare une éternité de regrets, mais disent, dès leur titre, la fugitivité du moment érotique. Comme hors du temps, le plaisir amoureux est un rêve, une illusion heureuse : l'erreur qui en est cause est souvent figuré comme un désordre fugace, une sorte de perte de conscience qui laisse le champ libre aux mouvements imprévisibles des sens[7].

L'amour est consommé, le plus souvent, dans le roman du XVIIIe siècle : rencontrant la réalité, il devient aussi susceptible d'erreur. Ce paradoxe prend sens par comparaison avec des amours vraies et inaliénables, parce qu'interdites. Des obstacles infranchissables s'opposent en effet au bonheur amoureux, dans plusieurs romans du début du XIXe siècle : l'impuissance de l'amant dans *Olivier ou le secret* de Mme de Duras et dans *Armance* de Stendhal, le préjugé racial dans *Ourika* de Mme de Duras, l'interdit de l'adultère dans *Valérie* de Mme de Krüdener, le tabou de l'inceste dans *René* de Chateaubriand, la castration dans *Sarrasine* de Balzac, ou la mort dans *Atala* de Chateaubriand. L'obstacle radical fait échapper l'expérience amoureuse à l'erreur : l'impossibilité pérennise le sentiment, et lui confère la dignité du vrai.

[5] Dans l'ordre où ils sont cités, ces romans sont les œuvres de : Mme Benoist, 1770 ; Mme Benoist, 1781 ; anonyme, 1776 ; Mme de Boisgiron, 1775 ; Crébillon, 1751 ; Nougaret, 1780.

[6] Dans l'ordre où ils sont cités, ces romans sont les œuvres de : Crébillon, 1755 ; Vivant Denon, 1779 ; anonyme, 1787 ; Thorel de Campigneulles, 1756 ; anonyme, 1766.

[7] Voir à ce sujet l'article très suggestif de Jean Sgard : « La notion d'égarement chez Crébillon », *Dix-huitième siècle,* no 1, 1969, pp. 241-249.

L'écart est frappant entre ces romans de l'interdit absolu et les romans du XVIIIe siècle, où l'on peut composer avec des obstacles plus souples – l'inégalité sociale, la naissance obscure –, et mépriser, voire transgresser, des obstacles réputés invincibles – l'inceste, la castration, l'impuissance. Le secret, l'obstacle, l'interdit, peuvent être levés : l'amour trouve à se réaliser, et c'est précisément cette confrontation au réel qui est source d'erreur. Dès lors qu'il se déclare, qu'il se consomme ou qu'il s'officialise, l'amour, en quelque sorte, devient un autre, et ne se reconnaît plus.

Incertitudes et égarement

Un roman de Mme Riccoboni, les *Lettres de Milady Juliette Catesby* (1759), illustre cette curieuse aliénation amoureuse. Comme dans les *Lettres neuchâteloises* de Mme de Charrière, le désir masculin se dédouble : le sentiment et le besoin sexuel s'adressent à deux femmes distinctes, et ne se réconcilient que dans un second temps. Alors qu'il vient de se déclarer à la femme qu'il aime et dont il est aimé – Juliette Catesby –, Milord d'Ossery se soustrait à ses engagements. Il quitte brusquement la jeune femme, lui laissant une lettre d'adieux très énigmatique, où il évoque un « horrible secret »[8] qu'il ne peut révéler. Cette énigme occupe l'héroïne entièrement. Elle sera résolue à la fin du roman : si Milord d'Ossery n'a pas épousé Juliette Catesby, c'est qu'il a dû sauver l'honneur d'une jeune fille, grosse de ses œuvres, en lui offrant le mariage. Cette première épouse meurt, d'Ossery passe aux aveux : il fait le récit de son erreur, qui le jeta de manière totalement involontaire dans les bras d'une inconnue, alors même qu'il venait de demander sa main à Juliette. Le secret est levé, l'obstacle écarté, et Juliette peut enfin épouser d'Ossery.

Incompréhensiblement, l'erreur amoureuse est commise au moment même où l'amour vrai est reconnu par les deux

[8] Mme Riccoboni, *Lettres de Milady Juliette Catesby,* Paris, Desjonquères, 1983, p. 66.

partenaires. Tout le roman est construit de manière à réduire cette monstrueuse erreur, de sorte qu'elle puisse être réparée à la fin. Dans la première lettre du roman, Juliette écrit à son amie Henriette qu'elle vient de revoir Milord d'Ossery, deux ans après qu'il l'a abandonnée. Elle l'a revu avec plaisir, mais elle le fuit : veuf, il prétend à nouveau à sa main. Le ressentiment de Juliette est encore trop vif pour qu'elle accepte de lui pardonner. Un ami, Milord Carlile, l'enjoint à oublier le passé : elle lui adresse un long récit, qui raconte, de son point de vue, l'histoire de son amour pour d'Ossery et ses sentiments de femme trahie. La longue lettre à Milord Carlile se termine par des exclamations indignées : Juliette ne saurait répondre aux sollicitations insistantes de d'Ossery, revenant vers elle après la mort de sa femme :

> A présent, Milord, croyez-vous devoir m'accuser de dureté, d'inflexibilité, pour avoir refusé les visites de Milord d'Ossery, pour lui avoir renvoyé ses lettres sans daigner les ouvrir, pour ne vouloir aucune explication avec lui ? Quels égards lui dois-je ? Quels motifs m'engageraient à l'entendre. Eh que peut-il avoir à me dire ! Il m'a oubliée si longtemps ! (76)

Pourtant, dans les lettres qui suivent, adressées à son amie, Juliette avoue qu'elle se laisse lentement fléchir par d'Ossery, au point qu'elle accepte de lire ses lettres, de lui répondre, et enfin de recevoir l'explication de son secret. L'« Histoire de Milord d'Ossery », adressée par lui-même à Juliette, sous forme de lettre, est de même longueur que l'« Histoire de Milady Juliette Catesby et de Milord d'Ossery ». Enchâssés dans la suite des lettres de Juliette à son amie Henriette, ces deux récits rétrospectifs se répondent, offrant un double point de vue sur les événements : celui de la femme amoureuse qui s'est crue trahie, celui de l'homme victime d'une erreur, et qui en a payé le prix.

On retrouve là, comme dans *Les Heureux Orphelins* de Crébillon, les deux versions d'une même histoire. Deux versions qui croisent la vérité et l'erreur : Juliette est la garante de l'amour vrai, mais son récit est leurré. Ignorante des faits, elle interprète le comportement de d'Ossery, et se trompe. D'Ossery au contraire est l'acteur même de l'erreur amoureuse – qu'il juge comme une faute –, mais son récit rectifie les faits, et contribue à lui donner raison. Conséquent dans ses actes, il a réparé sa faute. Ainsi croisés, les deux récits apparaissent comme l'erreur l'un de l'autre, ou plutôt, ils deviennent légèrement suspects lorsqu'on les compare entre eux. Juliette semble en remettre sur le ressentiment, comme pour se dissimuler à elle-même qu'elle aime encore un ingrat. D'Ossery, quant à lui, parvient parfaitement à se disculper, mais le secret dont il a entouré son comportement demeure difficilement explicable.

Le roman de Mme Riccoboni est sentimental, dans la mesure où il fait triompher l'amour vrai. Mais l'évidence amoureuse, semble-t-il, devait être traversée par l'erreur. L'énigme est résolue, mais l'erreur n'est pas véritablement expliquée : pourquoi d'Ossery s'est-il égaré au moment même où son amour pour Juliette allait trouver sa conclusion légitime ? Or cette question, l'amant infidèle se la pose dès la lettre d'adieu qu'il adresse à Juliette :

> Que je suis puni ! Je vous perds !... Ah Dieu, je vous perds !... Fatal voyage !... Mais de qui me plaindre, que de moi-même ? Votre idée si chère à mon cœur, si présente à mon souvenir, ne devait-elle pas m'arrêter ? Mais étais-je à moi ?... (66)

La simultanéité de la passion éprouvée et de l'erreur commise frappe l'acteur lui-même. Son récit tentera d'expliquer, de justifier, ce curieux oubli de soi, cette subite aliénation : d'Ossery y mettra d'autant plus de soin qu'il veut prouver à Juliette que son amour est demeuré inchangé. On ne saurait négliger par ailleurs la dimension rhétorique de son récit : d'Ossery en appelle, par tous les moyens, au souvenir de l'amour que Juliette lui avait témoigné :

> Ah, Lady Juliette, lorsque vous aurez lu, si vous ne me pardonnez pas, vous n'avez jamais aimé celui qui vous aimera toujours ! (139)

Ou plus loin :

> Mais comment espérer de vous toucher, si vous ne m'aimez plus, si vous m'avez fermé pour jamais ce cœur autrefois si

> tendre pour moi, si sensible à mes moindres inquiétudes ! Que de serments vous trahissez, si le soin de mon bonheur ne vous intéresse plus ! Quoi, cette passion si chère ! ces plaisirs si purs qu'elle nous fit goûter, ne peuvent-il ranimer en vous une étincelle de feu ?... Ah, remettez sur vos yeux le bandeau de l'amour ! qu'il vous cache mes fautes et ne vous laisse voir que mon repentir ! (143)

Mais il tient à rendre compte de son erreur, en entrant « dans le détail humiliant de l'aventure fatale » (143) qui le sépara de Juliette. Invité à des noces, d'Ossery quitte la jeune femme pour un bref voyage. Sur le chemin du retour, il rencontre quelques jeunes nobles de sa connaissance, avec lesquels il avait étudié. Ceux-ci le retiennent à souper, malgré lui, assure-t-il. Mais, entraîné par ses anciens camarades, d'Ossery se prête à la gaieté de la soirée. La conversation tombe sur les femmes et l'hôte, Montfort, tient à présenter à ses amis enivrés sa sœur Jenny, jeune fille charmante et ingénue. C'est elle que d'Ossery rencontre peu après, par hasard, dans « un grand cabinet », au bout d'une « longue enfilade de pièces » (147). Désirant prendre l'air, d'Ossery s'est égaré dans la maison de son ami Montfort. L'égarement est d'abord géographique : d'Ossery parcourt un labyrinthe, avant d'entrer dans un cabinet obscur. Miss Jenny, qui s'y trouve, a en effet renversé la table sur laquelle était la seule bougie. Dans le noir, Miss Jenny et Milord d'Ossery cherchent le cordon de la sonnette, puis la porte, en vain. Ces recherches amusent la jeune fille, qui y voit un jeu, et incite d'Ossery à y prendre part : « La jeune Miss n'était guère plus à elle que moi-même » (148). Jenny conduit d'Ossery par la main, puis fait une chute :

> Sa chute entraîna la mienne ; bientôt de grands éclats de rire me prouvèrent qu'elle ne s'était point blessée. L'excès de son enjouement me fit une impression extraordinaire ; il m'enhardit : l'égarement de ma raison passa jusqu'à mon cœur. Livré tout entier à mes sens, j'oubliai mon amour, ma probité ; des lois qui m'avaient toujours été sacrées ; la sœur de mon ami. Une fille respectable ne me parut dans cet instant qu'une femme offerte à mes désirs, à cette passion grossière qu'allume le seul instinct. Un mouvement impétueux m'emporta ; j'osai tout,

> j'abusai cruellement du désordre et de la simplicité d'une jeune imprudente, dont l'innocence causa la défaite. (149-150)

Ce récit tend à attribuer la responsabilité de l'égarement aux circonstances, voire à Jenny elle-même. L'aventure est narrée selon un code érotique banal au XVIIIe siècle : le labyrinthe, le cabinet, la promenade dans l'obscurité, les rires et le jeu, la chute d'un objet, puis de la jeune fille[9], constituent le décor et la mise en scène nécessaires et suffisants pour susciter l'égarement. Si le désir surgit, c'est par l'effet d'une perte des repères : les lieux sont étrangers aux deux personnages, qui ne se connaissent pas ; il fait noir ; Miss Jenny est une jeune fille, mais elle se comporte comme une enfant. Les occasions d'erreur, multiples, semblent être le terreau même du désir.

Mais d'Ossery va tout sacrifier, par la suite, pour réparer son erreur. Les lois de la raison et de l'honneur reprennent tous leurs droits. Ainsi l'égarement, qui n'a duré que quelques instants, n'en détermine pas moins plusieurs années de la vie des personnages : années de vie conjugale fade pour d'Ossery, de cruelles incertitudes pour Juliette. Celles-ci, par ailleurs, auraient pu être évitées si d'Ossery avait avoué à Juliette les raisons de son mariage avec Miss Jenny. A plusieurs reprises, dans son récit, il tente d'expliquer son silence : « Comment vous faire un tel aveu ! l'affreuse vérité ne peut sortir de ma bouche » (153) ; et plus loin : « Comment vous avouer qu'il avait été un instant de ma vie où j'avais oublié que je vous aimais ! » (157-158). Mais d'Ossery dit aussi autre chose : par l'un de ses amis, Milord Exeter, il est informé des occupations de Juliette :

> Je recevais chaque semaine un détail circonstancié de toutes vos démarches : cette espèce de commerce indirect que je semblais entretenir avec vous, était le seul plaisir où je fusse encore

9 Jenny fait tomber une petite table, avant de tomber elle-même devant d'Ossery : cette double chute rappelle le début des *Lettres neuchâteloises* de Mme de Charrière, où Julianne laisse tomber ses paquets avant de glisser et de faire une chute.

> sensible. Que ces détails touchaient mon cœur ! combien ils redoublaient mon estime et mon attachement ! Quelle femme jamais se conduisit à votre âge avec tant de prudence ! sut allier si bien la sagesse austère à l'aimable gaîté, à l'usage du monde ! (158-159)

Sans rien avouer lui-même, d'Ossery a pu ainsi jouir de savoir que Juliette ne tentait pas de le remplacer, et qu'elle souffrait de l'aimer encore, dans l'incertitude :

> je sentais de la douceur à penser que vous étiez à Erford, que vous y étiez seule, que vous y pleuriez ; que peut-être j'avais part à vos larmes ; que parmi ces regrets donnés à la perte d'un frère chéri, quelques soupirs s'échappaient vers l'amant qui vous adorait. (158)

D'Ossery a aimé, il a été aimé avec « probité » (158), avant son erreur. Mais il semble qu'il veuille être aimé aussi d'une Juliette plongée dans le doute, dans le trouble, dans les larmes. Peut-être manquait-il à l'amour de Juliette cette part d'erreur, de folie, de perte des assurances communes, qu'il avait connue pour sa part, avec Miss Jenny, dans la scène du cabinet. Et de fait, l'état dans lequel se trouve Juliette, lorsqu'elle se voit abandonnée, relève bien de l'égarement. Pour d'Ossery, le moment d'erreur et d'oubli fut rapide, et source d'un plaisir fugitif. Pour Juliette, l'erreur est longue, elle est occasion de souffrance et de trouble ; ses effets vont s'aggraver encore au retour de Milord d'Ossery. Les contradictions qui habitent Juliette affectent sensiblement son écriture : les exclamations, les interrogations, les points de suspension envahissent ses lettres ; le style désordonné de la passion se traduit par une bousculade de propos violents. L'héroïne voudrait parler et se taire à la fois, fuir d'Ossery et se rapprocher de lui, comme en témoigne ce fragment de lettre significatif :

> Vain espoir ! je ne puis cesser de m'occuper de Milord d'Ossery. Son éloignement me fâche, d'où vient ? Aurais-je donc pensé qu'il devait être sensible au mien ? Croyais-je que mes dédains ne le rebuteraient point ? était-ce pour être suivie que je fuyais ? aurais-je eu la bassesse de désirer ?... Je ne sais, mais j'imaginais qu'il verrait Milord Carlile, qu'il chercherait à s'approcher de

> vous… Je suis devenue bizarre, injuste ; quand on me parle de lui, je me mets en colère ; si on me m'en dit rien, je m'afflige. En voulant me voir, il m'a irritée : il me laisse, sa négligence me déplaît, m'offense… Mon Dieu, est-ce votre amie, est-ce une femme sensée, qui est si peu d'accord avec elle-même ? (85-86)

Juliette offre à son ancien amant tous les signes de la passion qui ne se connaît pas, qui tarde à s'avouer. Il apparaît clairement que d'Ossery jouit de cet égarement où il précipite sa maîtresse, et qui lui est une preuve de son amour. Le désir brutal pour Miss Jenny s'était manifesté à l'occasion d'un oubli de soi, dans un espace obscur et étranger. De même, l'amour de Juliette reprend tous ses droits à la faveur du dérangement intellectuel qu'elle éprouve de plus en plus cruellement : « En vérité j'ai perdu la raison » (82) ; « Assurément, ma chère, ma tête est un peu dérangée. Je suis inquiète, agitée » (104).

Pour éprouver de l'amour, il faut se tromper, errer, s'oublier, perdre ses repères, ne plus rien savoir. Il faut aussi douter aussi de l'identité de l'autre : c'est sans doute par cette dernière « erreur », décisive, que Juliette sera vaincue dans sa résistance, avant même qu'elle ne lise le récit de d'Ossery. Lors d'un bal, elle se rend sur une terrasse, où elle est suivie par « un masque en domino noir » (135) : il s'assied près d'elle, lui saisit les mains et lui dit quelques mots. Elle reconnaît immédiatement d'Ossery, et veut fuir ; il la retient :

> Il a ôté brusquement son masque ; son camail s'est renversé… Ah, ma chère Henriette, qu'il était bien ! Le désordre de ses cheveux donnait une grâce nouvelle à ses traits ; un air animé, passionné même… Comment l'aspect de cet aimable visage m'a-t-il causé un trouble si cruel, si contraire à l'impression qu'il semblait faire sur moi ? Tout à coup j'ai perdu la faculté de voir et d'entendre ; un froid mortel m'a saisie. (136)

Lorsqu'elle revient à elle, le comte s'est déjà éloigné, rassuré sans doute : l'évanouissement féminin est un aveu du corps, auquel d'Ossery n'a pu se tromper. Aveu indirect, et contradictoire, comme le note Juliette, puisque l'émotion amoureuse se traduit par « un trouble si cruel », par une perte des facultés communes. Et cette erreur des sens a été produite par une erreur sur la personne de d'Ossery : la voix connue sous le masque, puis le visage démasqué assurent le trouble nécessaire. C'est lui-même et un autre que Juliette a cru voir un instant : surgi du masque, reconnu, il est plus désirable que jamais. Entre le vrai et le faux, elle a hésité quelques secondes, et ce tremblement, à la limite de l'erreur, a favorisé le désir.

Dans la lettre qui suit le récit du comte, Juliette commente l'erreur qui fut la cause de leur longue séparation :

> Milord d'Ossery avait bien raison de dire que l'espèce de ses torts m'était inconnue. Comment aurais-je imaginé ?... quelle aventure ! ce *cabinet*... cette *obscurité*... sa *hardiesse*... il appelle cela *un malheur*... *J'oubliai mon amour,* dit-il... Ah, oui, les hommes ont de ces *oublis ;* leur cœur et leurs sens peuvent agir séparément ; ils le prétendent au moins et par ces distinctions qu'ils prennent pour excuse, ils se réservent la faculté d'être excités par l'amour, séduits par la volupté ou entraînés par l'*instinct.* Comment pouvons-nous démêler la véritable impression qui les détermine ? Les effets sont si semblables et la cause si cachée ? Mais cette excuse qu'ils prennent, ils ne la reçoivent pas ; remarquez cela : ce qu'ils séparent en eux, ils le réunissent en nous. C'est nous accorder une grande supériorité dans notre façon de sentir, mais faire naître en nous une terrible incertitude sur l'espèce des mouvements qui les portent à désirer de nous posséder. (167-168)

L'amour masculin, aux yeux de Juliette, est toujours ambigu : qu'il soit mû par le cœur ou par l'instinct sexuel, il présente toujours le même visage. L'amour brouille les signes, et suscite « une terrible incertitude » chez les femmes. Cette incertitude est une sorte de pari sur l'erreur, nécessaire à l'avènement de l'amour. Et si d'Ossery se montre habile à la produire, il l'éprouve lui aussi, et la recherche chez Juliette.

Le secret de d'Ossery, l'énigme qui pèse sur la vie de Juliette, les cruelles contradictions dans lesquelles elle se débat, sont le prolongement d'une erreur fondatrice : amoureux de Juliette, d'Ossery s'est oublié, un instant, pour aimer charnellement Miss Jenny. Les efforts du comte pour tenter de prouver le caractère radicalement étranger de ces deux amours ne nous convainquent pas : toute l'intrigue concourt au contraire à les rendre solidaires, nécessaires l'un à l'autre. Très lucidement, Juliette comprend, après la lecture du récit du comte, que le cœur et le sexe – distincts chez l'homme et réunis chez la femme – sont toujours noués ensemble, mais dos à dos, comme l'erreur l'un de l'autre.

Lorsque le désir advient par l'erreur

Le pouvoir érotique de l'erreur ou de l'égarement est l'objet, au XVIIIe siècle, de nombreuses scènes, de nombreux récits libertins. S'il a besoin de l'erreur, l'amour est doué aussi d'un pouvoir d'illusion tel qu'il peut surmonter les pires obstacles. Ainsi la castration d'Abélard, dans certaines adaptations de la légende d'Héloïse et d'Abélard, au XVIIIe siècle, n'apparaît pas comme un obstacle radical, mais comme un simple manque que l'amour, ce grand illusionniste, parvient à combler. Dans l'*Epître d'Héloïse* de Pope (1717), dans sa traduction libre par Colardeau (*Lettre d'Héloïse,* 1758), Héloïse nie, par son désir, la mutilation d'Abélard :

> O douce volupté !... plaisirs... où je me noie !
> Serre-moi dans tes bras, presse-moi sur ton cœur.
> Nous nous trompons tous deux, mais quelle douce
> [erreur !
> Je ne me souviens plus de ton destin funeste.
> Couvre-moi de baisers... Je rêverai le reste.[10]

Le goût du bonheur, propre au XVIIIe siècle, était capable, on le voit, de vaincre tous les obstacles : l'imagination érotique d'Héloïse est ici toute-puissante. L'Héloïse originale avait le regret plus sobre : « Loin de gémir des fautes que j'ai commises, je pense en soupirant à celles que je ne peux plus commettre. »[11]

[10] *Lettre d'Héloïse* de Colardeau, citée par Charlotte Charrier, *Héloïse dans l'histoire et dans la légende,* Paris, Champion, 1933, p. 460.

[11] Héloïse et Abélard, *Correspondance,* trad. Paul Zumthor, Paris, 10/18, 1979, p. 157.

Dans le même registre, un roman de Fanny de Beauharnais, *L'Abailard supposé ou le sentiment à l'épreuve* (1781), met en scène la comtesse d'Olnange, qui s'adresse en ces termes au marquis de Rosebelle : « Croyez qu'aimé comme je vous aime, Abailard même aurait pu encore être heureux ! »[12]. Ce roman sentimental propose la figure d'un faux Abélard. La comtesse d'Olnange, veuve de dix-huit ans, ne saurait envisager d'épouser le marquis de Rosebelle, car elle conçoit à l'égard des hommes, de leur désir et de leur fidélité une méfiance inébranlable. Un ami de Rosebelle fait courir le bruit que Rosebelle a été émasculé. La comtesse l'apprend et redouble d'amour pour le marquis : il ne pourra dans cet état, pense-t-elle, lui être infidèle, et lui vouera un amour purement sentimental. Elle accepte de l'épouser, avec le projet de lui faire « oublier [ses] pertes »[13]. Après l'avoir reçu auprès d'elle comme dans un songe, mais avec la meilleure grâce du monde, elle célèbre l'amour, à l'issue de leur première nuit : « Délices pures, extase enchanteresse, permise même à l'innocence ; charme divin, bienfaits de l'amour, qui ne naissez que d'un sentiment tendre et profond, vous fûtes le partage de Rosebelle et de son amante ! »[14].

La radicale distinction du cœur et de la sexualité, qu'exige la comtesse – et qui est en fait un refus de la sexualité – n'est dépassée qu'au prix d'un mensonge, qui se révèle producteur de vérité : c'est en effet dans l'illusion d'un amour qu'elle croit pur que la comtesse se forge malgré elle les représentations érotiques qui lui permettront d'aimer charnellement le marquis. Les scènes érotiques ne manquent pas, qui montrent la comtesse s'adonnant à la volupté, alors qu'elle croit sacrifier à l'amour. Mme d'Olnange découvre ainsi, grâce à l'erreur sur le sexe de son prétendant, la vérité sexuelle du sentiment.

Le mensonge de l'ami de Rosebelle met en évidence le caractère frauduleux du désir : c'est en croyant *aimer* Rose-

[12] Fanny de Beauharnais, *L'Abailard supposé ou le sentiment à l'épreuve*, Paris, 1781, p. 118.

[13] *Ibid.*, p. 117.

[14] *Ibid.*, pp. 237-238.

belle que la comtesse le *désire* vraiment. Il fallait au sentiment amoureux cette erreur créatrice : un déplacement s'est produit à la frontière entre le cœur et le sexe, que la comtesse croyait inébranlable. L'aveuglement a été nécessaire à la constitution d'une vérité nouvelle, que la comtesse reconnaît avec extase.

L'erreur amoureuse peut devenir, paradoxalement, un instrument de vérité. Les *Lettres de Milady Juliette Catesby* de Mme Riccoboni illustrent remarquablement ce paradoxe : le secret du comte d'Ossery plonge Juliette Catesby dans une erreur qui va lui faire connaître la vérité émotionnelle de la passion. La quête amoureuse, on l'a vu dans *Caliste* de Mme de Charrière, peut métaphoriser une recherche de la vérité, un désir de réparer un manque originel. Les romans de Marivaux ou de Prévost confèrent à l'amour une fonction analogue : il s'agit de retrouver la vérité d'une origine perdue. Mais le désir, ou le besoin d'amour, peuvent aussi figurer l'envers, ou le refus d'une quête de la vérité. La découverte de la vérité coïncide souvent en effet avec la reconnaissance d'une faute – adultère des parents, inceste, abandon, naissance illégitime. Le désir avance en aveugle sur le chemin d'une vérité qui le guide, mais qu'il ne veut pas voir.

Un petit roman de Mme de Charrière, *Honorine d'Userche* (1799), illustre parfaitement cette double exigence contradictoire, qui anime l'expérience amoureuse : un désir de vérité, et une passion de l'erreur. Honorine, l'un des meilleurs partis de France, n'est pas, comme elle le croit, la fille de M. d'Userche ; celui-ci, sans être dupe, l'a en quelque sorte adoptée, et élevée jusqu'à l'âge de douze ans. Fille, en fait, du marquis de la Touche et de Mme d'Userche, Honorine a un frère – un peu plus âgé qu'elle mais fruit des mêmes amours illégitimes – placé par sa mère à la campagne, où il vit en petit garçon qui ignore tout de ses parents. M. d'Userche vit avec Honorine, loin de sa femme, sur une terre proche du village où réside le jeune garçon : les deux enfants, qui ne savent pas qu'ils sont frère et sœur, deviennent inséparables et ne tardent pas à tomber amoureux l'un de l'autre. Mais la naissance obsure de Florentin lui interdit toute prétention sur Honorine.

C'est le premier obstacle à l'amour : Honorine le sait insurmontable, tout en le méprisant. Elle va tenter, par d'habiles supercheries, de faire passer Florentin pour ce qu'il n'est pas : le Chevalier de Vienne. L'heureux mensonge convainc tout le monde, et ravive l'amour des deux jeunes gens. L'obstacle social pourrait être levé, au moment où intervient un second obstacle, absolu celui-ci : le tabou de l'inceste. La lumière est faite en effet sur la naissance des deux enfants : ils découvrent qu'ils sont frère et sœur. Honorine est tentée de braver le tabou : elle invoque les peuples et les époques qui ne le respectaient pas. Mais Florentin, par amour filial, refuse de transgresser l'interdit. La vérité sur sa naissance lui importe plus que l'amour d'Honorine : il se découvre en effet un père de qualité, le marquis de la Touche, qui avait d'ailleurs contribué à son éducation. Florentin abandonne Honorine, non sans trouble, pour suivre son père en voyage, à l'aube de la Révolution.

L'erreur, due à l'ignorance dans laquelle vivait Florentin, puis redoublée par l'ingéniosité d'Honorine, permet de ne pas voir la faute originelle (en l'occurrence l'adultère de la mère, et le lien du sang entre Florentin et Honorine). Les personnages semblent devoir en remettre toujours sur l'erreur, pour mieux camoufler la faute, et pour autoriser, frauduleusement, le désir. Si Florentin et Honorine se sont aimés – alors que tout, socialement, les séparait –, c'est par l'effet d'une secrète reconnaissance que la nature leur dictait. L'amour aveuglé pressent la vérité, mais il ne veut pas la connaître : il conduit les deux personnages sur la voie de leur véritable identité, mais il la leur cache en même temps, sans quoi il serait condamné. Par un jeu d'erreurs et de faux noms dont le pouvoir érotique se révèle puissant, l'amour montre aux héros le lieu de la vérité, tout en s'ingéniant à leur en interdire l'accès. Lorsque ses vrais liens avec Florentin sont découverts, Honorine, abandonnée, ne se crève pas les yeux comme Œdipe, mais souffre, comme lui, dans une solitude totale.

Telle est l'ambiguïté du désir amoureux, dans les représentations qu'en offre le roman du XVIIIe siècle : symbolisant parfois, par sa recherche de l'objet unique ou parfait, une quête de l'origine, une tentative de réparation d'un manque originel, le désir en figure aussi l'exact inverse. Comme un jeu de masques, il veut s'affranchir de la tyrannie qu'impose la vérité, il veut ignorer souverainement la faute, pour laisser sa chance au plaisir et au bonheur d'aimer, fût-ce au prix de l'erreur.

La vérité dans le vice

Le vice, chez Sade, ne recherche pas la vérité, mais le seul plaisir. Les êtres vertueux, par contre, pressentent la vérité, et la découvrent en effet, pour leur malheur. Ainsi, dans l'une des nouvelles des *Crimes de l'amour* (1800), *Florville et Courval*, les amours de l'héroïne sont des erreurs, des fautes successives, qui lui révèlent l'atrocité des crimes par lesquels s'éclaire, enfin, le mystère de sa naissance.

Florville et Courval est un roman de la naissance obscure. Dans le long récit qu'elle fait à l'homme qui veut l'épouser, Courval, Florville tient à rappeler les circonstances de son éducation : comme les deux enfants des *Heureux Orphelins* de Crébillon, elle a été trouvée dans un berceau, avec un billet anonyme l'adressant à M. de Saint-Prât. Celui-ci l'a élevée, avec sa femme, dans des principes de vertu austère. A la mort de Mme de Saint-Prât, Florville est envoyée chez une parente, qui s'emploie à corrompre la jeune fille. Florville résiste aux leçons de débauche de Mme Verquin, mais cède tout de même aux charmes d'un beau jeune homme, Senneval. Après six mois d'ivresse amoureuse, Florville est enceinte, et Senneval l'abandonne, en enlevant son fils.

Après cette première faute, et un fort long intervalle de vie vertueuse, elle commet une autre faute, ou plutôt un crime. Florville rencontre chez une amie le chevalier de Saint-Ange, un jeune homme de dix-sept : elle est prise à sa vue d'un « tremblement universel »[15], et manque de s'évanouir. Saint-Ange tombe amoureux de Florville, lui propose de l'épouser et tente de la séduire. Se souvenant de Senneval et de sa trahi-

[15] Sade, *Les Crimes de l'amour,* éd. Michel Delon, Paris, Folio, 1987, p. 118.

son, elle résiste. Saint-Ange la surprend en pleine nuit, et s'apprête à la violer : pour se défendre, Florville saisit des ciseaux et, sans le vouloir, le tue. C'est alors qu'elle s'avoue à elle-même qu'elle l'aimait.

Florville n'est pas poursuivie pour ce crime. Elle retourne chez Mme Verquin, à Nancy. Témoin d'un crime – elle voit une femme en tuer une autre –, elle est interpellée au tribunal : sa déposition fait condamner à mort la coupable. A la suite de ce témoignage, le fantôme de la condamnée poursuit Florville, qui se retire au couvent.

Le récit de Florville terminé, Courval demeure persuadé que Florville est innocente, et l'épouse. Mais la jeune femme, enceinte, demeure habitée de funestes pressentiments. Le narrateur hésite à nous livrer la fin de l'histoire :

> Ici ma plume s'arrête… je devrais demander grâce aux lecteurs, les supplier de ne pas aller plus loin… […] Pourquoi faut-il que la malheureuse Florville, que l'être le plus vertueux, le plus aimable et le plus sensible, se trouve, par un inconcevable enchaînement de fatalités, le monstre le plus abominable qu'ait pu créer la nature ?[16]

En moins de dix pages en effet, toute l'histoire de Florville sera reparcourue, et la vérité faite sur sa naissance : les trois fautes dont elle s'est accusée se transformeront en une multitude de crimes.

Le fils de Courval, issu d'un premier mariage, se présente chez son père, et avoue ses fautes et ses malheurs. Par son récit, on apprend qu'il est Senneval, le premier amant de Florville, dont il eut un fils, Saint-Ange : Florville a donc tué son propre fils. On comprend aussi qu'elle a fait condamner à mort, à Nancy, la première épouse de Courval. Enfin, Senneval révèle qu'il est le frère de Florville, qui se trouve donc être la fille de Courval, son mari. Par cet invraisemblable « enchaînement de fatalités », Florville a commis trois incestes – avec son frère, avec son père, et, sous forme de viol manqué, avec son fils –, ainsi que deux meurtres – celui de son fils et,

[16] *Ibid.*, pp. 143-144.

indirectement, celui de sa mère. Le récit de Senneval achevé, Florville parachève la série en se suicidant, tuant du même coup l'enfant de son père, qu'elle portait.

L'amour et ses erreurs, dans les romans de la naissance obscure, conduisent les personnages sur le chemin de leur origine : c'est ce qui arrive à Florentin, dans *Honorine d'Userche.* Dans la nouvelle de Sade, la vertueuse Florville commet des fautes, sous l'emprise de la passion, par lesquelles elle découvre la vérité de ses origines. Chez Mme de Charrière, Prévost ou Marivaux, la quête amoureuse est une métaphore de la quête des origines. Sade, quant à lui, traduit en quelque sorte la métaphore en termes propres : l'expérience amoureuse est une façon de retrouver sexuellement ses parents. Ainsi, connaître sa naissance, pour Florville, c'est – parmi d'autres crimes – faire l'amour avec son père et tuer sa mère. Sans le savoir, les deux personnages vertueux de la nouvelle, Florville et Courval, rejouent la scène œdipienne. Le père et la fille incestueux, dans *Eugénie de Franval,* font de même, mais dans la pleine conscience de leur crime. Confrontées l'une à l'autre, les deux nouvelles des *Crimes de l'amour* révèlent le projet sadien : l'erreur amoureuse permet de camoufler commodément le crime qui fonde tout désir sexuel ; il convient donc de dénoncer cet aveuglement hypocrite des défenseurs de la vertu, de soulever ce voile pudique qui cache la vérité du sexe, sa violence, ses affinités avec le crime et la mort.

CHAPITRE 2

L'énigme des sexes

Enigmes masculines

Qu'ils jouent sur les mots – celui de sensibilité, par exemple –, sur les formes – doubles ou enchâssées –, sur la vérité et l'erreur des sentiments, les récits du XVIIIe siècle proposent des messages ambigus. La fin du roman peut être édifiante – comme dans *Honorine d'Userche* –, ou cynique – comme dans *Florville et Courval*–, toujours le désir emprunte des voies trompeuses avant de se connaître, s'égare pour mieux se trouver. Si l'erreur est le destin de l'amour, c'est que le secret est sa raison ultime. Qu'elle soit déchiffrée ou non, l'énigme qui pèse sur les amants répond à une inquiétude liée au désir de vérité. La relation amoureuse aiguise le sentiment d'un savoir impossible : l'objet aimé, l'autre sexe, se dérobent à l'effort d'appréhension.

Ce sont les femmes, par tradition[1], qui sont énigmatiques dans le roman du XVIIIe siècle : ainsi Sylvie ou Angélique dans

[1] Corinne Chaponnière montre, dans l'histoire de la culture occidentale, comment l'on conféra du mystère à la femme pour mieux lui dénier du

Les Illustres Françaises de Challe, Manon dans *Manon Lescaut,* Théophé dans l'*Histoire d'une Grecque moderne* de Prévost. Offrant des signes multiples et contradictoires au regard amoureux d'un personnage, d'un narrateur masculins, elles exhibent l'énigme même de la féminité, chère à Freud[2]. L'hypothèse devrait valoir essentiellement pour des romans écrits par des hommes. Notons qu'elle vaut aussi pour les *Lettres d'une Péruvienne,* roman de Mme de Grafigny qui reproduit, avec le personnage de Déterville, le modèle de l'homme amoureux, interprète malheureux des signes contradictoires de la féminité.

On est en droit, cependant, de s'interroger sur cette énigme spécifiquement féminine, lorsqu'on aperçoit, dans les œuvres de certaines romancières, des héros mâles obscurs, ambigus, insaisissables, et soumis au regard insistant et perplexe d'héroïnes amoureuses. Peut-être faudrait-il inverser la thèse freudienne, et honorer l'imaginaire féminin d'une volonté de savoir assez ardente pour constituer le sexe masculin en énigme.

Quoi qu'il en soit, constatons d'abord que les romancières exploitent, en inversant les sexes, le topos de l'héroïne énigmatique, souvent de naissance obscure. Les exemples sont nombreux : ainsi, chez Mme de Charrière, *Honorine d'Userche* présente, on l'a vu, un cas de naissance obscure masculine, dans le personnage de Florentin. Dans les *Lettres écrites de Lausanne,* c'est un jeune lord qui offre à Cécile l'image indécise d'un amoureux fuyant. William[3], dans *Caliste,* ne cesse

sens. Voir son livre *Le Mystère féminin ou vingt siècles de déni de sens,* Paris, Olivier Orban, 1989.

[2] Telle est l'interprétation que propose Claude Reichler dans *L'Age libertin,* Paris, Minuit, 1987 : les héroïnes énigmatiques apparaissent comme les créatures mêmes du fantasme masculin, ce «grand inquisiteur du secret de la femme» (p. 78), animé d'un «désir de savoir impossible à combler» (p. 65).

[3] Notons que le caractère énigmatique des personnages est considéré ici indépendamment du choix narratif : ainsi, dans *Caliste,* c'est William qui raconte son histoire, mais c'est bien lui qui est fuyant pour Caliste, alors qu'elle se montre d'une constance amoureuse sans faille. Dans *La Vie de*

d'hésiter, de déclarations en retraits, face à l'amour que lui porte Caliste.

L'énigme a souvent trait à la sexualité masculine. Dans *Le Siège de Calais* (1739) de Mme de Tencin, Mme de Granson se trouve dans la pire des incertitudes après s'être donnée par erreur à l'homme qu'elle aime, croyant qu'il s'agissait de son mari : qui est-il, s'interroge-t-elle, pour m'avoir fait subir pareille humiliation ? Dans les *Lettres de Milady Juliette Catesby,* Mme Riccoboni plonge Juliette dans le plus grand trouble, lorsque Milord d'Ossery, qui venait de se déclarer, prend la fuite et en épouse une autre, sans explications. Son comportement énigmatique est lié à une forme de sexualité inavouable à la femme aimée. Dans les *Lettres de Mylord Rivers* (1776) de Mme Riccoboni, le personnage principal, Mylord Rivers, s'entoure d'un secret « impénétrable »[4], par peur de déclarer l'amour qu'il éprouve pour Adeline. C'est l'homme, encore, qui est mystérieux, dans les romans écrits sur le modèle des *Lettres portugaises* de Guilleragues : absent, lointain, taciturne, il est l'objet, pour l'épistolière, de multiples et vaines tentatives d'interprétation. A la question qu'elle ne cesse de se poser – pourquoi m'abandonne-t-il ? –, nulle réponse univoque n'est donnée.

Du début à la fin du siècle, les romancières, et quelques romanciers, mettent en scène, pour mieux troubler les héroïnes, des personnages masculins énigmatiques et insaisissables. L'énigme n'est pas l'apanage du sexe féminin, tout comme l'obscurité masculine n'est pas l'invention des romancières[5].

Marianne de Marivaux au contraire, c'est Marianne qui raconte, à la première personne, et c'est elle qui demeure obscure aux yeux des hommes.

[4] Mme Riccoboni, *Lettres de Mylord Rivers,* éd. Olga B. Cragg, Genève, Droz, 1992, p. 153.

[5] Le débat pluricentenaire sur l'identité et le sexe de l'auteur des *Lettres portugaises* est à cet égard révélateur : de nombreux lecteurs et critiques, tenant à la thèse d'une authentique épistolière – cette religieuse portugaise dont on croyait avoir retrouvé les traces –, ne pouvaient admettre ce dont pourtant la littérature est familière, à savoir la prise en charge, par le narrateur, d'un point de vue qui n'est pas celui de l'auteur.

L'énigme de la femme se manifeste par l'opposition entre une « sur-présence charnelle » et une « lacune intime »[6] ; celle de l'homme prend d'autres formes. Obscur par le mystère qui règne autour de sa naissance, inconséquent dans ses comportements amoureux, l'homme n'offre que des signes équivoques, illisibles, à celle qui voudrait le comprendre. Nulle ne le dit mieux que Juliette Catesby, on l'a vu : la « terrible incertitude »[7] qu'elle éprouve à l'égard de son amant, est proche du trouble que produisent les femmes. Mais chez elles, le doute est dû à une hésitation entre vertu et inclination au plaisir. Chez les hommes, il a pour cause une attitude indistincte, qu'il s'agisse d'amour vrai ou de désir passager. De part et d'autre, l'ambiguïté prend des formes variables, mais elle est toujours l'effet d'une lecture impossible de la différence sexuelle : réciproquement, personnages masculins et féminins se trompent sur les sentiments, les intentions, les désirs de l'autre sexe. Plus visible et spectaculaire, mieux théorisée, l'énigme féminine paraît dominer le roman du XVIIIe siècle de sa puissance fantasmatique. Cependant, pour Mme de Granson, Juliette Catesby, Honorine, Cécile, Caliste ou Zilia, l'énigme masculine est au cœur même de leur vie sentimentale.

On peut même se demander si le secret ou l'incertitude qui pèsent sur le sexe masculin ne vont pas, dès la seconde moitié du siècle, l'emporter sur l'ambiguïté féminine. Indécis, abouliques, effrayés par les femmes ou par l'engagement amoureux, les héros faibles et hésitants sont de plus en plus nombreux dans le roman du XVIIIe siècle, et pas uniquement dans des œuvres écrites par des femmes.

Aux héroïnes sûres de leur cœur qui peuplent ses romans, Mme Riccoboni oppose des hommes paralysés par le doute, mélancoliques, incapables de choisir entre le sentiment et la loi sociale : ainsi Clémengis dans l'*Histoire d'Ernestine* (1762), Mylord Rivers dans les *Lettres de Mylord Rivers* (1776), ou Alfred dans les *Lettres de Mistriss Fanni Butlerd*. Mme de Char-

[6] Claude Reichler, *L'Age libertin, op. cit.*, p. 66.

[7] Mme Riccoboni, *Lettres de Milady Juliette Catesby*, Paris, Desjonquères, 1983, p. 168.

rière crée le type même du héros aboulique : William, dans *Caliste,* en est le meilleur exemple, précédant les héros romantiques dans l'aveu de leur inaptitude à l'action. William comptera en effet de nombreux descendants dans le roman des décennies qui suivront, et parmi eux deux personnages considérables : Lord Oswald Nelvil dans *Corinne ou l'Italie* (1807) de Mme de Staël, et Adolphe de Benjamin Constant.

On retrouve l'indécision masculine un peu plus tard encore, dans un roman de Mme de Duras : *Olivier ou le secret* (1822)[8] met en scène un héros secrètement impuissant. La romancière construit son récit sur le modèle des *Lettres de Milady Juliette Catesby,* en le radicalisant : alors que le secret est levé chez Mme Riccoboni, il devient un octacle absolu, un interdit inviolable chez Mme de Duras ; l'énigme demeure entière jusqu'à la fin du roman. Le lecteur, comme dans *Armance* (1827) de Stendhal, ne peut qu'en deviner la nature. Or, l'énigme porte sur le symbole même de la virilité : *Olivier ou le secret* et *Armance* – romans de l'impuissance non dite – mettent en doute la supériorité masculine[9].

Dans les récits libertins du XVIIIe siècle, on parle beaucoup d'impuissance, et les allusions sont nombreuses, souvent très claires. Mais la défaillance virile est toujours temporaire, telle une exception – honteuse et ridicule – qui ne fait que confirmer la règle de la puissance mâle. Si Olivier et Octave de Malivert, impuissants définitifs, ne sont pas ridicules, c'est qu'ils ont d'autres ressources, intellectuelles et affectives : en effet, les diverses voix épistolaires chez Mme de Duras, le narrateur omniscient chez Stendhal, font d'eux des personnages sympathiques, émouvants, pathétiques quelquefois. Eprouvé certes comme une honte, leur mal devient, sous le sceau du secret, le symbole d'une nouvelle figure de l'éros : Olivier et Octave sont au XIXe siècle les premiers héros

8 Mme de Duras, *Olivier ou le secret,* éd. Denise Virieux, Paris, J. Corti, 1971.

9 Voir, au sujet des représentations de l'impuissance aux XVIIIe et XIXe siècles notamment, Yves Citton, *Impuissances. Défaillances masculines et pouvoir politique de Montaigne à Stendhal,* Paris, Aubier, 1994.

masculins incapables de posséder une femme, et pourtant aimés, et aimables. La contestation du symbole viril s'accompagne, chez Octave de Malivert, d'une mise en cause radicale du privilège de la naissance. Inapte à donner une descendance à son nom, le vicomte de Malivert refuse la supériorité du rang.

Le modèle romanesque du parvenu, ou celui de l'héroïne à la naissance obscure, ont ouvert une brèche, au XVIIIe siècle, dans le bastion idéologique que constitue le privilège de l'origine noble. Au début du XIXe siècle, avec *Armance,* le doute qui affecte l'autorité de la naissance – garante à elle seule, jusque-là, de la qualité de l'individu – se double d'une interrogation sur la hiérarchie des rôles sexuels. Ainsi, le roman de Stendhal trouble le paradigme fondateur de la morale d'Ancien Régime, qui associe primat du rang, autorité paternelle et sexualité virile.

Dans *Olivier* et *Armance,* le pouvoir transgressif du désir suggère qu'entre les sexes, des passerelles existent, loin des frontières qui les séparent communément. D'autres romans – ainsi *Lamiel*[10] de Stendhal – viendront signifier que le sexe, pas plus que la naissance, ne garantit à l'individu des qualités constantes et inaliénables. Le roman du début du XIXe siècle est très riche en représentations de sexualités non conformes. L'androgynie et la bisexualité sont illustrées dans *Mademoiselle de Maupin* (1835-1836) de Théophile Gautier, dans *Fragoletta, ou Naples et Paris en 1799* (1829) de Henri de Latouche, dans *La Fille aux yeux d'or* (1834) de Balzac. *Sarrasine* (1830) met en scène un castrat, d'autres romans de Balzac contribuent à forger le type romanesque de l'homosexuel[11].

[10] Roman inachevé de Stendhal, écrit à partir de 1839.

[11] Michel Crouzet a consacré plusieurs études à ces romans, notamment « Monstres et merveilles : poétique de l'Androgyne. A propos de *Fragoletta* », *Romantisme,* n° 45, 1984, pp. 25-41 ; « *Mademoiselle de Maupin* ou l'Eros romantique », *Romantisme,* n° 8, 1974, pp. 2-21 ; « Le réel dans *Armance.* Passions et société ou le cas d'Octave : étude et essai d'interprétation », *Le Réel dans le texte,* Paris, A. Colin, 1974, pp. 31-110.

Le secret d'Olivier et d'Octave, représentation extrême de l'énigme masculine, prend sa source chez les romanciers du XVIIIe siècle qui, dès 1750 environ, proposent des variations nombreuses sur le thème du héros indécis. Après la publication de *La Nouvelle Héloïse* de Rousseau, c'est comme représentants de l'autorité du nom et de la naissance que les héros masculins perdent de leur prestige. Conquis par les valeurs sentimentales[12] qui promeuvent les qualités individuelles, mais attachés encore à la légitimité aristocratique et à la loi sociale, ils se déclarent puis se retirent, paralysés dans l'élan de leur désir.

Fraudes vestimentaires

Dessinée ici à grands traits, l'évolution du thème de la « terrible incertitude » – ce pendant masculin de l'énigme féminine –, nous invite à revenir aux romans qui les premiers, au XVIIIe siècle, jouent du trouble des sexes. S'il faut se tromper pour aimer, si le désir a besoin de fraude ou d'erreur pour s'épanouir, l'énigme des sexes sera l'instrument privilégié de la quête érotique. Le roman du XIXe siècle radicalise, sous la forme du secret absolu, ce qui n'est encore au XVIIIe qu'une énigme, une incertitude, résolues le plus souvent au terme de l'intrigue. A une esthétique du sens incomplet, le XVIIIe siècle préfère une poétique de l'ambiguïté : le sexe est énigmatique, le féminin et le masculin se croisent, comme se côtoient et se chevauchent d'autres identités antagonistes : le noble et le roturier, le vertueux et le vicieux, l'innocent et le pervers, le chaste et le libertin. Aussi le roman offre-t-il nombre de masques, de rôles, de déguisements, de vêtements ambigus, grâce auxquels les repères sexuels, passagèrement, sont troublés.

Rares sont les héros de roman, au XVIIIe siècle, qui ne jouent pas sur deux scènes à la fois : celle du cœur, de l'amour

12 Voir à ce sujet David J. Denby, *Sentimental Narrative and the Social Order in France : 1760-1820*, Cambridge University Press, 1994.

vrai et inaliénable, celle du désir, à jamais inassouvi. Chez Louvet, dans *Les Amours du chevalier de Faublas* (1787-1790), ou chez Duclos, dans les *Confessions du comte de**** (1741), la narration est produite par le héros assagi, assigné au repos que lui offrent l'amour unique, et le mariage. Condition de moralité du récit, l'amour vrai en est aussi la condition de possibilité, et d'écriture. Mais dans l'histoire narrée, le partage entre les mouvements du cœur et ceux des sens ne se fait jamais clairement : l'indistinction apparaît même comme une donnée nécessaire de l'éducation sentimentale. Ainsi Meilcour, dans *Les Egarements du cœur et de l'esprit* (1736 et 1738) de Crébillon, s'initie à l'amour dans un chassé-croisé où le culte ardent et respectueux qu'il voue à la jeune Hortense ne se constitue qu'à la faveur du désir qu'il éprouve pour une femme d'expérience, Mme de Lursay.

Les amours pures et les amours charnelles ne se confondent jamais : elles se distinguent par le rôle qu'elles jouent dans la vie du héros, par leur investissement imaginaire, et aussi par leur objet ; la personnalité, l'âge et souvent le rang social des femmes aimées ou désirées assurent un partage clair. Pourtant, entre ces deux tableaux, le héros fait un va-et-vient constant, jouissant des charmes de leur différence, éprouvant comme un besoin cette proximité du plaisir et de la pureté. Cette double direction de la quête amoureuse – qui reproduit le partage, topique dans la culture occidentale, entre l'idéal inatteignable et le réel décevant – apparaît au XVIIIe siècle comme une condition de la formation du héros.

Cette figure du double se trouve être un lieu d'exploration privilégié de la quête amoureuse. Avant même que l'amour ne se divise entre objet pur et objet impur, il se confronte à une autre différence : celle des sexes. Suivons Faublas dans sa découverte de l'autre sexe, de cette altérité qu'il est loisible d'affronter de biais.

Fraîchement arrivé à Paris avec son père, âgé d'à peine seize ans, mais parfaitement habile aux arts et aux exercices propres à un chevalier, Faublas rencontre presque simultanément deux femmes, entre lesquelles son jeune désir va se partager. Au couvent, où il rend visite à sa sœur, une très jeune fille lui est présentée, Sophie de Pontis : « figurez-vous Vénus à quatorze ans ! »[13]. Faublas, sous le charme, se trouble, demeure muet et se trompe dans les salutations :

> Mon père, avant de sortir, embrassa sa fille, et salua mademoiselle de Pontis. Moi, dans un transport involontaire, je saluai ma sœur, et j'allais embrasser Sophie. La vieille gouvernante de cette demoiselle, conservant plus de présence d'esprit que moi, m'avertit de ma méprise. (421)

Cette première erreur du désir offre à Faublas un enseignement qu'il mettra à profit. Car elle n'est pas sans effet :

> le front de Sophie se couvrit d'une aimable rougeur, et pourtant un léger sourire effleura ses lèvres de rose. (421)

Le désir est reconnu dans l'une de ses propriétés : il opère un brouillage des repères, il se trompe sur les signes et les conventions. Mais son erreur, on le sent, est intéressée : elle est un masque, qui permet au désir d'aller plus vite en besogne. Faublas en jouera de toutes les manières possibles. Un ami de la famille, le comte de Rosambert, lui propose de l'accompagner au bal. Le jeune homme hésite, et Rosambert le convainc en lui suggérant de se travestir en fille :

> « Il est sage comme une fille ! poursuivit le comte ; hé ! mais craignez-vous que votre honneur ne coure quelques hasards ? habillez-vous en femme : sous des habits qu'on respecte, il sera bien à couvert. » Je me mis à rire sans savoir pourquoi. « En vérité, reprit-il, cela vous irait au mieux ! vous avez une figure douce et fine, un léger duvet couvre à peine vos joues ; cela sera délicieux !... » (427)

Encore peu affirmée, la virilité de Faublas se prête bien au jeu : joli garçon, il peut aisément passer pour une fille. Le jeune homme pourrait se vexer de ce doute sur son sexe : au contraire, il en rit, et comprend d'emblée comment s'en servir,

[13] Jean-Baptiste Louvet, *Les Amours du chevalier de Faublas*, *Romanciers du XVIIIe siècle*, t. II, Paris, Gallimard, Bibliothèque de la Pléiade, 1965, p. 420. On consultera aussi la préface de Michel Delon à son édition du roman, Paris, Folio, 1996.

non pas au bal, mais devant Sophie : « L'idée de ce travestissement me plut. Il me parut fort agréable d'aller voir Sophie sous les habits de son sexe » (427). L'idée, notons-le, n'est pas de Rosambert, mais bien de lui ; Faublas s'arrange en effet pour aller rendre une visite à sa sœur Adélaïde, au couvent, avant le bal. Avec le consentement du père, qui s'amuse de la ressemblance de ses deux enfants, Faublas est présenté à Sophie comme la sœur d'Adélaïde :

> Sophie interdite m'examinait : elle s'arrêta confondue. « Embrassez donc mademoiselle, dit la vieille gouvernante, trompée par la métamorphose. » « Mademoiselle, embrassez donc ma fille », répéta le baron que la scène amusait. Sophie rougit et s'approcha en tremblant ; mon cœur palpitait. Je ne sais quel secret instinct nous conduisit, je ne sais pas avec quelle adresse nous dérobâmes notre bonheur aux témoins intéressés qui nous observaient ; ils crurent que dans cette douce étreinte nos joues seulement s'étaient rencontrées... mes lèvres avaient pressé les lèvres de Sophie !... [...] C'était aussi le premier baiser de l'amour. (428)

Cette fois, c'est Sophie qui se trompe, sur le sexe, et sur la personne. L'amour trouve sa voie à la faveur de cette méprise, ou plutôt, de cette demi-erreur : Sophie a déjà échangé des regards insistants avec Faublas, et ne saurait donc être entièrement abusée. Elle ne sait pas exactement qui elle embrasse : Faublas, ou une jeune fille. Dans ce doute, face à cette double identité, à ce double sexe, un « secret instinct » s'éveille, par lequel le désir trouve sa voie. Favorisé par l'erreur, l'amour, par ailleurs, ne survit qu'en trompant : le baiser, dérobé aux témoins, trompe toute la compagnie.

Dans cette brève scène se met en place une structure qui ne fera que se répéter, en se sophistiquant, dans les nombreuses expériences érotiques de Faublas. Le premier modèle est assigné à l'amour, mais les suivants, beaucoup moins chastes, reprendront les mêmes ingrédients : le trouble sur le sexe et l'identité, et la tromperie. S'imposer aux femmes par une identité énigmatique, tromper les autres (mari, gouvernante, etc.) par la ruse : telle est la loi du désir de Faublas, où autrui, toujours, est plongé dans l'erreur.

Pour donner à Sophie le premier baiser de l'amour, Faublas se présente à elle vêtu en amazone : le choix du vêtement – « tel que le portent les dames anglaises quand elles montent à cheval » (427) – n'est pas innocent. Robe de femme, mais destinée à une activité masculine, rappelant en outre les mythiques et viriles chasseresses, l'amazone est le vêtement de l'entre-deux-sexes. Porté par une femme, il la virilise ; porté par Faublas, il redouble l'ambiguïté du travestissement.

C'est dans la même robe que Faublas se rend à son premier bal et rencontre la marquise de B*** qui, profitant de l'erreur sur son sexe, l'initie aux plaisirs de l'amour. Le marquis de B*** qui, contrairement à sa femme, restera dupe du déguisement, est séduit lui aussi par Mlle du Portail/Faublas. Invité à l'hôtel du marquis, Faublas se trouve placé, à table, entre M. et Mme de B*** :

> La marquise, qui m'avait toujours considéré avec la plus grande attention, et dont les regards s'animaient visiblement, s'empara d'une de mes mains. Curieux de voir jusqu'où s'étendrait le pouvoir de mes charmes trompeurs, j'abandonnai l'autre au marquis. Il la saisit avec un transport inexprimable. La marquise, plongée dans des réflexions profondes, semblait méditer quelque projet important ; je la voyais successivement rougir et trembler ; et sans dire un seul mot, elle pressait légèrement ma main droite engagée dans les siennes. Ma main gauche était dans une prison moins douce ; le marquis la serrait de manière à me faire crier. (433-434)

Faublas renouvellera plusieurs fois, dans le roman, cette expérience d'une double séduction, en abandonnant ses mains à deux personnes en même temps. Comme l'amazone qui offre simultanément les signes des deux sexes, le jeu des mains donne à Faublas l'occasion d'éprouver dans un même geste le désir d'un homme et celui d'une femme : trompant à la fois l'un et l'autre, Faublas se plaît à être un objet double, bisexualisé : femme, touchant un homme, homme, touchant une femme, il est au croisement des sexes.

La nuit même du bal, Faublas découvrira pour la première fois « l'ivresse du plaisir » (437) dans les bras de la marquise, et avec la bénédiction du mari. Mme de B***, quant à elle, jouera la crédulité, quant au sexe de Faublas, jusqu'au dernier moment. Ambiguïté sexuelle et duperie, à nouveau conjoints, président ainsi à l'initiation du jeune homme. Ayant pu constater les heureux effets du travestissement, Mme de B*** les suscitera à nouveau en compliquant le jeu : elle se vêt en vicomte de Florville, pour mieux séduire Mlle du Portail.

Faublas lui-même vivra la plupart de ses aventures amoureuses sous des vêtements de femme, qui pourtant le trahissent toujours : c'est moins un déguisement parfait qu'il recherche, qu'une allure ambiguë, capable de tromper les imbéciles et de troubler les êtres sensibles. Ce doute sur son propre sexe est illustré au mieux dans une scène nocturne et très romanesque, au jardin du couvent de Sophie : Faublas, vêtu en fille, grimpe dans un marronnier pour ne pas être surpris, déchire ses habits, et n'échappe pas, enfin, aux regards d'un jeune amant, venu cacher ses amours dans le même jardin :

> D'abord il fut trompé par ma coiffure féminine, par le petit *caraco* blanc ; mais le caleçon déchiré attira aussi son attention, et une toile très fine, modelant certaines formes délatrices, lui donne de terribles soupçons. « Est-ce une femme ? » s'écria-t-il. D'un coup de main rapide il éclaircit ses doutes ; et dès qu'il fut sûr de mon sexe : « Créature amphibie ! vous me direz qui vous êtes ! » (651)

Le terme est adéquat : Faublas, « créature amphibie », veut pouvoir, pour les autres, être homme et femme à la fois. Exclusivement attiré par les femmes, il a besoin d'exhiber les signes des deux sexes : pour se protéger, le plus souvent, mais aussi pour mystifier, ou pour être mystifié. Le désir ne s'allume jamais plus vivement, pour Faublas, que dans les situations de quiproquo, d'inversion des sexes, de métamorphose. Tout se passe comme si Faublas ne voulait pas tant cacher son sexe sous le travestissement, que distribuer en même temps les multiples cartes de son identité, et laisser les autres choisir. Jeune homme immature, amant fougueux, amoureux transi, frère très ressemblant d'Adélaïde, fausse jeune fille, Faublas cherche à séduire en se présentant comme une énigme à résoudre.

A ce titre, l'épisode de l'initiation de Mme de Lignolle est très significative : le sexe parle par énigme, et dès lors tous les travestissements – linguistiques ou vestimentaires – lui sont bons. Déguisé en fille, et portant le nom de Mlle de Brumont, Faublas rencontre une jeune femme vive et jolie, la comtesse de Lignolle, encore vierge après deux mois de mariage. Son mari en effet, ridicule et impuissant, passe sa vie à composer et à résoudre des charades. Avertie par sa tante et par Mlle de Brumont, qui lui font sentir l'insulte qu'elle subit, Mme de Lignolle somme le comte, le soir même, de réparer l'outrage. Ce à quoi il s'essaie, vainement, sous l'œil de Faublas, qui observe la scène par le trou de la serrure. Au départ du mari, il se précipite dans la chambre de Mme de Lignolle, lui apprend qu'il est un homme, qu'il l'aime, et lui offre de la venger. La jeune comtesse ne balance pas, et montre même les meilleures dispositions à l'égard de son maître, qui commente l'épisode :

> Près de l'aimable disciple que je formais, je me rappelai le maître plus aimable qui m'avait formé. Là comme ici, aujourd'hui comme alors, des événements inattendus et peu communs, préparant mon bonheur, m'avaient, presque sous les yeux d'un époux ridicule, pour ainsi dire jeté dans les bras de sa vive moitié ! je me trouvais à la place de M. de Lignolle, enseignant à la jolie comtesse les premiers éléments de l'auguste science que j'avais apprise de la belle madame de B***, sous les auspices du marquis. (837-838)

Qu'il soit maître ou disciple, Faublas retrouve les mêmes éléments de l'intrigue : il ne souligne pas la permanence du déguisement, mais le rôle du mari. Après avoir eu sous les yeux le mari défaillant, il prend sa place, et c'est lui qui se trouve alors « presque sous les yeux d'un époux ridicule ». Dans ce jeu de regards indiscrets, Faublas découvre qu'il est lui-même et un autre – l'amant et le mari –, tout comme il a été le disciple et le maître, ou encore Mlle de Brumont et le chevalier de Faublas. Le déguisement en fille apparaît ainsi comme un redoublement – ou une sophistication – de la question de l'identité, que repose sans cesse la découverte de l'autre sexe.

L'initiation de Mme de Lignolle, pourtant accomplie au cours la nuit, s'achève triomphalement au matin : la jeune comtesse, parfaitement instruite, donne une preuve éclatante de sa compétence érotique. Le comte frappe à la porte de sa femme qui, occupée avec Faublas, prétexte, pour ne pas ouvrir, une leçon prise auprès de Mlle de Brumont :

> – Et que faites-vous donc, madame ? – Des enfants qu'on puisse croire les vôtres, monsieur. – Que voulez-vous dire ? – Que je finis une charade. – Une charade ! voyons donc. – Vous avez envie de chercher le mot ? – Oui vraiment. – Hé bien, attendez une minute. (839)

Jouant à la fois sur les choses et sur les mots, Mme de Lignolle va « finir sa charade », dans les bras de Faublas, tout en en proposant la version verbale à son mari, resté derrière la porte. Faite en italien, dans le feu de l'action, adressée au comte, et commentée en même temps à voix basse pour Faublas, elle s'énonce comme suit : J'aime mon premier. M'aime mon second. Et mon tout, pour être composé de deux, n'en est pas moins un seul[14]. Le mari s'étonne que la charade soit en prose, au moment où la comtesse perd le pouvoir de lui répondre. Mais elle retrouve vite ses esprits :

> – Monsieur, reprit la jeune écervelée, plus contente que si elle eût fait un poème épique et une bonne action, je dois en conscience vous prévenir d'une chose essentielle : c'est que ma charade est une espèce d'énigme qui a deux mots. Je vous déclare d'avance que je ne vous les dirai jamais, et je crois que vous ne les devinerez pas. (840)

L'épisode, on le voit, est éloquent. Si la composition de charades représente, pour le mari, un palliatif à son oisiveté et à son impuissance, Mme de Lignolle en fait un réemploi métaphorique. Le comte fait des charades au lieu de faire des enfants, il sera puni par sa faute même ; Mme de Lignolle fait des enfants avec un autre, et présente la chose comme une charade. De fait, les deux activités ne sont pas sans analogie : la jeune comtesse savait bien qu'il manquait un mot à son mariage, mais elle ne savait pas lequel ; Faublas, en l'initiant, lui offre le mot de l'énigme. Le sexe est une énigme, qui se

[14] Telle est, résumée, la traduction que propose en note l'édition de la Pléiade, p. 1981.

résout au croisement des mots et des actes. Il a fallu à Eléonore de Lignolle la leçon verbale de sa tante et de Mlle de Brumont, avant que la leçon de choses, donnée par Faublas, ne porte ses fruits. M. de Lignolle, complètement mystifié, ne trouvera jamais le mot de l'énigme proposée par sa femme : c'est qu'il ne connaît que les jeux de mots, qui ont une solution. Les jeux du sexe – Mme de Lignolle l'en avertit – sont des énigmes à deux mots : ils jouent le deux en un. Faublas et Mlle de Brumont jouent en un le féminin et le masculin, l'initiation de la comtesse réunit les mots et les choses. La simultanéité de la charade et de l'acte sexuel révèle emblématiquement le propre de l'érotisme, qui joue sur deux tableaux à la fois[15].

Faublas est avide de ces situations à double sens, où la parole donne lieu au sexe tout en offrant l'illusion d'autre chose. Il parvient ainsi à dépuceler une jeune fille tout juste sortie du couvent, Mlle de Mésanges, tout en lui faisant croire qu'elle a à faire à une « bonne amie ». Faublas se trouve être déguisé en fille, lorsqu'il doit passer la nuit dans le même lit qu'une femme de soixante ans, qui a pris soin d'enfermer Mlle de Mésanges dans un cabinet contigu. La vieille endormie, la jeune fille appelle sa « bonne amie », dans le dessein de reprendre avec elle les mœurs qu'elle avait au couvent avec une autre pensionnaire. Faublas ne se fait pas prier, la rejoint dans son lit, où elle découvre un détail inconnu de l'anatomie féminine :

> – Eh ! mais, vos deux mains sont là sur mon cou… et pourtant j'ai senti… j'ai senti comme si vous me touchiez quelque part ! – Cela vous étonne ? c'est que je suis… bonne à marier. (1080)

Entre le membre et le mot, Faublas entretient soigneusement l'erreur : Mlle de Mésanges s'habitue lentement à la pré-

[15] La charade, énoncée et jouée à la fois, fonctionne comme une machine à plaisir. Elle rappelle en cela les diverses machines que mettent en scène les récits libertins, et que Michel Foucault évoque dans un article consacré à Crébillon et à Révéroni Saint-Cyr : « La nature peut se plier à tous les mécanismes du désir s'il sait bâtir ces machines merveilleuses où se trame le tissu sans frontière du vrai et du faux » ; voir Michel Foucault, « Un si cruel savoir », *Critique,* n° 182, juillet 1962, p. 607.

sence de cette troisième main, dont elle finit par s'emparer. Faublas n'hésite plus alors à en faire l'usage requis. C'est la langue, ici, qui opère le travestissement : Faublas parvient à ses fins tout en restant femme dans le vocabulaire de la jeune fille.

Tout au long du roman, Faublas multiplie les occasions de s'offrir aux autres – aux femmes en particulier, ainsi qu'à leurs maris – sous une identité double. A la faveur du vêtement, ou du langage, il séduit par les apparences, tout en laissant affleurer son être : situé dans l'entre-deux, dans le pli qui sépare le vêtement et le corps propre, il jouit de n'être pas celui qu'on croit. Il sait aussi – c'est là tout son art de séduire – qu'il suscite mieux le désir d'autrui en s'offrant sous des dehors ambigus ou troublants.

L'entre-deux-sexes

L'énigme, dans *Les Amours du chevalier de Faublas,* est du côté du héros : le travestissement, toujours motivé par quelque péripétie romanesque, devient vite l'arme même du séducteur. Chez Casanova, dans l'*Histoire de ma vie,* l'énigme du sexe est au contraire du côté de ses partenaires. Privilégiant les femmes masquées, travesties, bisexuelles, ou encore celles dont il ignore le nom et l'origine, Casanova trouve un plaisir érotique intense auprès des individus les plus indéfinis dans leur identité – qu'elle soit sexuelle, sociale ou familiale. Le castrat Bellino représente l'un des cas les plus complexes de cette indistinction[16]. Casanova le rencontre à Ancône : on le lui présente au titre de castrat employé comme actrice de théâtre. Mais Casanova lui trouve une gorge et un visage très féminins : l'ambiguïté est multiple et particulièrement excitante pour le narrateur, qui poursuit Bellino de ses assiduités, jusqu'à ce qu'il apprenne que le castrat est une fille, Thérèse, qui a été

[16] Voir à ce propos François Roustang, *Le Bal masqué de Giacomo Casanova,* Paris, Minuit, 1984 ; en particulier, « La disparition du féminin », pp. 61-71.

substituée à un vrai castrat du nom de Bellino, à la mort de celui-ci. Le Bellino que Casanova convoite pousse l'indétermination à son comble : son nom, son identité personnelle, son sexe, son rôle social constituent autant d'énigmes.

Refusant de savoir qui il désire, Casanova cherche aussi à faire disparaître à ses yeux sa propre identité sexuelle, ses origines et les liens de sang qui l'attachent à ses enfants, illégitimes ou inconnus. Casanova entretient en effet de nombreuses relations de nature incestueuse avec des filles dont il est peut-être le père. Avec l'audace d'un esprit fort, il tente de réhabiliter l'inceste : celui qu'il pratique tout au moins, où les deux partenaires ignorent les liens qui les unissent. Cette ignorance est essentielle au désir, qui apparaît ainsi comme la quête inverse d'une quête de l'origine : Casanova veut à tout prix s'aveugler sur la vérité de la faute, incarnée dans son amour pour des femmes du même sang que lui : ses filles, voire sa mère.

Les artifices sont nombreux et divers, dans le roman du XVIIIe siècle, qui produisent ou entretiennent un doute sur le sexe. Lieu d'une recherche de la vérité, ou d'une quête de l'origine, l'expérience amoureuse – ou érotique –, semble souvent tout mettre en œuvre pour créer les conditions d'un non-savoir, et ouvrir, du même coup, un espace de liberté. Les déguisements de Faublas, à ce titre, sont exemplaires : vêtu en fille, il s'absente de lui-même, de ses devoirs – en particulier de la fidélité qu'il doit à Sophie –, et vit ses aventures sur le mode de la fiction. Se présentant sous une identité énigmatique, se dispersant dans des amours simultanées, il se met hors jeu : hors de la réalité où prévalent le sérieux et la responsabilité face à ses engagements. « Il est clair que je n'aime que toi ! », se dit Faublas, se souvenant de Sophie, tout en pensant ne pas la trahir avec ses maîtresses : « fussent-elles cent, qu'importe ! ou plutôt mon excuse n'est-elle pas dans le nombre ? » (607). Sophie d'un côté, les maîtresses de l'autre : Faublas tient à distinguer les deux ordres de son action, les deux espaces de sa vie. Il passe de l'un à l'autre en se travestissant, « amphibie » par goût et par nécessité.

L'énigme cache le sexe, le lieu du savoir et de l'origine, et ouvre, pour ceux qui renoncent à la résoudre, la voie des plaisirs, qui est aussi celle de la fiction. Le langage, mieux que tout autre masque, produit parfois cet effet euphorique. Ainsi dans *Honorine d'Userche* de Mme de Charrière : affublant Florentin d'un faux nom et d'un faux titre, après lui avoir proposé d'autres déguisements, Honorine offre à son amant une existence fictive. Loin de la réalité où son absence de nom le ramène toujours à l'obscurité de sa naissance, il découvre – sous son titre arbitraire – la joie d'être un autre : « Jamais je ne vis d'extase pareille, commente le narrateur, on eût dit qu'une nouvelle âme naissait à Florentin. »[17]

L'expérience transgressive à laquelle s'adonnent de nombreux personnages de romans, en exhibant une identité énigmatique, ne concerne pas seulement, on l'a vu, le registre libertin. Le plaisir et le jeu, le goût du romanesque, certes, sont les premiers motifs du travestissement. Mais l'instabilité de l'identité individuelle est recherchée aussi, telle une expérience inédite, une tentation de mettre en doute la permanence essentielle de son être, de son rang, de son sexe. C'est sans doute Mme de Charrière qui est allée le plus loin, au XVIIIe siècle, dans cette interrogation sur les frontières de la nature humaine. On notera les propositions expérimentales que font certains de ses personnages : dans *Trois Femmes* (1796), Constance a l'idée de faire élever deux jumeaux orphelins en croisant leur sexe ; le garçon sera appelé Charlotte, et la fille Charles. Michel Delon cite un cas analogue, dans la suite des *Lettres trouvées dans des porte-feuilles d'émigrés* (1793) avec ce commentaire : l'expérience révèle « qu'au monde des essences et des natures s'est substitué celui des devenirs, des influences, des croisements »[18]. L'univers romanesque de Mme de Charrière met en scène de nombreuses figures d'« amphibies »[19] – personnages doubles qui

17 Mme de Charrière, *Honorine d'Userche, Œuvres complètes, op. cit.*, vol. 9, p. 190.

18 Michel Delon, « *Lettres trouvées dans des porte-feuilles d'émigrés* ou l'éloge de l'amphibie », *Une Européenne : Isabelle de Charrière en son siècle, op. cit.*, p. 203.

19 *Ibid.*, p. 205. Michel Delon étend ce terme à des réalités très diverses : il montre que Mme de Charrière promeut l'« amphibie » à divers

empruntent une partie de leurs qualités à autrui : William, dans *Caliste,* et aussi Walter, dans *Sir Walter Finch et son fils William* (1806), vivent en partie au travers de leur frère mort.

Le roman, au XVIIIe siècle, a contribué de manière décisive à contester la représentation classique de l'individu comme entité stable, unique, définie et close, telle une créature parachevée de Dieu. La mise en doute de la qualité, cette valeur inaliénable que confère la naissance noble, participe de la même révision de la notion d'individu. Le XVIIIe siècle, on le sait, promeut aussi l'idée de différence sexuelle : la femme n'est plus un avatar médiocre de l'homme, mais un être distinct, défini – corps et esprit – par son sexe, et devenant dès lors un sujet d'observation scientifique. La hiérarchie verticale des êtres – Dieu, homme, femme, animal –, se trouve remplacée par un déterminisme immanent, ordre horizontal où prévalent le sexe et la nature physiologique. Posant la différence des deux sexes, la pensée du XVIIIe siècle voit ressurgir, logiquement, le vieux mythe de l'androgyne : le rêve de la trangression des sexes, ou de leur union, n'a de pertinence que lorsque est affirmée leur radicale distinction.

Parfaitement différent, l'autre sexe devient étranger : objet de curiosité, lieu d'investissement des désirs et des peurs de l'altérité, il suscite de multiples représentations de dualité sexuelle. On a montré, dans ce chapitre, quelques effets énigmatiques de la couture du féminin et du masculin, où se trouve mise en question l'identité des héros de romans.

niveaux : celui des formes, celui des idées, ou encore celui des thèmes et figures privilégiés. Lucia Omacini, dans le même recueil, montre l'importance, au plan des formes, des phénomènes d'« hybridation » dans les *Finch.* Voir sa contribution : « *Sir Walter Finch et son fils William :* un statut narratif ambigu », *op. cit.,* pp. 217-226.

Chapitre 3

Le jardin sentimental

Substitutions affectives

Julie et Claire, dans *La Nouvelle Héloïse,* rêvent que leurs enfants, devenus grands, se marieront entre eux. Chez Mme de Charrière, c'est Walter Finch, dans *Sir Walter Finch et son fils William* (1806), qui espère que son fils épousera la fille d'une femme chimériquement aimée. L'amour des enfants viendra réparer, consolider, ou répéter celui des parents : la sphère des sentiments n'est pas destinée à s'élargir, mais au contraire à se resserrer en un cercle dont l'intimité assure une sorte d'héritage direct des qualités et des affections du cœur.

L'œuvre de Mme de Charrière, on l'a vu, est riche de substitutions, de confusions imaginaires, dont les personnages sont les jouets. L'ascendance et la filiation semblent moins déterminantes, pour comprendre ces permutations d'identité, que les effets de ressemblance, ou le jeu des places occupées dans les relations amoureuses : des connivences secrètes s'élaborent, qui souvent ignorent les liens du sang.

Le narrateur de *Sir Walter Finch et son fils William*[1], qui commence sa lettre-confession à la naissance de son fils, décide de confier l'enfant – une fois la mère morte – à la fille de sa propre nourrice, sa sœur de lait Sara Lee. William est donc allaité, et élevé jusqu'à l'âge de cinq ans, par une femme proche du père : des liens contractés dans la petite enfance, qui n'ont rien de familiaux, sont ainsi valorisés, aux dépens de la parenté biologique. En effet, les avis de la marraine et grand-tante de l'enfant, lady C., sont fermement écartés par le père. Sara, son mari et leurs trois fils constitueront la première famille de William, à laquelle il restera très attaché. Ce privilège des liens de la proximité affective et nourricière – par rapport à ceux du mariage et de la naissance, socialement reconnus –, s'avèrera décisif dans le destin du père et du fils Finch.

Dans le récit autobiographique qu'il adresse à son fils, Walter révèle la grande pauvreté de ses liens officiels : son père, son frère, puis sa femme ne lui sont rien. Sa vie sentimentale s'est entièrement construite dans l'illégitimité. Une première expérience la fonde : jeune encore, lors d'un voyage, Walter aperçoit une « figure angélique » dans une voiture arrêtée ; leurs yeux se croisent, la jeune femme le salue, puis disparaît : « La vision finit là »[2]. L'inconnue hantera à jamais l'esprit de Walter : « je l'ai presque toujours vue entre les femmes et moi » (525). Il en parle à son ami, lord Frederic : les deux jeunes gens s'entretiennent alors régulièrement de leur « chimère » (526) commune et familière. Walter prend une maîtresse :

> C'est à la faveur d'une ombre de ressemblance, ombre passagère, imaginaire peut-être, que Fanny Hill s'empara un moment de mon attention. (525)

[1] Ce roman de Mme de Charrière a été commenté, on l'a dit, par Lucia Omacini ; on lira aussi avec profit l'article de Jan Herman, « L'écriture-femme dans un roman méconnu de Mme de Charrière, *Sir Walter Finch et son fils William* », *Ariane*, 9, pp. 79-92.

[2] Mme de Charrière, *Sir Walter Finch et son fils William, Œuvres complètes, op. cit.*, t. 9, p. 524.

Il en aura une fille, Félicia, qu'il enverra en Amérique. Puis, pressé par sa famille, alors que son frère aîné est décédé, il épouse sans amour celle qui sera la mère de William. Il apprend, quelques années plus tard, que son ami lord Frederic a retrouvé et épousé l'inconnue : il s'agissait de lady Mary, la femme promise à son frère. A la mort de celui-ci, « on m'avait en quelque sorte proposé de l'épouser, mais je n'écoutai pas, détourné d'elle par son image » (530). Enfin, lord Frederic propose à son ami d'épouser sa femme, s'il vient à mourir avant lui ; en outre, tous deux espèrent que William épousera Honoria, la fille de lady Mary et de lord Frederic – ce qui n'aura vraisemblablement pas lieu.

Les liens affectifs de Walter, on le voit, gravitent autour d'un centre vide, à partir duquel tout est affaire de délégation. Walter offre à son ami l'image de l'inconnue, qui va ainsi la retrouver, et l'épouser à sa place. Il lui substitue une maîtresse passagère, Fanny Hill. Il apprend – trop tard – qu'il aurait pu prendre la place de son frère, en épousant la femme qu'il aimait. Il pourrait occuper la place de lord Frederic, à la mort de celui-ci. Enfin, le mariage qui n'a pas eu lieu entre les parents – Walter et lady Mary – est délégué, en réparation, à leurs enfants. L'inconnue passe de mains en mains, imaginairement, assurant autour d'elle la circulation et les relais de l'amour.

Le modèle de filiation affective que propose *Sir Walter Finch et son fils William* rompt avec le modèle matrimonial et patrilinéaire : c'est en effet l'image du cercle qui s'impose pour décrire les relations que met en scène le roman. Cercle fondé sur l'amitié (avec lord Frederic), et sur une proximité de type incestueux : Walter et Sara, frère et sœur de lait, sont ensemble le père et la mère (nourricière) de William ; Honoria et William, destinés l'un à l'autre, sont comme frère et sœur, dans l'amour fantasmatique que Walter voue à lady Mary ; William, dans la *Suite des Finch,* reproduit ce modèle d'amour fraternel, lorsqu'il apprend l'existence de sa demi-sœur Félicia :

> Oh ! ramenez-la, Monsieur ! une sœur ! J'ai une sœur. Quelle plus douce relation ! [...] Vous ne presserez sûrement pas Félicia

de se marier : ce serait appartenir bien vite à un époux avant d'avoir été à son père et à son frère. (567)

Par ailleurs, les trois fils de Sara forment avec William une fratrie qui n'a rien à voir avec la naissance. Le cercle affectif – après la mort ou le rejet des proches légitimes : l'épouse de Walter et sa tante, le frère, le père – se constitue selon des affinités nées pour suppléer au manque fondateur. A défaut de l'inconnue – qui est la femme comme il n'en existe pas –, Walter désire ou épouse des êtres de substitution ; puis il confie son fils à une mère de substitution. La ressemblance est la loi de cette transmission affective. Par peur avouée des femmes, Walter n'affronte jamais l'autre sexe, et se contente de succédanés : le semblable lui permet d'éviter la radicale différence féminine.

La proximité sentimentale est confortée par un rêve de proximité nourricière : le lait de sa sœur de lait paraît à Walter la meilleure garantie de vie pour son fils William. Et ce lait est doté d'une forte connotation agreste : épouse d'un fermier, en Ecosse, Sara élève ses enfants parmi les chèvres ; ils « sont malpropres, mais sains et vigoureux » (520). Sara et son mari éduquent William et leurs trois fils dans une harmonie et une égalité qui semblent garanties par la vie de la campagne. Si William est distingué d'emblée comme fils de noble, il apprend aussi à respecter et à aimer ses trois compagnons comme ses frères. L'idylle champêtre offre un espace légitime à la socialité affective que privilégie Walter. Le cercle des Finch, avec sa tendance incestueuse, voire monosexuelle, est habité par le rêve d'une communauté retirée, autarcique, et proche de la nature.

Le roman du XVIIIe siècle, après *La Nouvelle Héloïse* surtout, est familier de ce type de convergences thématiques : la petite collectivité campagnarde et, plus précisément, le jardin à l'anglaise, abritent de préférence une socialité sentimentale, sereine, fondée sur l'amitié et le déni des différences de tous ordres. Clarens en figure le modèle topique : Julie rêve d'y réunir mari, enfants, ex-amant, amis et domestiques. Avant même que Rousseau l'ait rendu canonique, on le trouve chez Mme de Grafigny, à la fin des *Lettres d'une Péruvienne*. Zilia propose à Déterville, dont elle repousse les déclarations et propositions de mariage, une forme de vie commune où seront conjugués « les bienfaits de la nature » et « les plaisirs innocents et durables » de l'amitié. Ils trouveront « le plaisir d'être »[3] dans cette existence sereine qui tient lieu d'autre chose.

Le retrait sentimental et le réconfort de la nature, comme dans les *Finch,* sont des valeurs de suppléance. L'amour, la confrontation des sexes, l'épreuve érotique de la différence sont refusés, et remplacés par une affectivité plus « économique ».

Cette peur de l'autre, ce confinement dans des liens de proximité, ne sont pas sans rappeler ce que René Girard a nommé le « mensonge romantique »[4]. Le désir, de nature imitative, tend vers son objet par l'intermédiaire d'un médiateur : celui-ci peut être lointain, inaccessible, on a alors affaire à une « médiation externe ». Ainsi, don Quichotte désire *comme* Amadis, son modèle légendaire. Lorsque le médiateur est proche, qu'il appartient à la sphère du sujet désirant, Girard parle de « médiation interne », en prenant pour exemple les héros vaniteux de Stendhal. Ne pouvant reconnaître l'influence de son médiateur, trop proche de lui, le sujet se ment à lui-même, en se persuadant « que son désir est spontané »[5].

La médiation interne, et le mensonge qui l'accompagne, sont propres au romantisme, selon René Girard : « Toujours épris d'autonomie, [le romantique] refuse de s'incliner devant ses propres dieux »[6]. De fait, les romanciers de la fin du XVIIIe siècle ne cèdent pas à l'illusion du désir spontané ; mais ils construisent des intrigues où domine la médiation interne, et ils en montrent les effets pervers.

Dans les *Finch* de Mme de Charrière, Walter désire l'inconnue parce qu'elle ressemble à Julie, ou à Clarisse : la média-

[3] *Lettres portugaises, Lettres d'une Péruvienne et autres romans d'amour par lettres, op. cit.*, p. 362.

[4] René Girard, *Mensonge romantique et vérité romanesque,* Paris, Grasset, Pluriel, 1961.

[5] *Ibid.*, pp. 23-26.

[6] *Ibid.*, p. 31.

tion est reconnue, et elle est romanesque. Mais lord Frederic désire, puis épouse l'inconnue, parce que son ami Walter lui en a parlé : le médiateur, ici, est extrêmement proche. L'amitié rend même impossible toute rivalité, toute jalousie : le sujet et le médiateur, en quelque sorte, ne font qu'un. Le désir s'en trouve complètement émoussé, au point que lord Frederic propose à son ami d'épouser lady Mary à sa mort.

Dans les *Lettres d'une Péruvienne,* Déterville sait qu'il a, dans la personne d'Aza, un rival sérieux. La médiation, d'abord, est externe : Déterville cherche par divers moyens à s'identifier à Aza, aux yeux de Zilia. Et de fait, au cours du roman, l'époux légitime – mais infidèle – et l'amant refusé se confondent, au point que Zilia propose à Déterville la *place* d'Aza, mais sans l'amour. C'est la fadeur du jardin sentimental que Zilia offre à Déterville.

Si les guerres révolutionnaires n'en décidaient pas autrement, les personnages de *L'Emigré* (1797), de Gabriel Sénac de Meilhan, se rejoindraient en « une seule famille »[7], à la fin du roman. Victorine de Loewenstein, qui vient de perdre son mari, est libre d'épouser celui qu'elle aime, le marquis de Saint-Alban, émigré français en Allemagne. Son amie Emilie épousera le baron de Warberg, et elle annonce en ces termes la bonne nouvelle à Victorine :

> il serait donc possible, ma Victorine, que vous, que moi, le baron et le Marquis, le même jour, à la même heure, dans le même temple recevions ensemble du ciel la permission d'être heureux : cette idée m'occupe et me transporte. (1880)

Décrivant l'heureux groupe que composeront les deux couples et leurs parents, Emilie rêve d'un mot, d'une expression nouvelle pour définir « ce sentiment, (dirai-je commun ou public) ce sentiment qui est le partage de tous pour cette charmante société, et qui fait que chacun des membres est cher à tous, par cela seul qu'il en est membre, qu'il est particulièrement cher à l'un d'eux » (1881). Victorine, en recevant la lettre

[7] Gabriel Sénac de Meilhan, *L'Emigré, Romanciers du XVIIIe siècle,* t. II, Paris, Gallimard, Bibliothèque de la Pléiade, 1965, p. 1882.

de son amie, ne fait que renchérir sur l'idée du groupe fondé sur « une mutuelle affection » (1882) ; elle la complète en y ajoutant le rêve endogame : « Je songe quelquefois à nos enfants, je songe à nous reproduire pour nous confondre » (1883).

Quand l'île devient jardin

La grande proximité de l'amant et du mari, constatée dans les *Finch,* se retrouve dans *Adèle de Sénange* (1794) de Mme de Souza. Lord Sydenham, jeune Anglais de grande famille – et voix unique de ce roman par lettres – rencontre Adèle au moment où elle va épouser le vieux marquis de Sénange. Il devient un familier du couple ; un jour, M. de Sénange tient à lui faire le récit de sa jeunesse, afin qu'il comprenne l'intérêt qu'il lui porte. Jeune homme, en désaccord avec son père, M. de Sénange décida de voyager en Angleterre : il rencontra, lors de la traversée, Mylord B..., sa femme et leurs enfants. Il passa trois mois chez eux, et conçut pour lady B... une passion aussi chaste que profonde. Mais le mari en prit ombrage, et M. de Sénange rentra en France, où il apprit bientôt la mort de lady B... Il refusa toutes les propositions de mariage, avant d'épouser Adèle, tardivement, pour la sauver du couvent.

Lord Sydenham apprend aussi, par le récit de M. de Sénange, qu'il est le petit-fils de lady B... : une fille de celle-ci, en effet, a épousé le père de lord Sydenham, avant de mourir en lui donnant naissance. Liés par cette filiation affective, M. de Sénange et lord Sydenham, en outre, sont tous deux orphelins : ils ont coûté la vie à leur mère en naissant. Ce lien et cette ressemblance renforcent l'amitié des deux hommes : M. de Sénange promet à lord Sydenham qu'il lui remettra les lettres et les portraits de sa grand-mère, et s'offre à lui comme « un second père »[8]. Lord Sydenham sent alors tout l'attache-

8 Mme de Souza, *Adèle de Sénange, Romans de femmes du XVIIIe siècle,* éd. Raymond Trousson, Paris, Laffont, Bouquins, 1996, p. 597.

ment qu'il a pour le vieil homme : « en vérité, je commence à croire au bonheur, puisque le hasard m'a fait rencontrer ce digne homme » (597). La filiation, ici, n'est pas celle du sang : elle est fondée sur la mémoire passionnelle. Destinant son récit au jeune lord, le marquis lui transmet un héritage affectif, et lui délègue sa vie sentimentale. Et de fait, lord Sydenham, d'abord plutôt agacé par Adèle, va tomber amoureux d'elle. A la mort de M. de Sénange, il prendra sa place, en épousant la jeune femme.

Le trio, dans ce roman, repose sur une médiation interne extrêmement serrée : le médiateur – M. de Sénange – n'est pas seulement un homme très respectable et très aimé par lord Sydenham, il en est aussi un parent par le cœur. Comme dans *Walter Finch et son fils William,* le procédé formel de la *destination* du récit, ou de la confession, implique, pour le destinataire, un engagement affectif fort. Digne de la confiance du narrateur, ou de l'épistolier, le destinataire en devient le double : il est appelé à réparer – dans *Adèle de Sénange* –, ou à répéter – chez Mme de Charrière – le destin inaccompli du destinateur.

La boucle se ferme, chez Mme de Souza, elle se prolonge en spirale, chez Mme de Charrière. Mais toujours l'espace des relations amoureuses redessine un cercle, où la polarité sexuelle s'estompe, au profit des ressemblances et des filiations affectives. La métaphore favorite de l'intimité sentimentale, on l'a dit, est celle du jardin. Le roman de Mme de Souza en offre une figuration archétypale. Alors que le jeune Anglais vient de découvrir l'agrément qu'il trouve dans la compagnie d'Adèle et de son mari – « Sans pouvoir définir cette sorte d'attrait, je me sentais content près d'eux » (584) –, il décrit à la jeune femme les charmes du jardin anglais, qu'il oppose à celui qui entoure la maison de Sénange :

> car il est affreux : c'est l'ancien genre français dans toute son aridité ; du buis, du sable et des arbres taillés. La maison est superbe ; mais on la voit tout entière. Elle ressemble à un grand château renfermé entre quatre petites murailles. (584)

Immédiatement séduite par le style anglais, Adèle fait accepter à son mari que « ces allées sablées fussent changées en gazons». Mais comme il manque de l'eau dans le jardin, le marquis propose à sa femme et à lord Sydenham de réaliser leurs plans dans une autre de ses propriétés, à Neuilly, au bord de la Seine. Adèle renonce sans peine au jardin, puisqu'elle aura une île à sa disposition :

> Adèle sautait de joie en pensant à son île. «Il y aura, disait-elle, des jardins superbes, des grottes fraîches, des arbres épais» : rien n'était commencé, et déjà elle voyait tout à son point de perfection ! (586)

Selon une convention romanesque du XVIIIe siècle, l'île s'oppose au jardin : le lieu de l'érotisme – isolé, plein d'artifices – se définit comme l'envers du jardin, qui est l'expression même de la nature, accueillante au sentiment[9]. La connotation érotique de l'île n'échappe certainement pas à Adèle : c'est sa propriété et, la première fois, elle s'y rend seule avec lord Sydenham. Cependant, comme si elle pressentait le sens symbolique de cette promenade à deux sur l'île, elle y renonce au dernier moment, et renvoie la découverte au lendemain. L'île perdra alors tout son pouvoir transgressif : les trois amis y vont ensemble, et le couple qui s'y forme est celui de M. de Sénange et de lord Sydenham. Adèle court et folâtre seule dans sa propriété, tandis que M. de Sénange s'apprête à narrer à son jeune ami l'histoire de sa vie :

> Quoique j'eusse bien envie de la suivre, je ne quittai point monsieur de Sénange. Il fit avancer son fauteuil sous de très beaux peupliers qui bordent la rivière, et renvoyant ses gens, il me dit qu'il était temps que je susse les raisons qui lui donnaient de l'intérêt pour moi. (589)

L'île devient ainsi le cadre, le décor du récit de M. de Sénange : or, ce récit fonde et explique la relation sentimen-

9 Denis de Rougemont montre quant à lui que ce topos n'appartient pas au seul XVIIIe siècle : le jardin est traditionnellement, dans la culture judéo-chrétienne, le lieu de la présence mystique, de la rédemption de l'éros par l'agapè, alors que l'île est le lieu de la passion mortelle. Voir *Comme toi-même. Essais sur les mythes de l'amour*, *op. cit.*, p. 69.

tale qui se nouera entre les deux hommes. L'île devient jardin, et la tentation érotique disparaît. A la fin du roman, lord Sydenham épousera la femme de son ami : il sera son double, d'autant plus heureusement qu'il est le petit-fils de la femme aimée jadis par M. de Sénange. Nul besoin d'érotisme et de sexualité dans ce modèle de délégation matrimoniale. Dans l'ordre du même et de la répétition, la foi sentimentale exclut la violence sexuelle : le récit qui assure la transmission affective désérotise l'île de Neuilly. C'est un vieillard impotent qui l'adresse à un jeune homme, afin que l'amour se transmette par les bons soins de l'amitié.

L'espace concentrique

L'île est un Eden dans *Paul et Virginie* (1788) de Bernardin de Saint-Pierre, porteuse de toutes les valeurs du jardin sentimental. La petite communauté qu'elle abrite est fondée sur une sorte d'innocence monosexuelle : Marguerite et Mme de la Tour – la première abandonnée par un homme, l'autre veuve – se retrouvent enceintes et seules, exilées en Ile-de-France. Elles deviennent amies, et mettent au monde deux enfants qui sont élevés comme frère et sœur :

> Leur amitié mutuelle redoublait à la vue de leurs enfants, fruits d'un amour également infortuné. Elles prenaient plaisir à les mettre ensemble dans le même bain, et à les coucher dans le même berceau. Souvent elles changeaient de lait. « Mon amie, disait madame de la Tour, chacune de nous aura deux enfants, et chacun de nos enfants aura deux mères. »[10]

La communauté nourricière rappelle le modèle de filiation promu par Walter Finch, d'autant qu'elle se double d'un rêve de réparation amoureuse par le couple des enfants nourris des deux laits mêlés :

[10] Bernardin de Saint-Pierre, *Paul et Virginie*, Paris, Garnier-Flammarion, 1966, p. 87.

> ces deux petits enfants, privés de tous leurs parents, se remplissaient de sentiments plus tendres que ceux de fils et de fille, de frère et de sœur, quand ils venaient à être changés de mamelles par les deux amies qui leur avaient donné le jour. Déjà leurs mères parlaient de leur mariage sur leurs berceaux, et cette perspective de félicité conjugale, dont elles charmaient leurs propres peines, finissait bien souvent par les faire pleurer ; l'une se rappelant que ses maux étaient venus d'avoir négligé l'hymen, et l'autre d'en avoir subi les lois. (87-88)

Les deux enfants vivent dans une intimité gémellaire : ils rappellent au narrateur « la constellation des gémeaux » (88), ou « les enfants de Léda enclos dans la même coquille » (89). Cette idylle sans pères conjure les infortunes de la sexualité par le rêve d'une conjugalité fondée sur l'innocence de la tendresse enfantine.

Cette petite communauté de femmes et d'enfants a besoin d'un espace protégé : le roman s'ouvre sur la description du « bassin » (81) où se nichaient les deux cabanes de Marguerite et de Mme de la Tour. Assumée par un premier narrateur, cette description fait apparaître « les ruines de deux petites cabanes » (81), et intervient juste avant que l'histoire – achevée – de Paul et de Virginie soit narrée par un second narrateur, le sage vieillard qui fut le protecteur des deux femmes et de leurs enfants. Le début du roman annonce ainsi le drame final, tout en soulignant la permanence du paysage.

La configuration du « bassin » symbolise à elle seule l'idylle sentimentale qui s'y joue. Les ruines des cabanes « sont situées presque au milieu d'un bassin formé par de grands rochers, qui n'a qu'une seule ouverture au nord » (81). Le lieu est défini comme une enceinte close, protégée par un rempart rocheux ; en outre, les deux cabanes se trouvent « presque au milieu » du bassin. Cette fermeture circulaire, offerte par la nature, sera redoublée, plus tard, par l'effort de Paul. Elle favorise une atmosphère paisible, où les impressions des sens sont émoussées : les bruits et la lumière ne pénètrent pas directement dans l'enceinte, mais sont réfractés par les rochers :

> les échos de la montagne répètent sans le bruit des vents qui agitent les forêts voisines, et le fracas des vagues qui brisent au

> loin sur les récits ; mais au pied même des cabanes on n'entend plus aucun bruit, et on ne voit autour de soi que de grands rochers escarpés comme des murailles. [...] Un grand silence règne dans leur enceinte, où tout est paisible, l'air, les eaux et la lumière. [...] Un jour doux éclaire le fond de ce bassin, où le soleil ne luit qu'à midi. (81-82)

Dans cette enclave protégée, à la fois idyllique et fertile, les deux femmes, aidées de quelques domestiques noirs, peuvent admirer « le pouvoir d'une providence qui par leurs mains avait répandu au milieu de ces arides rochers l'abondance, les grâces, les plaisirs, purs, simples, et toujours renaissants » (100). Soucieux d'embellir le lieu, Paul, dès l'âge de douze ans, y apporte des aménagements qui ne changent rien à sa structure circulaire, mais au contraire la renforcent. L'espace devient concentrique :

> Il avait planté au milieu de ce bassin les herbes qui s'élèvent peu, ensuite les arbrisseaux, puis les arbres moyens, et enfin les grands arbres qui en bordaient la circonférence ; de sorte que ce vaste enclos paraissait de son centre comme un amphithéâtre de verdure, de fruits et de fleurs. (101)

Comme l'écho, déjà, « répète le murmure des palmistes qui croissent sur [les] plateaux élevés » (82), de même les eaux forment « de larges miroirs qui répétaient au milieu de la verdure les arbres en fleurs, les rochers, et l'azur des cieux » (101). La topographie des lieux produit, par analogie, un état de l'être : le « sentier qui tournait autour de ce bassin » (101) invite à la promenade répétitive, au retour des mêmes impressions. L'écho et les miroirs produisent en outre des sensations différées et multipliées.

Redessiné en strates concentriques par les soins de Paul, le bassin est divisé en petits espaces privilégiés, qui, comme sur une carte du Tendre, portent les noms des émotions partagées par leurs habitants : le plus agréable se nomme « Le Repos de Virginie » (104). Plus reculé, plus protégé que d'autres, il figure le centre affectif du bassin : c'est « un enfoncement d'où sort une fontaine, qui forme dès sa source une petite flaque d'eau, au milieu d'un pré d'une herbe fine » (104). La fontaine se trouve bordée par les deux arbres que les mères plantèrent à la naissance de Paul et de Virginie : « Déjà ils entrelaçaient leurs palmes, et laissaient pendre leurs jeunes grappes de cocos au-dessus du bassin de la fontaine » (104). Tout le décor végétal du lieu répète ce mouvement de protection, qui fait tomber et pendre les plantes telles des « rubans », des « draperies » et des « courtines » (104) au-dessus de l'eau.

Mais c'est de ce centre intime que viendra la fracture : le jeune désir de Virginie, à l'adolescence, y trouvera, lors d'une nuit chaude, un lieu propice à son expression. Effrayée par son propre trouble, Virginie se confie à sa mère, Mme de la Tour. Puis survient un violent orage qui ravage le jardin, comme si la nature venait figurer, et aussi punir l'irruption du désir dans un lieu consacré jusque là à l'innocence. Soucieuse de séparer les deux jeunes gens avant leur mariage, Mme de la Tour envoie sa fille en France. A son retour, elle meurt dans un naufrage, à l'entrée du port et sous les yeux de Paul, pour n'avoir pas accepté le secours d'un matelot « tout nu et nerveux comme Hercule » (159), devant lequel elle aurait dû se déshabiller pour sauter à la mer. Elle meurt comme « un ange qui prend son vol vers les cieux » (159).

La tentation du désir, qui ouvre à Virginie la voie du monde réel – la société française avec sa hiérarchie sociale, ses conflits, ses ambitions, ses soucis de fortune –, est finalement refusée au profit d'une mort angélique. Le sacrifice de la sexualité apparaît ainsi comme la condition d'existence de la communauté sentimentale. Paul et Virginie, devenus époux, n'auraient pu préserver dans sa clôture la vie idyllique de leur enfance : le « bassin » circulaire, bordé et doublé de multiples enceintes végétales, ne pouvait être que le berceau de l'amitié des mères, de la tendresse du frère et de la sœur.

Julie, quant à elle, dans *La Nouvelle Héloïse,* tente d'inscrire la figure du cercle intime au sein même de sa vie conjugale : elle a fait aménager en effet un jardin, « toujours soigneusement fermé à la clé », qu'elle appelle « son Elysée »[11]. Ce

[11] Jean-Jacques Rousseau, *Julie ou la Nouvelle Héloïse, Œuvres complètes,* t. 2, Paris, Gallimard, Bibliothèque de la Pléiade, 1964, p. 471.

petit paradis, que Saint-Preux décrit à Milord Edouard après y avoir été convié par Julie, est le modèle même du jardin sentimental : « cet agréable asile » est une « enceinte »[12], où toute la végétation a été plantée de manière à renforcer le sentiment de clôture et de protection. On y retrouve, comme dans le « bassin » de *Paul et Virginie,* des « guirlandes », qui « formaient sur nous des espèces de draperies qui nous garantissaient du soleil »[13]. Les branches des buissons se recourbent, pendent à terre, s'entrelacent ; les eaux serpentent et réfléchissent les objets. L'intimité du lieu est jalousement préservée : Julie n'y admet que ses enfants. On apprend enfin que c'est le jardin de la vertu : Julie l'a fait aménager pour éviter l'autre jardin de Clarens, où elle rencontrait Saint-Preux, avant son mariage.

Les jardins fermés sur eux-mêmes dessinent la figure symbolique de la sentimentalité. Privilégiant la répétition, la continuité, la filiation affective, le rêve sentimental tente d'exclure la différence, l'altérité et le sexe. Contrairement à la figure du pli, qui désigne l'espace double et ouvert où se côtoient le cœur et le corps désirant, le jardin sentimental fait de ses bords un rempart, afin que rien ne vienne troubler sa ressemblance intime.

La délégation des sentiments

Si le jardin clos symbolise admirablement le mythe de la proximité sentimentale, il peut être remplacé par un goût marqué pour la nature, ou pour la retraite loin des villes. Tel est le cas de *Valérie,* de Mme de Krüdener, roman de l'amour romantique, qui se termine par la mort de l'amant malheureux[14]. Publié en 1803, ce roman épistolaire met en scène un

12 *Ibid.*, p. 475.

13 *Ibid.*, p. 473.

14 On notera que, dans ce roman, ce n'est pas l'héroïne qui meurt, selon le modèle du deuil romantique – ainsi Caliste dans les *Lettres écrites de Lausanne,* Ellénore dans *Adolphe,* Amélie dans *René,* Corinne dans *Corinne ou l'Italie*–, mais bien le héros.

jardin sentimental, au sens figuré du terme : la relation amoureuse est fondée sur une médiation interne si forte, si paralysante, qu'elle interdit au héros l'aveu même de sa passion. Le rival est si proche de l'amant que le désir se trouve interdit, comme si tout se passait dans le cercle étroit de la famille. Comme on l'a remarqué souvent dans les romans de Mme de Charrière, *Valérie* se termine par la séparation des sexes : les hommes restent entre eux, loin de l'héroïne, pour vivre ensemble, réconciliés, l'agonie du héros.

Gustave de Linar, jeune noble suédois, accompagne dans leur voyage un ami de son père et sa femme, la comtesse Valérie, âgée de seize ans. Le comte se rend à Venise, où il occupera un poste d'ambassadeur et initiera Gustave à cette carrière. A la mort du père de Gustave, il a en effet adopté le jeune homme et promis d'achever son éducation. Le récit du voyage, les relations de Gustave avec le comte, et surtout avec sa femme Valérie, font l'objet des lettres que le héros adresse à Ernest, son ami d'enfance. Gustave comprend dès le début du voyage qu'il est amoureux de Valérie, mais il annonce d'emblée à Ernest « que la femme d'un autre fut toujours un objet sacré pour moi »[15].

Cet autre, en l'occurrence, est pour Gustave un « second père » et un « homme excellent » (837). Aimant Valérie sans espoir, Gustave se heurte à une autorité paternelle dédoublée : le comte en effet, fidèle à son ami défunt, prolonge et amplifie le lien du fils à son père :

> A mesure que le comte parlait, je sentais mon affection pour lui s'augmenter de toute sa tendresse pour mon père. Quelle douce immortalité, pensais-je, que celle qui commence déjà ici-bas dans le cœur de ceux qui nous regrettent ! (847)

La filiation affective ignore la mort ; le comte incarne la figure paternelle, il en prolonge et renforce le pouvoir :

> Que j'aimais cet homme si bon qui sait connaître ainsi l'amitié ! [...] Comme mon cœur éprouvait alors ce sentiment pour le

[15] Mme de Krüdener, *Valérie, Romans de femmes du XVIIIe siècle,* Paris, Laffont, Bouquins, 1996, p. 846.

comte ! J'y mêlais ce qui le rend à jamais sacré, la reconnaissance. (847)

L'interdit qui pèse sur l'amour de Gustave pour Valérie est d'origine paternelle, et aussi maternelle : le jeune homme, en effet, a fait à sa mère mourante des serments de vertu. Il se les rappelle un jour qu'il est en prières dans une église, sachant Valérie en danger lors de l'accouchement de son premier enfant :

> Le cierge incliné de l'enfant de chœur me montra la place où j'étais à genoux, c'était un tombeau : j'y lus le nom d'Euphrosine, et ce nom paraissait là pour citer ma conscience devant le tribunal du juge suprême. Tu le sais, Ernest, c'était le nom de ma mère, de ma mère, descendue au tombeau, et qui reçut mes serments pour la vertu. (881)

Egaré, Gustave imagine la punition qui va s'abattre sur lui et croit voir Valérie mourante. Le rappel du nom de la mère, le pressentiment – trompeur – de la mort de Valérie, s'imposent comme des effets de ressemblance qui scellent la destinée du cœur. S'efforçant en vain d'aimer la jeune femme vertueusement, Gustave croit trouver dans une jeune Vénitienne, Bianca, le double de Valérie : mais c'est pour mieux dissocier des sentiments qu'il ne peut adresser conjointement à la femme aimée :

> je sens que Bianca fait quelquefois une vive impression sur mes sens. Ce n'est rien de ce trouble céleste qui mêle ensemble tout mon être, et me fait rêver au ciel, comme si la terre ne pouvait contenir tant de félicités. (903)

La ressemblance est ici le signe d'une adéquation rêvée entre le cœur et les sens : Gustave tentera de superposer l'image de Valérie sur le corps de Bianca. Mais l'illusion durera peu : l'exaltation érotique doit rester à jamais hors du cercle sentimental, constitué par le comte, la comtesse et les parents défunts de Gustave. Une transgression toute imaginaire marque le début de la maladie du héros, qui décide de quitter Valérie et son mari, et de se retirer dans une chartreuse. Voyant un jour la froideur du comte face à un mouvement d'émotion de Valérie, Gustave s'indigne – sans en rien montrer :

> Quoi ! me disais-je, tandis que l'orage qui soulève mon sein menace de me détruire, qu'une seule de ses caresses je l'achèterais par tout mon sang, lui ne sent pas son bonheur ! Et toi, Valérie, un lien que tu formas dans l'imprévoyante enfance, un devoir dicté par tes parents t'enchaîne, et te ferme le ciel que l'amour saurait créer pour toi ! Oui, Valérie, tu n'as encore rien connu, puisque tu ne connais que cet hymen que j'abhorre, que ce sentiment tiède, languissant, que ton mari réserve à tout ce qu'il y a de plus enchanteur sur la terre. (909)

Au terme d'une véritable crise de jalousie, Gustave comprend qu'il a rompu secrètement « les derniers liens de la vertu », et se nomme « le plus misérable, le plus criminel des hommes » (909). Il tombe malade, son activité épistolaire s'interrompt, reprend, et enfin la décision de partir s'impose. Le jeune homme choisit successivement deux lieux de retraite : d'abord une chartreuse, puis un site sauvage, Piétra-Mala, « caché dans des gorges de montagnes » (930). Il écrit encore quelques lettres, annonce à son ami l'aggravation de sa maladie de poitrine, puis remplace l'écriture épistolaire par un journal, adressé à Ernest. Valérie et le comte sont avertis des causes du mal de leur ami : le comte vient l'assister dans ses derniers jours et adresse à Ernest une longue lettre, écrite sur le mode du journal, qui fait le récit de l'agonie de Gustave, et de leur amitié renouée.

La communion des deux hommes dans la douleur rétablit l'harmonie sentimentale. Gustave paie de sa mort son désir frauduleux pour Valérie, mais retrouve avec le comte les charmes de la proximité :

> Je passai mes bras autour de son cou, écrit le comte dans sa lettre-journal, je l'embrassai ; il se coucha sur mon sein : j'étais assis sur son lit. Il resta longtemps sans parler, et je m'aperçus, à un certain mouvement de respiration plus calme et plus égal, qu'il s'était assoupi. J'éprouvai du charme en voyant cet infortuné jouir de quelques moments de repos. (945)

Le cercle se reconstruit, habité par le rêve de la délégation sentimentale : l'amour irréalisé veut se perpétuer, se répéter, aussi Gustave imagine-t-il une réparation de sa passion par l'amour maternel :

> Ami de mon père ! mon bienfaiteur ! encore, encore une prière ! Valérie vous donnera des fils ; le ciel vous rendra encore père, pour vous payer de tout ce que vous fîtes pour moi : qu'un de ses fils s'appelle Gustave ; qu'il porte mon nom ; que Valérie prononce souvent ce nom ; que le doux sentiment de la maternité se mêle à mon souvenir, et qu'ainsi se confondent le bonheur et les regrets. (947)

Comme Gustave voulait trouver en Bianca une autre Valérie, le comte, pour sa part, propose à son ami la sœur de Valérie :

> Non, non, dis-je avec la plus vive douleur, vous ne mourrez point ; vous vivrez, vous guérirez ; le temps effacera les traces d'une passion orageuse : Valérie a une sœur qui lui ressemble beaucoup ; vous l'obtiendrez, et nous serons tous heureux. (954)

La ressemblance et le lien sororal constituent ainsi le ferment d'une communauté idyllique où la passion serait bannie : de même que le jardin, dans *Paul et Virginie,* est décrit comme le lieu où les sens sont touchés de manière indirecte, donc atténuée, le bonheur sentimental apparaît ici comme l'écho affaibli de la passion.

Les ressemblances fondent l'espoir d'une survie du cercle intime. Mais elles habitent aussi le passé, telles des garantes de la continuité du groupe. On notera que la forme du roman n'est pas indemne de ces procédés visant à construire l'identité collective sur des effets de proximité. L'écriture épistolaire monodique, qui occupe la plus grande part du roman, est l'expression de la passion : Gustave, dans la compagnie du comte et de la comtesse, confic à Ernest le secret de son amour interdit. Dès que sa passion lui apparaît comme criminelle, Gustave, seul, écrit une sorte de journal de maladie. Sa position nouvelle lui permet de lever le secret : il écrit à Valérie et lui dit son renoncement à l'amour qu'il lui porte. Par ailleurs, Ernest confie au comte le secret de son ami. La parole de la passion interdite était unilatérale ; la parole de la vérité et de la réconciliation au contraire est collective : les lettres et fragments de journaux circulent entre Gustave, le comte, Valérie et Ernest. Il est significatif aussi que la lettre-journal du comte soit interrompue par des « Fragments du journal de la mère de Gustave » (949).

Alors qu'il se trouve au chevet de Gustave, le comte trouve dans ses papiers le journal de sa mère, et propose de lui en lire des passages. Quatre pages de ce journal sont insérées dans la lettre du comte : comme au début des *Finch* de Mme de Charrière, où Walter s'adresse à son fils âgé de quelques jours, la mère de Gustave destine à son fils le récit de ses bonheurs maternels, et des progrès de son enfant. Ce journal de la mère morte, niché au cœur du récit de l'agonie du fils, a une fonction clairement prémonitoire. La mère en effet avait pressenti, alors que son fils avait quinze ans, qu'il était destiné à la passion malheureuse :

> je sens que son âme est une de celles qui ne passent pas sur la terre sans y connaître ces grands orages qui ne laissent trop souvent que des débris. Quelque chose de si tendre, de si mélancolique, semble errer autour de ses grands yeux noirs, de ses longs cils abattus quelquefois ! (952)

Elle rapporte une conversation qu'elle avait eue alors avec Gustave, où il annonçait son propre destin : le serment de vertu fait à sa mère, et l'amour – fatal – pour une femme ressemblant à sa mère :

> Oui, ma belle maman, la vertu ne m'effraie plus depuis qu'elle a pris vos traits. Vous réalisez pour moi l'idée de Platon, qui pensait que si la vertu se rendait visible on ne pourrait lui résister. Il faudra que la femme qui sera ma compagne vous ressemble, pour qu'elle ait toute mon âme. [...] Un de nos hommes les plus étonnants, les plus excellents, Swedenborg, croyait que des êtres qui s'étaient bien, bien aimés ici-bas, se confondaient après leur mort, et ne formaient ensemble qu'un ange : c'est une belle idée, n'est-ce pas, maman ? (953)

L'angélisme, on l'a vu chez Bernardin de Saint-Pierre, apparaît comme l'ultime issue de l'amour sentimental ; il est d'outre-tombe pour Gustave, et réalise un idéal de fusion dont les ressemblances entre les êtres, les pressentiments, la délégation des sentiments, figurent les avatars terrestres.

Dans le jardin sentimental, les hommes, souvent, abdiquent leur virilité, réelle ou symbolique : comme M. Bompré, William, Adolphe, et plus tard Olivier de Sancerre et Octave de Malivert, Gustave de Linar est un solitaire, inapte aux devoirs qu'impose la société. Son respect de l'autorité paternelle est d'autant plus grand qu'il est et demeure un fils : « dernier rejeton de cette illustre maison des Linar » (961), Gustave n'a pas le cœur fait pour le conflit et la rivalité. La tendresse larmoyante qui l'unit au comte à la fin du roman est révélatrice de la coloration monosexuelle – mais non pas homosexuelle – du jardin sentimental.

Par respect de l'autorité paternelle, par peur ou par déni du sexe, qui implique le mélange de deux sangs étrangers, les héros du sentiment aiment dans le cercle des affections familiales, où prédominent souvent les figures maternelles ou sororales. Ainsi René, chez Chateaubriand, aime sa sœur ; Dolbreuse, chez Loaisel de Tréogate, aime sa sœur de lait ; Gustave, chez Mme de Krüdener, aime la femme de son père adoptif, qui en outre ressembe à sa propre mère ; William, chez Mme de Charrière, aime Caliste, qui remplace son frère ; lord Nelvil, chez Mme de Staël, aime la sœur de la femme que lui destinait son père.

Le cercle affectif est souvent un pis-aller, ou l'expression d'un refus du désir qui conduit à la mort : c'est ce que montrent les romans de Mme de Charrière, de Mme de Krüdener, de Chateaubriand. Dans les romans plus uniformément sentimentaux, l'idylle se construit dans la clôture affective. Le cercle se referme à la fin du récit, favorisant l'union conjugale et la communauté familiale, dans un lieu clos. La forme du roman, enfin, rappelle le cercle, ou la boucle : tous les personnages se retrouvent à la fin de l'histoire, toutes les intrigues sont dénouées, tous les conflits sont résolus, toutes les souffrances sont transfigurées. Rien n'échappe à l'enfermement romanesque : la forme close dit le désir de placer sous la protection de la littérature l'utopie d'une existence dont les failles et les excès sont réduits.

CHAPITRE 4

La Suisse, paysage de l'idylle sensible

La clôture esthétique du roman sentimental trouve à s'illustrer de manière exemplaire dans l'œuvre de la romancière lausannoise Isabelle de Montolieu. Son roman le plus connu, *Caroline de Lichtfield ou mémoires d'une famille prussienne* (1786) est particulièrement démonstratif dans son efficacité à offrir à tous les épisodes du récit une résolution complète. Toutes les intrigues sont parachevées, dans un souci d'absolution, de rédemption générale. Mme de Montolieu tient à faire voir, et à valoriser son travail de récupération finale : le roman, qui s'achève par la réconciliation des époux – Caroline et le comte Walstein –, se prolonge par une « Suite de Caroline », longue de plus de cent pages. La romancière explique la nécessité de cette « Suite » : alors même que le mot « fin » a consacré la réunion des époux, le sort de deux autres personnages n'a pas été résolu. Ce sont Lindorf, l'amant passager de Caroline, et Matilde, la sœur du comte[1]. Le fait de

[1] Cette suite apparaît dès l'édition de 1789, qui porte un nouveau titre : *Caroline de Lichtfield ou mémoires extraits d'une famille prussienne rédigés par M. le Baron de Lindorf, et publiés par Mme la B. de M...* Cette édition

savoir qu'ils seront «unis dans la suite» ne peut suffire à tous les lecteurs :

> nous aimons à penser qu'il est des lecteurs plus curieux, ou plus sensibles, qui nous sauront gré d'entrer dans les détails d'un événement qui ne peut leur être indifférent, puisqu'il est si nécessaire au bonheur du comte et de Caroline, qu'on ne peut même imaginer qu'ils puissent jouir d'un instant de *vrai bonheur,* tant qu'il leur reste quelque inquiétude sur le sort de Lindorf et de Matilde. [...] Une sœur chérie, un ami intime, sont-ils donc des personnages *épisodiques?* Non, ce sont des parties d'un même tout.[2]

Dans ce «même tout» en effet, l'ancien désir illicite de Lindorf pour Caroline se voit transformé et récupéré. Trouvant dans Matilde un nouvel objet d'amour, Lindorf est absous : rien n'est perdu ni sacrifié, le passé est entièrement consommé, de sorte que nul regret, nulle ombre ne peuvent plus affecter les personnages. Leur avenir est entièrement pris en charge par le récit. Celui-ci achevé, la fiction ne saurait s'arrêter brusquement, dans la coupure que le mot «fin» rend aiguë, soudain, pour le lecteur. La romancière tient à coudre sa fiction à la réalité, dans un avis ultime, intitulé «L'éditeur au lecteur» :

> Et moi, cher lecteur, je ne puis résister à vous ramener quelques moments encore au milieu de cette aimable famille, en vous

a été revue et augmentée, et compte trois volumes, au lieu de deux dans l'édition de 1786. Cependant, la «Suite de Caroline» n'est pas nouvelle : la romancière procède simplement, en 1789, à une redistribution de la matière. Elle opère une césure dans son roman, en inscrivant le mot «Fin» au moment où Caroline et Walstein se retrouvent, et en faisant passer dans la «Suite de Caroline» les aventures qui conduisent au mariage de Lindorf et Matilde. Cette coupure dans le roman, avec intervention de la romancière, fait apparaître la nécessité d'achever le bonheur sentimental de Caroline en lui ajoutant son complément organique – le bonheur de Lindorf et Matilde. Le bouclage du roman, et de l'histoire, est assuré par le travail de régie de la romancière, de la manière la plus démonstrative.

[2] Mme de Montolieu, *Caroline de Lichtfield,* 5e édition, *Œuvres,* t. 9-10, Paris, Arthus Bertrand, 1828, vol. 2, pp. 211-212.

apprenant comment tous les événements et les détails que vous venez de lire sont parvenus à ma connaissance et à celle du public. (2, 337)

Cet éditeur est en fait une femme, qui se trouve dans la compagnie des deux couples réunis, à Berlin. Admirant l'harmonie qui règne entre « ces époux si bien assortis » (2, 339), elle leur en fait compliment : Walstein, Caroline, Lindorf et Matilde lui apprennent alors les mésaventures qui ont précédé leur union. Chacun d'eux a d'ailleurs écrit sa propre histoire ; Lindorf a recueilli les quatre récits, et en a fait, en les complétant, un manuscrit unique, qu'il offre à l'amie étrangère :

Ce manuscrit n'a d'autre mérite que l'exacte vérité, et pour vous celui que peut lui donner l'amitié. (2, 341)

L'amie le reçoit avec gratitude. Rentrée dans son pays, elle l'aménage en une version publiable :

je me suis délicieusement occupée à l'arranger à ma manière, et je n'ai pu résister à faire partager au public une partie du plaisir que cet intéressant petit ouvrage m'a fait éprouver. (2, 342-343)

La vérité du récit est ainsi garantie : des quatre versions authentiques, dues à la plume même des protagonistes, jusqu'à l'« ouvrage » de leur amie, les relais, honnêtement présentés, sont ceux du témoignage affectueux. Nulle plume étrangère n'est venue se mêler à ce récit, qui requiert dans sa narration, puis dans sa lecture, une proximité aimante :

Je ne sais si mon *amitié* pour cette *aimable* famille me fait illusion ; mais il me semble qu'après avoir lu leur histoire on les *aimera* comme moi.[3]

Editrice dans cet avis final, la narratrice s'avoue romancière dans la « Préface de la quatrième édition », signée Isabelle de Montolieu. Relatant l'histoire des premières éditions et du succès de son roman, Mme de Montolieu fait des vœux pour la nouvelle édition, et parle de *Caroline* comme d'une enfant aimée du public français :

[3] *Ibid.*, p. 343. Je souligne.

> elle est restée l'enfant gâtée du public, quoiqu'il y en ait qui valent bien mieux à mon gré. [...] Mais puisqu'on veut bien l'aimer encore, la voilà mieux soignée et plus digne des bontés qu'on a pour elle. (1, 7-8)

La voix de l'éditeur – dans la fiction finale du manuscrit authentique – et celle de la romancière – dans sa préface – en appellent à deux représentations divergentes de la vraisemblance romanesque. Cependant, ces deux voix se conjuguent et se rejoignent dans le rêve de la proximité affective : que *Caroline* soit réelle ou fictive, il convient avant tout de l'aimer, d'éprouver avec elle, empathiquement, les bienfaits de la vertu conquise sur les fausses séductions du désir.

La sensibilité selon l' Encyclopédie *d'Yverdon*

La sensibilité est une vertu réparatrice, dans le roman sentimental. Elle l'est en Suisse, tout particulièrement, où sa définition se démarque nettement de l'idée que s'en fait l'Europe de la fin du XVIIIe siècle. La sensibilité est en effet, pour les Lumières, un concept moral et métaphysique, qui désigne une disposition naturelle à la sociabilité, propre à tout être humain ; elle est une garantie de la bonté humaine. Chez les romanciers français, notamment après *La Nouvelle Héloïse,* la sensibilité devient une valeur individuelle et psychologique, souvent très ambivalente : l'âme sensible est susceptible aussi bien de l'extrême souffrance que de l'extrême bonheur ; la sensibilité prédispose à la compassion et à la charité, mais elle est aussi le propre des victimes (en particulier féminines). Elle est une garantie de vertu, mais aussi de sensualité ; enfin, elle s'accompagne aussi bien de sincérité que d'hypocrisie.

Ces ambivalences reflètent le doute qui pèse, de plus en plus lourdement au cours du siècle, sur l'idée même de sensibilité, comme disposition naturelle et universelle de l'être humain à la compassion. Mais ce doute ne semble pas affecter la Suisse : preuve en soit la définition que donne l'*Encyclopédie* d'Yverdon du terme « sensibilité ». Comme dans l'*Encyclopédie* de d'Alembert, la rubrique est divisée en deux parties :

la première est consacrée à la sensibilité physique, et s'intitule « Métaphysique et Physiologie » dans l'*Encyclopédie* d'Yverdon, « Médecine » dans celle de Paris, où elle est nettement plus longue et plus technique. La seconde partie est consacrée à la sensibilité morale, et s'intitule « Morale » dans les deux cas. L'*Encyclopédie* de Paris réserve un seul bref paragraphe au sujet, tandis que celle d'Yverdon lui en accorde sept pages, rédigées par de Felice. Ce long article se présente comme un plaidoyer destiné à illustrer le caractère universel et naturel non tant de la bonté humaine, que de l'incapacité de l'être humain à faire le mal. La sensibilité est à la fois une force, une puissance de l'âme humaine, et une loi de la nature : son effet est de neutraliser toute volonté de faire le mal :

> Puisque par son organisation l'homme ressent les maux qu'il voit souffrir aux autres, il ne peut les blesser sans se blesser lui-même ; il ne peut être malfaisant sans être malheureux. Ainsi la sensibilité produit dans l'homme une répugnance naturelle à faire le mal.

Selon cette définition, la sensibilité est une vertu négative : elle ne prédispose pas au bien, mais elle désamorce l'intention maligne. Le bras de l'homme est levé pour frapper le faible : « quelle autorité, quelle force peut l'arrêter? la *sensibilité;* et pour donner à l'humanité cette puissance, la nature n'emploie qu'un regard du malheureux. » La sensibilité est une vertu palliative : elle arrête le progrès du mal, à défaut de le prévenir.

Offrant un tableau euphorique des pouvoirs de la sensibilité morale, avec des exemples empruntés notamment à l'histoire suisse, l'*Encyclopédie* d'Yverdon admet néanmoins la contradiction. L'auteur de l'article fait état d'« exemples de barbarie et de cruauté », qui pourraient venir infirmer son postulat. Afin de détruire l'antithèse, il prouve que ces exemples d'insensibilité humaine ne sont pas l'ouvrage de la nature : ce sont des erreurs, dues à la superstition, à la politique, au désœuvrement, ou encore à une défaillance de la nature. La conclusion réaffirme la validité de la thèse :

> Il y a donc des causes qui peuvent altérer ou même rendre inutile la *sensibilité,* l'humanité naturelle, et il serait injuste de

conclure de ces exemples, que les hommes naissent inhumains et cruels, comme il serait absurde de conclure qu'ils naissent tous aveugles ou boiteux, de ce qu'il y a des aveugles et des boiteux. [...] Les hommes que leur constitution organique rend inhumains, sont certainement aussi rares que les aveugles nés.

Cheveux tressés, cordes sensibles

La plupart des romans sentimentaux écrits en Suisse romande illustrent une conception univoque de la sensiblité : ou bien elle est excessive, maladive, et conduit à la mort ou au suicide. Ou bien – c'est le cas le plus fréquent – la sensibilité est la vertu même qui promeut et assure le bonheur idyllique en évacuant le mal, la mort, la sexualité dangereuse.

Le premier type est illustré par *Le Mari sentimental* de Samuel de Constant, dont le héros mal marié, M. Bompré, se suicide. C'est par excès de sensibilité que meurt également le héros des *Infortunes du jeune chevalier de Lalande* (1781) de Louis Bridel.

Le second type met en scène des intrigues romanesques qui visent à neutraliser la sensibilité comme disposition sensuelle ou érotique. Il s'agit toujours de camoufler les aspects troubles du cœur. Le désir n'est pas à véritablement dénié : il se trouve plutôt récupéré au profit de la bonne sensibilité, de la vertu et du consensus social.

Même blessée, ou profondément enfouie, la sensibilité ressurgit toujours à propos, pour faire confluer les sources éparses du bonheur. Ainsi *Germaine,* de Constance de Cazenove d'Arlens, met en scène une jeune femme qui vit solitaire et retirée, après que sa réputation a été flétrie : un officier est entré un soir dans sa chambre, et a répandu le bruit – fallacieux – qu'il l'avait déshonorée. Vivant sous la protection du baron de Noblas, Germaine est remarquée par un ami du baron, le marquis Saint Luz. Farouche, réticente à toute attention masculine portée sur elle, Germaine a l'occasion de secourir un jour le marquis, alors qu'il s'est blessé :

> *Une femme sensible* n'avait point encore eu l'ingénieuse invention de couper ses cheveux, de les tresser pour faire des cordes

propres à suspendre le brancard qui devait transporter un intéressant blessé : Germaine n'y songea pas, et Saint Luz fut secouru sans croire rien devoir à la sensibilité de la belle solitaire.[4]

Déguisée en charité, l'inventive sensibilité de Germaine ne saurait laisser Saint Luz indifférent. Par la suite, c'est en pratiquant ensemble la charité, à l'égard du baron mourant, que les deux jeunes gens apprivoisent une sensibilité – celle de Germaine – que le malheur a mise en veilleuse :

> Le malheur, l'abandon de ce qu'elle avait aimé, n'avaient point altéré la sensibilité de son cœur ; la solitude avait contribué à la développer en donnant à ses sentiments de l'énergie. (120-121)

Saint Luz finit par épouser Germaine, qui apprend à son époux à goûter les charmes de l'agriculture, de la réclusion et de la vie solitaire. Saint Luz accepte de renoncer à toute vie mondaine en quittant le château du baron de Noblas ; il se contente du petit hermitage où Germaine vivait jusque là retirée. Leur bonheur se renferme dans un espace clos et agreste.

Un vallon charmant et des mœurs paisibles

Lorsqu'il s'agit d'offrir un référent géographique aux représentations de l'idylle, de la vie simple, du bonheur propre à la petite communauté, les romanciers du XVIIIe siècle choisissent invariablement la Suisse et la nature alpestre. L'espace prend sens dans le roman, dès que les personnages se trouvent confrontés au paysage helvétique. Les *Mémoires d'une famille émigée* (1798), de Jeanne Françoise de Bottens[5], donnent à lire avec acuité cette fonctionnalisation du paysage suisse, comme espace du retrait, du bonheur protégé et de l'élévation de l'âme individuelle.

[4] Constance de Cazenove d'Arlens, *Germaine,* Genève, Paschoud, 1804, p. 112. Constance de Cazenove d'Arlens est la fille de Constant d'Hermenches, le célèbre correspondant de Mme de Charrière.

[5] Jeanne Françoise Polier de Bottens est l'une des sœurs de Mme de Montolieu, née Isabelle Polier de Bottens.

Le roman retrace les tribulations d'une famille française, entre 1789 et 1794. On voit, aux débuts de la Révolution, la famille de Clairsans aux prises avec les paysans, qui détruisent le château et font fuir ses nobles habitants, qui n'ont d'autre issue que l'émigration. Les événements historiques servent de cadre à une histoire sentimentale : le fils de Clairsans, Théodore, aime Alix, une jeune fille avec qui il a été élevé. En effet, Mme de Clairsans avait adopté Alix à la mort de ses parents, qui étaient les concierges de la famille. Alix a donc reçu une éducation plus élevée que celle d'une fille de concierges, et trouve odieux les hommes auxquels elle pourrait prétendre. Toutefois, un mariage entre Théodore et Alix n'entre en aucune façon dans les vues de Mme de Clairsans. Les jeunes gens le savent, mais espèrent fléchir un jour Mme de Clairsans, comme en témoigne le dialogue qui a lieu juste avant leur séparation, au moment où Théodore rejoint l'armée des princes :

> Hélas ! [dit Alix] quelle est ma témérité d'oser espérer qu'un jour j'aurais le droit d'avouer hautement le sentiment qui depuis si longtemps, agite mon cœur pour le plus aimable des hommes ?... Vous me faites oublier ma naissance ; mais je devrais avoir le courage de me la rappeler, et de mesurer la distance qui nous sépare. Nos cœurs l'ont franchie, mon Alix, elle n'existe plus. Je ne puis voir en vous que la fille d'adoption de ma mère, et celle qui sera un jour la compagne de ma vie.[6]

Cette réunion des cœurs se fera attendre, puisque les deux jeunes gens vont être séparés longuement par les événements. Mme de Clairsans s'installe en Allemagne avec Alix pour un temps, puis elles commencent toutes deux une longue errance, qui les conduira en Suisse.

Le récit retrace la quête de Théodore qui, après l'échec des armées des princes en France, tente de rejoindre Alix et sa mère. Ne les trouvant pas en Allemagne, Théodore fait à leur

[6] Jeanne Françoise Polier de Bottens, *Mémoires d'une famille émigrée*, Hambourg, Fauche, 1798, t. 1, pp. 259-260.

suite un long voyage à travers l'Europe. Ce voyage est ponctué par les nouvelles qui viennent de France : l'emprisonnement de la famille du Roi, la mort du Roi, la journée du 10 août 1792, qui voit le massacre des gardes suisses aux Tuileries. Théodore, toujours sur les pas des deux femmes, entre en Suisse : il se rend à Constance, puis à Zurich, traverse les Alpes, séjourne à Loèche-les-Bains, parcourt le Valais, longe le Léman, adresse un salut à *La Nouvelle Héloïse* en passant à Clarens, et arrive enfin à Nyon. Alors que le récit était muet, jusque là, sur les lieux de l'action et du voyage, les descriptions de la nature abondent dès que Théodore entre en Suisse. La romancière cède à une mode, et le sait :

> Nulle part, [les beautés de la nature] ne brillent avec autant d'éclat que dans l'heureuse Helvétie. Depuis longtemps, les voyages dans ces contrées, sont devenus une mode, et même une manie ; chacun veut admirer ces hautes Alpes qui semblent les soutiens de cette partie du monde ; chacun veut connaître ces vallons paisibles, qui devraient être la retraite de la vertu et du bonheur. On veut voir les différentes sources des grands fleuves qui arrosent l'Europe. On veut parcourir ces plaines victorieuses, où les Suisses reconquirent leur liberté. (2, 201)

C'est en effet dans ce séjour de la simplicité et de la liberté que Théodore, arrivé dans la vallée de Kandersteg, rêve de s'installer :

> Théodore, enchanté de ce petit coin de pays, borna tous ses vœux à venir l'habiter avec sa mère et son Alix. (2,207)

Après avoir soumis à l'admiration de son héros quelques objets stéréotypés du voyage en Suisse – les glaciers de Grindelwald, les habitants des montagnes et leurs convictions républicaines, les jolis costumes et le teint frais des paysannes –, la romancière conduit Théodore à Nyon, où il s'évanouit en retrouvant Alix et sa mère.

Les protagonistes se font réciproquement le récit de leurs aventures. Mme de Clairsans, malgré les épreuves subies et la fidélité d'Alix, reste intraitable sur la question du mariage. La famille de Clairsans étant sans ressources, la mère de Théodore envisage pour son fils un mariage qui arrangerait les choses. Théodore s'oppose fermement à cette solution. Alix décide alors, sans en parler à personne, de se sacrifier, et rentre en France avec un faux passeport suisse. Mais elle arrive en pleine Terreur, elle est reconnue, dénoncée pour avoir accompagné des émigrés, et enfin emprisonnée à la Conciergerie. Théodore une nouvelle fois se met en chasse, la retrouve et se fait emprisonner lui aussi : les deux jeunes gens sont libérés à la fin de la Terreur, le 9 Thermidor, lorsque Robespierre est arrêté puis guillotiné. Ils retournent en Suisse auprès de Mme de Clairsans, qui s'est installée à Fribourg.

Juste avant de mourir, elle consent enfin à l'union d'Alix et de son fils : les nombreux malheurs qu'elle a endurés, le bonheur de revoir son fils vivant et l'éloquence de son directeur, produisent une révolution morale. Mme de Clairsans renonce à son orgueil nobiliaire, au profit d'une attitude « chrétienne et sensible » (3, 222). Elle demande à son fils de ne pas rentrer en France :

> Le fils du marquis de Clairsans, ne doit obéir qu'à son roi ; ce n'est pas à ses inférieurs qu'il doit se soumettre. [...] On nous a accordé une hospitalité si généreuse dans ce pays, que je désire que vous l'adoptiez pour votre patrie. (3, 233)

La victoire du sentiment n'est donc pas à mettre sur le compte d'une prise de conscience idéologique. Au contraire, l'union d'Alix et de Théodore n'est acceptable aux yeux de Mme de Clairsans que dans la mesure où ils s'installent en Suisse, à Fribourg, où l'ordre aristocratique est encore respecté. De fait Théodore achète une ferme dans les environs de Fribourg :

> Alix aimait la vie champêtre ; Théodore avait le même goût. Ils choisirent un emplacement retiré, et trouvèrent dans un vallon charmant, une maison rustique, située au milieu d'une vaste prairie, au bord de laquelle coule une petite rivière ; des bois de chêne et de sapins, entourent cette demeure, sans lui dérober la vue de la chaîne des Alpes, qui dominent la vallée. Palmézi (ainsi s'appelle le domaine de monsieur de Clairsans), est peu distant de quelques villages, dans lesquels si l'on ne rencontre pas des sociétés brillantes, on trouve du moins d'honnêtes gens,

et l'on peut y exercer la douce bienfaisance et l'active charité. (3, 234-235)

Le choix du lieu symbolise la réconciliation de la loi aristocratique et de la loi du cœur : ce lieu est borné, clos, on y mène une vie heureuse. Dans l'idylle sensible, les sentiments suppléent tous les biens de la vie sociale :

> [Théodore et Alix] oublient dans le sein de l'amour et de l'amitié, les peines qui ont troublé leur vie, et tous les avantages dont ils pouvaient jouir, s'ils avaient conservé leur rang dans la société. (2, 237)

Dans cet espace créé par le mythe suisse, au XVIIIe siècle, la bonne sensibilité vient réparer, ou faire oublier, les blessures de l'Histoire. Palmézi est un lieu à la fois mythique et utopique, qui permet à la romancière de mettre en scène une petite société démocratique. Palmézi est en effet un microcosme protégé où l'égalité des droits est pratiquée, parce que chacun accepte de rester à sa place : Alix occupe sa place de mère, allaitant ses enfants à la mode rousseauiste, Théodore celle du bon maître, les paysans et les domestiques se soumettent à cet ordre personnalisé. Certes, Alix a changé de rang en épousant Théodore, mais la doxa sentimentale étouffe la violence propre à la transgression sociale. Mme de Clairsans, par sa conversion morale et spirituelle, exclut toute interprétation politique du roman : elle n'a pas tiré la leçon de l'Histoire, mais elle a simplement admis, au seuil de la mort, la supériorité de la loi chrétienne sur les lois humaines.

Les *Mémoires d'une famille émigrée* illustrent de manière particulièrement démonstrative le rôle que joue la Suisse dans le roman sentimental de la fin du XVIIIe siècle : rôle double, à vrai dire, puisque les paysages alpestres et champêtres sont le réceptacle à la fois de l'ancien ordre aristocratique (pour Mme de Clairsans), et des nouvelles formes de collectivité fondées sur l'égalité et la vertu sensible (pour Théodore et Alix). La Suisse s'offre en outre comme un espace romanesque qui permet au récit d'échapper à l'histoire réelle qu'il met en scène. Mme Polier de Bottens situe son roman dans l'Europe agitée de 1789 à 1794 : dans ce *cadre* historique – qui restitue une réalité extérieure –, elle inscrit un *tableau* mythique, où l'on voit la Suisse accueillir la fiction sentimentale. Rien ne ressemble moins aux diptyques de Crébillon, de Diderot ou de Mme de Charrière, que ce roman qui privilégie la clôture narrative et spatiale.

Le mythe suisse semble être venu à point, dans les dernières décennies du XVIIIe siècle, pour offrir un espace de parachèvement au roman sentimental : c'est là qu'il s'abîme, et accomplit son renoncement à tout souci de mimesis. Les romancières suisses ne sont pas seules à avoir abusé de ce mythe. Le romancier allemand Auguste Lafontaine situe lui aussi en Suisse un épisode émouvant de son roman *Karl Engelmans Tagebuch* (1800)[7], dont l'intrigue principale se passe en Allemagne. On y voit un jeune pâtre, Rudely, sauver de la noyade des voyageurs étrangers, avant de défendre vertueusement l'honneur de l'un d'eux, lors d'un duel, avec son bâton d'épine suisse.

[7] Ce roman a été traduit par Mme de Montolieu, sous le titre *Tableaux de famille ou Journal de Charles Engelman*, 2 vol., Paris, Debray, 1801.

Pour conclure

Vue des Alpes du côté de l'entrée du Valais et du bord du Lac Léman, dessiné d'après nature par Wexelberg, in *Etrennes helvétiennes et patriotiques pour l'an de Grâce 1800,* n° 18, Lausanne, chez Henri Vincent. Bibliothèque cantonale et universitaire, Lausanne. Photo : Bibliothèque cantonale et universitaire, Lausanne (Laurent Dubois).

L'île, le jardin, le paysage suisse ou celui de l'idylle, dans le genre sentimental, ont forme close et circulaire. La littérature est ici sans dehors, tel un espace de transfiguration où les erreurs et les souffrances sont l'objet d'une rédemption absolue. Le roman s'enferme dans ce cercle, s'adressant à la rêverie d'un lecteur qui s'abstrait du réel.

Les romans que nous avons privilégiés – ceux qui jouent sur les formes du pli et de la couture – désignent au contraire les frontières de la fiction : l'inachèvement, la fin ouverte d'un grand nombre de romans de Mme de Charrière marquent un écart significatif par rapport aux œuvres de Mmes Polier de Bottens, de Montolieu ou de Cazenove d'Arlens. La sentimentalité – comme revendication de la liberté du sentiment et refus des convenances sociales qui l'entravent – trouve toujours à s'exprimer dans des épisodes réparateurs. Cependant, chez Mme de Charrière, les tentatives de réconciliation ne sauraient guérir toutes les blessures : les cicatrices restent visibles. Ainsi, dans les *Lettres neuchâteloises,* l'enfant de Julianne, enlevé à sa mère, figure la trace indélébile de l'erreur de Meyer. Les romans de Mme de Charrière renoncent au pouvoir fédérateur du dénouement. Ils sont exemplaires, à ce titre, comme s'ils invitaient le lecteur à reconduire dans une réalité possible les intrigues inachevées. Ils ménagent, entre le texte et la vie, un espace de jeu et d'échange, un espace hypothétique[1], où la littérature joue un rôle aventureux. Les romans des romancières suisses, quant à eux, confient au texte littéraire la résolution des conflits, et postulent la réconciliation, dans le cercle idyllique, de tous les personnages.

Des lettres pliées ou cousues, des poches, des plis de vêtements nous ont révélé, dans quelques romans du XVIIIe siècle,

[1] Les quelques « Suites » inachevées des romans de Mme de Charrière sont très révélatrices de ce désir d'essayer des suites, des fins possibles à ses récits.

les interstices entre le corps et la parure et, métaphoriquement, entre l'intention avouée et le désir secret. Conçus comme des diptyques, accueillant des voix, des récits ou des messages contradictoires, ils confrontent des vérités relatives. On leur a longtemps reproché, justement, ce relativisme moral, « ce mélange d'épicuréisme et de vertu, de volupté et de sagesse qui fut le vice du XVIIIe siècle »[2].

Nous avons voulu montrer que ce vice avait quelques vertus. Alors même qu'il tente de se légitimer en se réclamant de la vérité et de la morale, le roman du XVIIIe siècle découvre de nouveaux objets de connaissance. L'un d'eux, que nous avons décrit sous les figures du pli, se construit grâce aux idées nouvelles qui permettent de penser les rapports du corps et de l'âme. Entre le sensualisme et la psychologie classique, le roman explore les solidarités ou les ruptures inédites qui affectent la vie du corps désirant et de l'âme aimante. Révélant le pouvoir d'élaboration imaginaire dont est investi le désir amoureux, il parcourt un espace de la psyché que seule la psychanalyse, beaucoup plus tard, arpentera avec rigueur. La notion de sensibilité, qui désigne aussi bien l'aptitude au plaisir sexuel qu'une disposition toute spirituelle à l'empathie, révèle – par son omniprésence dans les romans –, l'importance de ces zones d'articulation, mais aussi de brouillage, entre le physique et le psychique, entre le physiologique et le moral. Dans de nombreux domaines en effet – de la musique à la médecine, de la théorie du langage à l'esthétique –, la pensée des Lumières a parcouru avec prédilection les territoires où cette césure se transformait en un lieu d'échanges[3].

[2] Barbey d'Aurevilly, *Goethe et Diderot* (1887), cité par Jean-Claude Bonnet, *Diderot, textes et débats,* Paris, Le Livre de Poche, 1984, p. 363.

[3] Pour s'en convaincre, on consultera l'imposante thèse d'Alain Cernuschi : *Penser la musique dans l'*Encyclopédie. *Etude sur les enjeux de la musicographie des Lumières et sur ses liens avec l'encyclopédisme ;* en particulier le chapitre 18 : « De la vibration à l'expression. Une cartographie des Lumières », Thèse soutenue à l'Université de Neuchâtel, juin 1998.

Echappant aux contraintes de la moralité superficielle qu'ils devaient respecter, de nombreux romans du XVIIIe siècle découvrent la complexité du sujet amoureux: ils le surprennent là où il franchit des seuils, des espaces de tremblement et d'ouverture, là où son identité se multiplie ou se met en doute. Ces romans ne prononcent pas de jugements: l'objet de savoir qu'ils explorent ne se laisse pas entièrement dévoiler. C'est qu'ils se refusent à le traduire en vérités définitives. Leur ambition est d'ouvrir le champ des possibles.

Le modèle romanesque du jardin sentimental et celui du pli ne sauraient être assignés à des moments historiques précis. Ils cohabitent dans le XVIIIe siècle, et parfois chez le même auteur (Rousseau, Mme de Charrière). Certains romanciers sont entièrement du côté du pli (Crébillon), d'autres entièrement du côté du jardin clos (Mme de Montolieu). Les romans hybrides, inachevés, hypothétiques font surgir, dans les espaces interdits à la conscience des personnages, des zones d'indétermination où les causalités se brouillent, où le sens se multiplie. Par leur pouvoir métaphorique, les plis du texte, comme ceux du vêtement, disent le refus du sens propre et univoque. Faisant céder les vieux dualismes – ceux du corps et de l'âme, du masculin et du féminin, de la qualité et de la roture –, le roman investit les frontières transgressées. Qu'elles soient narratives, rhétoriques ou symboliques, les formes qui génèrent et disséminent le sens sont privilégiées, offrant à l'homme du XVIIIe siècle un espace expérimental où explorer des issues, des libertés nouvelles.

Mais rien de moins rassurant que cet espace expérimental: d'autres romanciers, pensant à d'autres lecteurs, se devaient de construire un espace sécuritaire, où la littérature pût se borner aux dimensions du rêve. Le roman sensible fleurit dans toute l'Europe, et en particulier à Lausanne, avant que le genre ne s'étînt, dans les premières décennies du XIXe siècle.

Bibliographie

Corpus des romans

Nous citons les romans pris en compte dans le cadre du présent essai, et qui, de près ou de loin, ont servi à l'élaboration des hypothèses proposées. Nous donnons la référence de l'édition utilisée, et mentionnons entre parenthèses la date de la première édition.

François-Thomas-Marie DE BACULARD D'ARNAUD, *Les Epoux malheureux,* Paris, 1783.

Honoré DE BALZAC, *Sarrasine* (1830), *La Comédie humaine,* vol. VI, Paris, Gallimard, Bibliothèque de la Pléiade, 1977.

– *La Fille aux yeux d'or* (1834), *La Comédie humaine,* vol. V, Paris, Gallimard, Bibliothèque de la Pléiade, 1977.

– *Honorine* (1844), *La Comédie humaine,* vol. II, Paris, Gallimard, Bibliothèque de la Pléiade, 1976.

Comtesse DE BEAUHARNAIS, *Constance ou le triomphe de l'infortune,* Paris, 1789.

– *L'Abailard supposé ou le sentiment à l'épreuve,* Paris, 1780.

Mme BENOIST, *L'Erreur des désirs,* Paris, 1770.

– *Célianne ou les amans séduits par leurs vertus,* Amsterdam et Paris, 1766.

Jacques-Henri BERNARDIN DE SAINT-PIERRE, *Paul et Virginie* (1788), Paris, Garnier-Flammarion, 1966.

Giovanni Giacomo CASANOVA DE SEINGALT, *Histoire de ma vie* [1789-1798], 3 vol., Paris, Laffont, Bouquins, 1993.

Constance DE CAZENOVE D'ARLENS, *Germaine,* Genève, Paschoud, 1804.

Robert CHALLE, *Les Illustres Françaises* (1713), Genève, Droz, 1991.

Mme DE CHARRIÈRE, *Le Noble* (1763), *Œuvres complètes*, vol. 8, Amsterdam, G. A. van Oorschot, 1980.

– *Lettres neuchâteloises* (1784), *ibid.*

– *Lettres de Mistriss Henley* (1784), *ibid.*

– *Lettres écrites de Lausanne, suivies de Caliste* (1785-1787), *ibid.*

– *Lettres trouvées dans des porte-feuilles d'émigrés* (1793), *ibid.*

– *Trois femmes* (1796), *Œuvres complètes*, vol. 9, Amsterdam, G. A. van Oorschot, 1981.

– *Honorine d'Userche* (1799), *ibid.*

– *Sainte Anne* (1799), *ibid.*

– *Sir Walter Finch et son fils William* (1806), *ibid.*

François René DE CHATEAUBRIAND, *Atala* (1801), *Œuvres romanesques et voyages*, vol. I, Paris, Gallimard, Bibliothèque de la Pléiade, 1969.

– *René* (1802), *ibid.*

Pierre-Ambroise-François CHODERLOS DE LACLOS, *Les Liaisons dangereuses* (1782), *Œuvres*, Paris, Gallimard, Bibliothèque de la Pléiade, 1979.

Benjamin CONSTANT, *Adolphe* (1816), *Œuvres complètes*, III, 1, Tübingen, Max Niemeyer Verlag, 1995.

Samuel DE CONSTANT, *Le Mari sentimental* (1783) suivi des *Lettres de Mistriss Henley* de Mme de Charrière, Lausanne, Ed. des Lettres de Lausanne, 1928.

– *Camille ou lettres de deux filles de ce siècle*, Londres et Paris, 1785.

Claude CRÉBILLON, *Lettres de la Marquise de M* au Comte de R** (1732), Paris, Desjonquères, 1990.

– *Les Egarements du cœur et de l'esprit* (1736-1738), *Romanciers du XVIIIe siècle*, vol. II, Paris, Gallimard, Bibliothèque de la Pléiade, 1965.

– *Le Sopha* (1742), Paris, Desjonquères, 1984.

– *Les Heureux Orphelins* (1754), Paris, Desjonquères, 1995.

Vivant DENON, *Point de lendemain* (1777), Paris, Gallimard, Folio, 1995.

Denis DIDEROT, *La Religieuse* (1796), *Œuvres*, Paris, Gallimard, Bibliothèque de la Pléiade, 1951.

Louis DOMAIRON, *Le Libertin devenu vertueux ou mémoires du comte d'****, Londres et Paris, 1777.

Claude-Joseph DORAT, *Les Sacrifices de l'amour* (1771), Genève, Slatkine, Fleuron, 1996.

– *Les Malheurs de l'inconstance* (1772), Paris, Desjonquères, 1983.

Mme DE DURAS, *Olivier ou le secret* [1822], Paris, José Corti, 1971.

– *Ourika* (1824), *Romans de femmes du XVIIIe siècle,* Paris, Laffont, Bouquins, 1996.

– *Edouard* (1825), *ibid.*

Théophile GAUTIER, *Mademoiselle de Maupin* (1835), Paris, Garnier, 1966.

Mme DE GRAFIGNY, *Lettres d'une Péruvienne* (1747), *Lettres portugaises, Lettres d'une Péruvienne et autres romans d'amour par lettres,* Paris, Garnier-Flammarion, 1983.

Gabriel-Joseph DE LAVERGNE DE GUILLERAGUES, *Lettres portugaises* (1669), *ibid.*

Mme DE KRUDENER, *Valérie* (1803), *Romans de femmes du XVIIIe siècle,* éd. Raymond Trousson, Paris, Laffont, Bouquins, 1996.

Henri DE LATOUCHE, *Fragoletta, ou Naples et Paris en 1799* (1829), Paris, Desjonquères, 1983.

Nicolas-Germain LÉONARD, *Lettres de deux amans habitans de Lyon,* Londres et Paris, 1783.

Joseph-Marie LOAISEL DE TRÉOGATE, *Dolbreuse ou l'homme du siècle ramené à la vérité par le sentiment et par la raison,* Amsterdam et Paris, 1783.

Jean-Baptiste LOUVET DE COUVRAY, *Les Amours du chevalier de Faublas* (1787-1789), *Romanciers du XVIIIe siècle,* vol. II, Paris, Gallimard, Bibliothèque de la Pléiade, 1965.

Pierre CARLET DE CHAMBLAIN DE MARIVAUX, *La Vie de Marianne ou les aventures de Mme la Comtesse de**** (1728-1742), Paris, Garnier-Flammarion, 1978.

Isabelle DE MONTOLIEU, *Tableaux de famille ou Journal de Charles Engelman,* 2 vol., traduit d'Auguste Lafontaine, Paris, Debray, 1801.

– *Caroline de Lichtfield* (1786), *Œuvres,* t. 9-10, Paris, Arthus Bertrand, 1828.

– *La Rose de Jéricho, Œuvres,* t. 2, Paris, Arthus Bertrand, 1819.

Charles PINOT-DUCLOS, *Les Confessions du Comte de**** (1741), *Romanciers du XVIIIe siècle,* vol. II, Paris, Gallimard, Bibliothèque de la Pléiade, 1965.

– *Mémoires pour servir à l'histoire des mœurs du XVIIIe siècle* (1751), Paris, Desjonquères, 1986.

Jeanne Françoise POLIER DE BOTTENS, *Mémoires d'une famille émigrée,* Hambourg, Fauche, 1798.

Abbé Antoine-François PRÉVOST, *Histoire du chevalier des Grieux et de Manon Lescaut* (1731), *Œuvres,* vol. I, Grenoble, Presses universitaires, 1978.

– *Histoire d'une Grecque moderne* (1740), *Œuvres,* vol. IV, Grenoble, Presses universitaires, 1982.

Jacques-Antoine DE RÉVÉRONI SAINT-CYR, *Pauliska ou la perversité moderne. Mémoires récents d'une Polonaise* (1798), Paris, Desjonquères, 1991.

Mme RICCOBONI, *Lettres de Mistriss Fanni Butlerd* (1757), Genève, Droz, 1979.

– *Histoire du marquis de Cressy* (1758), *Studies on Voltaire and the Eighteenth Century,* Oxford, vol. 266, 1989.

– *Lettres de Milady Juliette Catesby* (1759), Paris, Desjonquères, 1983.

– *Histoire d'Ernestine* (1762), Paris, Côté-femmes, 1991.

– *Lettres de Mylord Rivers à Sir Charles Cardigan* (1776), Genève, Droz, 1992.

Samuel RICHARDSON, *Lettres anglaises ou histoire de Miss Clarisse Harlowe,* trad. Prévost (1751), Nouvelle édition, augmentée de l'Eloge de Richardson, des lettres posthumes et du testament de Clarisse, Paris, 1777.

– *Paméla ou la vertu récompensée,* 2 vol., Amsterdam, 1742; et Paris, Nizet, 1977.

Jean-Jacques ROUSSEAU, *Julie ou la Nouvelle Héloïse* (1761), *Œuvres complètes,* vol. II, Paris, Gallimard, Bibliothèque de la Pléiade, 1964.

Donatien-Alphonse-François marquis DE SADE, *Les Crimes de l'amour* (1800), Paris, Gallimard, Folio, 1987.

Gabriel SÉNAC DE MEILHAN, *L'Emigré* (1797), *Romanciers du XVIIIe siècle,* vol. II, Paris, Gallimard, Bibliothèque de la Pléiade, 1965.

Mme DE SOUZA, *Adèle de Sénange* (1793), *Romans de femmes du XVIIIe siècle,* éd. Raymond Trousson, Paris, Laffont, Bouquins, 1996.

Mme DE STAËL, *Delphine* (1802), Genève, Droz, 1987.

– *Corinne ou l'Italie* (1807), Paris, Gallimard, Folio, 1985.

STENDHAL, *Armance* (1827), *Romans,* vol. I, Paris, Gallimard, Bibliothèque de la Pléiade, 1952.

– *Lamiel* [1840-1842], *ibid.*

Mme DE TENCIN, *Mémoires du Comte de Comminge* (1735), Paris, Desjonquères, 1985.

– *Le Siège de Calais* (1739), Paris, Desjonquères, 1983.

– *Les Malheurs de l'amour,* Paris, 1747.

Claude VILLARET, *Antipaméla ou mémoires de M. D***,* traduit de l'anglais, Londres, 1742.

Romans anonymes

Mme ***, *L'Erreur d'un moment,* traduit de l'anglais, Londres et Paris, 1776.

Lettres de milord Rodex pour servir à l'histoire des mœurs du dix-huitième siècle, Amsterdam et Paris, 1768.

Marianne ou la nouvelle Paméla, histoire véritable traduite de l'anglais, Rotterdam, 1765.

Anthologies

Romanciers du XVIIIe siècle, 2 vol., Paris, Gallimard, Bibliothèque de la Pléiade, 1965.

Romans libertins du XVIIIe siècle, éd. Raymond Trousson, Paris, Laffont, Bouquins, 1993.

Romans de femmes du XVIIIe siècle, éd. Raymond Trousson, Paris, Laffont, Bouquins, 1996.

Le Voyage en Suisse, anthologie des voyageurs français et européens de la Renaissance au XXe siècle, éd. Claude Reichler et Roland Ruffieux, Paris, Laffont, Bouquins, 1998.

Essais et études critiques

Dans l'abondante littérature secondaire consacrée au roman du XVIIIe siècle, nous avons fait un choix très sélectif, en excluant les études monographiques consacrées aux auteurs de notre corpus. Nous ne retenons que les essais, ainsi qu'un petit nombre d'études plus particulières, dont les suggestions ont été stimulantes.

Frank BAASNER, «Libertinage und Empfindsamkeit», *Arcadia,* 23, 1988 (1), pp.14-41.

– *Der Begriff «sensibilité» im 18. Jahrhundert. Aufstieg und Niedergang eines Ideals,* Heidelberg, Carl Winter Universitätsverlag, 1988.

Pierre BAYARD, *Le Paradoxe du menteur. Sur Laclos,* Paris, Minuit, 1993.

Jean-Louis CORNILLE, *L'Amour des lettres ou le contrat déchiré,* Mannheimer Analytica, 1985.

Gilles DELEUZE, *Le Pli. Leibniz et le baroque,* Paris, Minuit, 1988.

Michel DELON, *L'Idée d'énergie au tournant des Lumières (1770-1820),* Paris, PUF, 1988.

David J. DENBY, *Sentimental Narrative and the Social Order in France 1760-1830,* Cambridge, Cambridge University Press, 1994.

Jean DEPRUN, *La Philosophie de l'inquiétude en France au XVIIIe siècle,* Paris, Jean Vrin, 1979.

Jean-Marie GOULEMOT, *Ces livres qu'on ne lit que d'une main. Lecture et lecteurs de livres pornographiques au XVIIIe siècle,* Aix-en-Provence, Alinéa, 1991.

Jan HERMAN, *Le Mensonge romanesque. Paramètres pour l'étude du roman épistolaire en France,* Amsterdam-Leuven, Rodopi-Leuven University Press, 1989.

Marie-Hélène HUET, *Le Héros et son double. Essai sur le roman d'ascension sociale au XVIIIe siècle,* Paris, José Corti, 1975.

Sarah KOFMAN, *Séductions. De Sartre à Héraclite,* Paris, Galilée, 1990.

Thomas LAQUEUR, *La Fabrique du sexe. Essai sur le corps et le genre en Occident,* trad. de l'anglais par Michel Gautier, Paris, Gallimard, 1992.

Georges MAY, *Le Dilemme du roman au XVIII siècle, Etude sur les rapports du roman et de la critique (1715-1761),* Paris, PUF, 1963.

Claude REICHLER, *L'Age libertin,* Paris, Minuit, 1987.
– *La Diabolie (la séduction, la renardie, l'écriture),* Paris, Minuit, 1979.
Denis DE ROUGEMONT, *L'Amour et l'Occident,* Paris, Plon, 1972.
– *Comme toi-même. Essais sur les mythes de l'amour,* Paris, Albin Michel, 1961.
François ROUSTANG, *Le Bal masqué de Giacomo Casanova,* Paris, Minuit, 1984.
Jean STAROBINSKI, *L'Invention de la liberté 1700-1789,* Genève, Skira, 1964.
Philip STEWART, *Le Masque et la parole. Le langage de l'amour au XVIIIe siècle,* Paris, José Corti, 1973.

Ouvrages collectifs

Aimer en France 1760-1860, éd. Paul Viallaneix et Jean Ehrard, Faculté des lettres de Clermont-Ferrand, 1980.
Une Européenne: Isabelle de Charrière en son siècle, éd. Jean-Daniel Candaux, Anne-Lise Delacrétaz, Doris Jakubec, Neuchâtel, Gilles Attinger, 1994.
L'Ecrivain devant la Révolution, 1780-1800, éd. Jean Sgard, Université Stendhal de Grenoble, 1990.
Eros philosophe. Discours libertins des Lumières, Actes du colloque organisé par le Centre des sources manuscrites et le Centre de recherche et d'enseignement sur les sciences, les arts et les techniques, Paris, Champion, 1984.
Histoire de la littérature en Suisse romande, vol. I, *Du Moyen Age à 1815,* dir. Roger Francillon, Lausanne, Payot, 1996.
Histoire de la vie privée, t.3, *De la Renaissance aux Lumières,* dir. Roger Chartier, Paris, Seuil, 1986.
Le Récit amoureux, dir. Didier Coste et Michel Zéraffa, Seyssel, Champ Vallon, 1984.
Représentations de la vie sexuelle, numéro spécial de *Dix-huitième siècle,* n° 12, 1980.
Roman et lumières au XVIIIe siècle, Paris, Editions sociales, 1970.

Références

Le présent essai a été élaboré au cours d'une recherche de plusieurs années, portant d'une part sur le roman français du XVIIIe siècle, d'autre part sur les notions de sensibilité et d'idylle, telles qu'elles se trouvent illustrées dans la production littéraire de Suisse romande, de 1760 à 1830 environ. Certaines analyses et lignes de force de cet essai apparaissent déjà dans quelques articles dont la publication a ponctué mes recherches. Les voici :

«Samuel de Constant romancier : propositions pour une lecture du *Mari sentimental*», *Annales Benjamin Constant,* Lausanne, n° 14, 1993, pp.19-28.

«Farouches vertus : peur et désir chez quelques héroïnes de roman au XVIIIe siècle», *La peur au XVIIIe siècle, discours, représentations, pratiques,* éd. Jacques Berchtold et Michel Porret, Genève, Droz, 1994, pp.135-151.

«Le damier, la harpe, la robe salie : médiations et symboles du désir dans l'œuvre romanesque d'Isabelle de Charrière», *Une Européenne : Isabelle de Charrière en son siècle,* Actes du Colloque de Neuchâtel, 11-13 novembre 1993, éd. Jean-Daniel Candaux, Anne-Lise Delacrétaz, Doris Jakubec, Neuchâtel, Gilles Attinger, 1994, pp.177-186.

«L'idylle sensible», *Les conditions de la vie culturelle et intellectuelle en Suisse romande au temps des Lumières,* Actes du Colloque de Lausanne, 17-18 novembre 1995, *Annales Benjamin Constant,* n°s 18-19, 1996, pp.107-115.

«Le roman au XVIIIe siècle : Madame de Charrière et les romanciers locaux», *Histoire de la littérature en Suisse romande,* I, *Du Moyen Age à 1815,* dir. Roger Francillon, Lausanne, Payot, 1996, pp. 311-324.

Table des matières

Achevé d'imprimer sur les presses
de l'imprimerie Darantiere à Dijon-Quetigny
en octobre 1998

Dépôt légal : 4e trimestre 1998 – N° d'impression : 98-1069